差异教育 成果丛书
Achievements on Differentiation Education

丛书主编：楼朝辉 施民贵

小马老师的语文好好玩

立体阅读与观察文学（下）

马迎春◎著

ZHEJIANG UNIVERSITY PRESS
浙江大学出版社

目 录

CONTENTS

范例篇　"观察文学"富有特色的八堂课　／233

绪 论

当下作文教学质量堪忧,学生学得累,教师教得苦,作文教学成为语文教学中最难啃的一块硬骨头。有学者提出"超越考试,作文才能摆脱套路"的倡议,指出:

> 作文不是简单模仿和套用,也不是简单的文字和辞藻的堆砌,而是一个人的知识结构、价值理念、思维方式、精神世界的集中体现。超越应试模式的作文,才可以赋予世界万物意义,成为一种真正的表达。……从模仿写作到有创意地写作,课堂上很难找到一条合适的跨越路径。……

> 作文教育必须得是一种真正的激发,它的引路人应该有批判性阅读与创造性写作的实践,谙熟儿童心理,还应有游戏计划,组织活动,最终建立动态作文教室的无穷创意。遗憾的是,这些目标在课堂上都很难实现。[1]

上述观点在教育学术界引起很大反响,同时也引起了一线语文教师的自省与自觉:教师应该做一位怎样的引路人? 教师自身要有写作的经验,才能了解学生的写作过程,有效指导学生写作。[2] 由此,与学生一起写应当成为教师教写作的一种方式。

＊

教写作,是教为了考试的写作,还是教为了语文能力发展的写作?雷夫·艾斯奎斯(Rafe Esquith)提出:"我要我的学生有准确表达思想的能力,我要他们善于写作,不是因为要考试,而是因为好的写作能力会让他们终生受用。"[1]但是,这只是美好的愿景,我国当下的小学中段写作教学中,普遍存在"套路化"教学现象。譬如,有研究发现学生对习作缺乏兴趣,学生的习作抄袭现象严重,缺乏童真。[2]作为一名在教学一线工作了7年的语文教师,我醉心作文教学,在广泛听取中段老师的作文课后,发现中段作文教学摆脱不了"范文分析+写作练习"的套路,学生往往不是从真实的写作目的出发,而是首先从脑海中已有的范文出发,由此导致他们写出的文章千篇一律。怎样处理好模仿范文与习得方法之间的关系?无疑,模仿范文的确是写作教学的一种方式,不模仿就无法帮助学生建立某一种方式方法的概念框架。但模仿范文的教学缺乏框架的引导、步骤的建构,最终只会助长死记硬背范文、抄袭范文。我在教学中发现,有相当多的学生非常重视教师的写作示范,如果教师在写作上比学生高明一些,学生就有提高的空间。

如何摆脱作文教学的"套路",激发儿童的写作创意,让儿童发自内心地热爱写作,这是我在研究中试图解决的问题。

＊

儿童普遍存在写作效能感低下的情况,师生写作共同体的建立可有效带动其写作情绪。

小学是学习和运用写作的初始阶段,是培育学生的写作兴趣,促使学生建立写作自信的关键期。但遗憾的是,当下儿童普遍怕写作、讨厌写作。已有研

---

[1] [美]艾斯奎斯.第56号教室的奇迹[M].卞娜娜,译.北京:光明日报出版社,2014:47.
[2] 姚兴宇.大连开发区小学第二学段语文习作教学现状研究[D].大连:辽宁师范大学,2012:6.

究发现,小学语文教学中长期存在学生对写作不感兴趣、写作教学效率低等问题。[1] 上述问题的产生往往与教材、教师和学生有着密切的关系:从教材层面来说,现行的小学语文教材存在着写作内容缺乏指导性、不够生活化等不足;从教师层面来说,教师在写作教学中缺乏一定的灵活性和创新性;从学生层面来说,学生还未养成良好的写作习惯。因此,一谈起写作,学生们就觉得"挺没劲""不爱写",真是到了谈"写"色变的程度。[2]

我在实践教学中也发现了中段学生对写作提不起兴趣的问题,于是便设计了问卷调查,在天长小学对刚上三年级的学生进行"写作自我效能"前测,发现 48% 的学生讨厌写作文,56% 的学生觉得每次写作课上都无话可写,68% 的学生不喜欢"语文园地"后面的习作课。这与上述研究结果基本一致,由此我坚定了寻找作文教学出路的念头。

*

合作学习环境下,教师和学生内在的相互性和统一性增强,对话成为一种尊重主体性、体现创造性、追求人性化的教学。[3] 写作不是孤立的,写作是作者与自我的对话、与他人的对话、与世界的对话,是一种交往的方式和过程。在群体中写作是一件更容易获得成就感的事情。师生写作是一种互文式写作,更是一种激励式写作。当下语文教育中盛行合作学习,但主要在阅读教学之中采用,写作教学中如何践行合作教学还需要进一步探索。

学习共同体是合作学习环境下的教学新尝试。什么是学习共同体?学习共同体是指参与学习活动的学习者(包括专家、教师及学生),围绕共同的主题内容,在相同的学习环境中,通过参与、活动、反思、会话、协作、问题解决等形式构建一个具有独特"文化氛围"和"文脉"的动态结构。[4] 成功地建构写作学习

[1] 孙文静.小学三年级语文习作教学问题及策略研究[D].南昌:南昌大学,2015:11—12.
[2] 刘玲玲.小学语文写作教学策略研究[D].锦州:渤海大学,2013:16—22.
[3] 靳玉乐.对话教学[M].成都:四川教育出版社,2006:7—11.
[4] 林杰.家校合作构建学习共同体的策略研究[D].重庆:西南大学,2009:3.

共同体,是实现写作教学转型的重要标志。[1]写作学习共同体是激励学生的作文学习内部动机的作文学习环境支持系统。[2]学习共同体是学习科学中一个重要的概念,我对此问题颇有兴趣并且一直十分关注,希望能够有所收获。

*

在过去,普通人很少有自己的话语权,随着自媒体时代的到来,个人成为独立的传播主体,越来越多的平台为个人提供发出声音的机会,个体渐渐拥有了发布新闻、传播消息、发表观点等权利。自媒体时代,作文教学有了更多新的工具和平台,这非常有助于小学生习作兴趣的培养。

教师利用自媒体来发表自己及学生的习作,不仅是为了发表,更是为了鼓励小学生写作文。小学生还处于写作学习的初级阶段,小学生习作在个性化、文学化和社会化方面还有欠缺,其实是不能用一般的发表要求来衡量的。用自媒体发表学生习作,是要让更多的学生更切身地感受写作交流的意义,知道写作是为了给别人看的,体验到一种写作的成就感,从读者的反馈和评价中受到鼓舞,更加积极地练习写作,从而培养出浓厚的写作兴趣,养成勤于动笔的好习惯。

在这本书中,你将看到正处于写作初级阶段的1~3年级学生是如何与老师建立写作共同体,真实表达自己并爱上写作的。一年级学生的口述作文、二年级学生的微作文、三年级学生的起步作文,都在这个神秘的“观察文学圈”里,静静升腾着……

---

[1] 朱建军.写作共同体建构:中学写作教学的有效策略[J].全球教育展望,2010(3):89—91.

[2] 窦洪玉.作文学习共同体——基于社会建构主义学习理论的视角[D].重庆:重庆师范大学,2013:9.

理论篇

"观察文学"提升写作核心素养

一 我见:"观察文学"与写作核心素养

(一)作文核心素养的探寻

1. 什么是语文核心素养?

语文核心素养是语文知识、语文能力、语文情趣的综合,其中语文能力是指包含听说读写这一综合运用语言文字的能力,自然包含写作能力,因此写作素养是语文核心素养的有机组成部分。那么我们需要首先厘清什么是语文核心素养,然后才能厘清语文核心素养中的作文核心素养是什么。

语文是一门基础学科,语文核心素养是基于课程的核心素养。华东师范大学陈胜庆教授认为:"课程的核心素养是学生在接受相应学段的教育过程中,逐步形成的与个人终身发展和社会发展有关的、最基本的知识与能力、观念与态度、情感与价值观等综合的表现。"[1]语文素养虽然是一个综合的概念,是工具性与人文性的统一,但是不能把什么都归入语文素养,即使是在语文素养的范畴之内也要有所侧重,明确其核心和基本方面。关于语文素养的核心要素,主要有"知识+能力"观[2]、"语文能力"观[3]、"语文品质"观[4]、"语感"观[5]、"语文情趣"观[6]等。

[1] 陈胜庆.地理课程的核心素养与育人价值[J].地理教学,2015(4):12—14.
[2] 刘贞福.谈"语文素养"[J].语文建设,2003(4):8—9.
[3] 雷良启.重新界定"语文素养"[J].第三届全国语言文字应用学术研究会,2003(11):145—148.
[4] 谭文绮.试析"语文素养"结构[J].新课程研究,2005(6):4—7.
[5] 何方.论"语文素养"[D].杭州:浙江师范大学,2002.
[6] 陈晓洁.语文情趣:语文素养的核心[J].语文教学研究,2005(9):50—51.

那么,语文学科的核心素养是什么? 从 2014 年起,语文学界掀起了语文核心素养研究热潮。在中国知网中,以"语文核心素养"为主题进行检索,共检索到 160 篇文献;以"语文核心素养"为关键词进行检索,共检索到 11 篇文献。但是目前我国语文核心素养的研究状况并不理想,大多数学者只是在阐释语文核心素养的周围概念,这与语文教育教学的实际需求仍有一定的差距。

(1)从课标解读出发的核心素养界定

很多研究者尤其是教研员试图从语文课程标准出发去界定核心素养,指出语文核心素养是在语文教育中,通过语文课堂帮助儿童形成的语文知识与能力、过程与方法、情感态度价值观。

例如丁文静等在研读《义务教育语文课程标准》(2011 年版)后提出,语文课程的核心素养就是指学生接受语文教育,通过对语文课程的学习,初步形成语文学科的素养,并在此基础上有机结合基础教育课程的共同核心素养,逐步形成能促进个人终身发展,能适应未来社会的最基本的知识、必备品格和关键能力。其中最基本的知识就是指语言文字知识,必备品格是指立德树人,关键能力是指语言文字运用能力、语感、语文情趣、创新思维,等等。[1]李广等认为《义务教育语文课程标准》(2011 年版)从知识与能力、过程与方法、情感态度价值观三个维度对语文素养进行了全面的阐释,知识与能力始终处于基础和主体地位,是语文素养中的核心组成部分,即语文核心素养。[2]但这种认识还是太过笼统,并没有明确的指向,也未指明实施路径,对一线教师帮助不大。

(2)从语文教学出发的语文核心素养探寻

对于一线教师而言,语文课堂是进行语文核心素养探寻的第一阵地,不少一线教师以及经常接触一线的教育专家主张从语文教学出发探寻语文核心素养。

不少研究者使用一线语文课堂观察获得研究资料。例如有研究者通过对一线课堂的调研,提出语言核心素养包括语言建构与运用、思维发展与品质、

[1] 丁文静,韦冬余.试论语文核心素养的涵义、特征及培养策略——基于研究性教学模式理论的分析[J].现代语文(学术综合版),2016(6):80—80.
[2] 李广,程丽丽,计宇.小学生语文核心素养调查研究:问题分析与改进建议[J].东北师大学报(哲学社会科学版),2016(2):219—223.

文化传承与理解、审美鉴赏与创作四个方面;基于核心素养的语文教学,要牢牢守住学习语言文字运用的根基。[1]另外,胡晓蓉在一线课堂观察中指出培养学生的语文素养,是指在小学语文教学活动中,培养学生具有比较稳定的、最基本的、适应时代发展要求的听说读写能力以及在语文方面表现出来的文学、文章等学识修养和文风、情趣等人格修养。[2]这种使用一线语文课堂观察获得研究资料的方式很值得在此项研究中学习与借鉴。

在对语文素养的长期研究中,大部分学者坚持以语文知识与语文能力为主体的语文核心素养观。例如程丽丽对语文核心素养进行了比较全面的综述,并指出语文知识的学习和语文能力的发展构成了小学生的语文核心素养。[3]丁美君等在研究中指出,所谓的"小学生语文核心素养"是语感、语文学习方法、语文学习习惯等的总和。[4]语感是人(主体)对语言文字或语文现象(客体)的敏锐感知和迅速领悟能力。语文能力是语文教学的终极目的,语感是语文能力结构的核心要素,培养语感是全面提高学生语文素养的核心,它是语文素养形成和发展的基础。语文学习方法是指利于语文学习的行为总和与心理特征。语文学习习惯是在长时间的语文学习过程中养成的一种不容易改变的学习行为和心理倾向。学习方法与习惯既是语文素养的重要组成部分,又是学习的原动力。语文核心素养是学生通过持续语文知识的学习而形成的一种比较稳定的语文修养水平,主要体现为对语文知识的掌握和运用,具有比较稳定的听说读写等使用语言文字的能力,形成良好的兴趣态度、思维品质、思维方法和思维习惯等。

综上,对语文核心素养的研究已经相对成熟,研究者们一致认为语文核心素养是语文素养中最为重要的素养,具有稳定性、基础性的特点,与学科"双基"(基础知识和基本技能教学)的要求具有关联性,同时重视学生学习的发展性。语文核心素养具有阶段性,小学语文核心素养是语文知识、语文能力、语

[1] 李华平.语文:基于核心素养的教学[J].语文教学通讯·初中(B)[J],2016(5):9—11.

[2] 胡晓蓉.浅谈小学语文如何针对核心素养教学[J].科学咨询(教学科研),2015(12):19.

[3] 程丽丽.小学生语文核心素养评价研究[D].长春:东北师范大学,2015.

[4] 丁美君.以学为本,悦学文本——指向小学生语文核心素养提升的类文本研究与实践[J].教学视界,2016(5):34—38.

文情趣的综合。这厘清了语文核心素养的范畴与培养路径：从听说读写四种基本能力中提升语文核心素养。其中语文知识是语文程序性知识，语文能力是指听说读写的综合运用语言文字的能力，语文情趣是指语言文化的审美力。

2. 通过写作教学提高小学生语文核心素养的研究

（1）回归写作原点——创作

回归写作原点即关注创作型写作而非应试型写作，提倡教写作是教写作能力而非教应试写作技巧。高子阳在《爱读爱写：小学语文学科核心素养》一文中指出"小学语文学科的核心素养就是通过多读多写等实践活动让学生养成真正的读写智慧"，并提出了几条实施建议：多读整本书，养成必备的核心素养——爱读书；回归写作原点，养成必备的核心素养——会创作。[1] 夏家红在从教 22 年的经验中发现，教师可以从学会续编故事、培养学生的想象能力中训练写作能力，提高语文学科的核心素养。[2] 这些一线教师的研究给了我以下启示：关注写作原点，激发中段学生的创作欲，是作文核心素养的题中之意。

（2）发掘课堂资源——课程

一些学者尝试构建写作课程以提高语文核心素养中的写作素养。刘春文从作文实践课中提炼出"借教材文本学习语言、弱化过程指导、关注思维、学写结合提高审美、通过语言带动文化领悟"等具体做法，以此来提高作文核心素养中语言的建构与运用、主体思维的发展与提升、审美鉴赏与创造能力的培养、文化的传承与理解四项核心素养。[3] 胡晓蓉在《浅谈小学语文如何针对核心素养教学》一文中指出，教师应针对学生的语文核心素养的培养科学有效地构建基于学情的课程资源。[4] 这些学者通过作文课程资源构建切实提升语文核心素养的实践，使我认识到在"观察文学"写作学习共同体的建构中，应该通过课程内与课程外两条路径切实提升小学中段学生的作文核心素养。

---

[1] 高子阳.爱读爱写：小学语文学科核心素养[J].未来教育家,2006(1)：36—37.

[2] 夏家红.训练写作技能，提高语文学科的核心素养[J].时代教育,2006(5)：230.

[3] 刘春文.基于学生核心素养的作文教学[J].语文教学通讯,2016(6)：68—70.

[4] 胡晓蓉.浅谈小学语文如何针对核心素养教学[J].科学咨询(教育科研),2015(12)：19.

（3）关注写作情绪——动机

学生从未体验过创作之乐，怎么可能会形成真正的写作素养？一些教育者关注到了可以通过学生情绪提高语文核心素养中的写作素养。例如司继伟在《写作自我效能感的研究进展》一文中较为全面地总结了国外写作自我效能感研究的理论基础和实证研究状况，并认为在加强策略教学的同时合理增强学生的自我效能感水平，是未来写作教学改革、提高学生写作水平的有效措施之一。[1] 赵飞指出作文教学是语文学科素养的具体体现，写作教学的指向是语用的体现、审美力的培养和人文的积淀与内化。他还提出"作文核心素养"说，认为指向作文核心素养发展的教学除了书写和表达外，还应包括写作动机。[2] 这些学者的研究对我也有启发。小学中段的学生刚开始进行写作训练，这个阶段是培养儿童对写作的兴趣和儿童积累写作经验的重要阶段，针对这个阶段学生的特点对写作教学问题进行研究很有必要。因而，在中段写作教学研究中关注学生的写作情绪，增强学生的写作自我效能感，将有利于推进我们的写作教学改革，提高学生的写作水平。但他们的研究还仅停留在理论阶段，未付诸实践，我的教学实践可以与他们的研究形成互补。

3. 如何建构写作核心素养？

第一部分已阐述了当下主流的语文核心素养观，即语文核心素养是语文知识、语文能力、语文情趣的综合，其中语文能力是指包括听说读写的综合运用语言文字的能力。那么写作能力在语文核心素养中处于怎样的地位？在语文教育传统中，写作一直是重点。叶圣陶先生曾在《略谈学习国文》中说："阅读是'吸收'的事情，从阅读，咱们可以领受人家的经验，接触人家的心情；写作是'发表'的事情，从写作，咱们可以显示自己的经验，吐露自己的心情。在人群中间，经验的接受和心情的交通是最切要的，所以阅读和写作两项也最切要。"[3] 叶圣陶先生提出"写作就是生活本身""用人生的真实书写真实的人

---

[1] 司继伟.写作自我效能感的研究进展[J].心理学动态,2000(8)：50—55.

[2] 赵飞.作文核心素养的内涵[J].新作文（中学作文教学研究）,2016(8)：9—11.

[3] 叶圣陶.略谈学习国文[M]//刘国正.叶圣陶教育文集（第三卷）.北京：人民教育出版社,1994：89.

生""写作是一种生活方式"等真实写作观点,是构建写作核心素养的有用借鉴。

元认知是学习者对自己的学习过程进行自我调节,并为有效组织学习活动而采取策略性行动的知识和能力。学生在写作过程中可借助元认知策略来计划、监控、评估自己的学习过程,从而有效提高自己的写作能力。元认知策略的使用与写作成绩有很大的相关性;元认知策略的使用频率与写作成绩成正比;并且,经过写作元认知策略的训练,学生的写作成绩会有明显提高。王红成在教学试验研究中发现元认知策略对提高学生的写作能力有极大的帮助。[1] 王雪丽等系统地阐述了元认知策略与写作的关系及写作元认知策略的培育。[2] 写作中应主要培养写作元认知,即写作计划、写作监控与写作评估的能力。

关于写作核心素养的内涵,目前较少有学者研究。赵飞提出"作文核心素养"说,认为指向作文核心素养发展的教学除了书写和表达外,还应养成写作动机。[3] 刘春文提出作文核心素养应有语言的建构与运用、主体思维的发展与提升、审美鉴赏与创造能力的培养、文化的传承与理解四个核心素养。[4] 杨新成等以本质与现象为基础,解释真实对写作的意义与内涵,强调真实写作作为语文学科核心素养的价值力量,在梳理语文素养内涵的基础上,重构写作能力的内层和外层。[5] 由此看来,写作情趣是大家共同关注的写作素养之一,即写作要有较高的动机,要乐于写、不怕写。

在前人研究的基础上,我形成了"小学语文核心素养是语文知识、语文能力、语文情趣的综合"这一语文核心素养观,并主张写作素养是语文核心素养的重要组成,同时是其他素养的表达途径。写作素养的内涵包括真实写作、写作元认知及写作情趣(见图 1):真实写作即写诚实的自己的话,完全表现自

[1] 王红成.元认知策略指导下的写作教学试验研究[J].疯狂英语(教师版),2014(3):63—64.

[2] 王雪丽,王红亚,王可.元认知策略与写作的关系及写作元认知策略的培养[J].中小学心理健康教育,2013(3):4—7.

[3] 赵飞.作文核心素的内涵与构建[J].新作文(中学作文教学研究),2016(8):9—11.

[4] 刘春文.基于学生核心素养的作文教学[J].语文教学通,2016(6):68—70.

[5] 杨新成.真实写作:作为核心素养的学科价值[J].学语文,2016(3):80—81.

己;自我元认知即写作计划、写作监控和写作评估能力,在写作前、中、后能对写作的结构和内容实施自我监控,不乱写,不走题;写作情趣是学生积极写作的心理状态,不害怕写作,能有较高的写作自我效能感。三者均为语文核心素养中写作核心素养的有机构成。

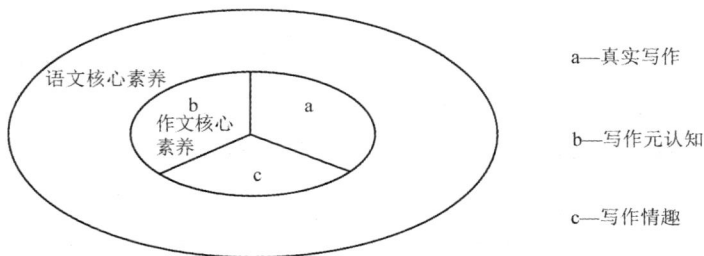

图1　小学语文核心素养之写作核心素养的构成

（二）关于"学习共同体"的探索

1."学习共同体"的概念

"学习共同体"这一概念被引入教育领域最早见于厄内斯特·博耶尔(Ernest L. Bayer)在1999年发表的一份报告。博耶尔认为"学校是学习的共同体,学校教育最重要的是建立真正意义上的学习共同体"[1]。学习共同体既可指一个特定场所或团体,又可指一种文化氛围。

罗兰·巴斯将学习共同体描述为"一个学生和成人都能根据对他们的特殊重要性,在互相促进学习的地方积极主动地学习",而教师和学生都可以是学习共同体的主体,能互相促进。[2]

佐藤学是学习共同体研究的集大成者,他在《学校的挑战:创建学习共同体》一书中提出"学习共同体"理论,对日本的教育实践提供了一定的参考,缓解了日本当时面临的教育危机。佐藤学在审视"学校"及"学习"的本质的基础上找到了学校改革的王道——建构学习共同体,指出:"所谓'学习共同体',是

---

[1] Bayer E L. Creating learning communities: The unfinished agenda[M]// Pescosolido B A, Aminzade R. (eds.). The Social Works of Higher Education. Thousand Oaks, Calif: Pine and Forge Press, 1999: 99.

[2] Rolands B. Improving Schools from Within: Teachers, Parents, and Principals Can Make the Difference [M]. San Francisco: Jossey Bass, 1991: 14.

指在学校里不仅学生们相互学习、成长，作为教育专家的教师也相互学习、提高，家长和市民支持和参与学校改革、共同学习成长。"[1]他还将"对话"（包括学习者与对象世界的对话、与他人的对话、与自己的对话）作为学习共同体的内在规定。国内外很多专家学者对佐藤学的理论进行了研究和补充，指出佐藤学的共同体学习理论突破了课堂的局限，延伸至课程、学校层面。[2]教师作为学习共同体中的重要一员，是学生学习的组织者、引导者、合作者、促进者，在教学中的角色是平等个体中的首席。[3]教师通过与学生之间的紧密合作，与学生共同完成学习任务。学生在共同体中感受到的不仅是归属感、认同感、凝聚力，还有彼此间的接纳和支持，从而体验到一种全新的师生关系。当然，这种归属感、认同感和凝聚力反过来又增强了学生对学习共同体的参与意识以及对学习的兴趣和热情。而且，学习共同体鼓励其他成员提出自己的观点和看法，能使学生了解不同的视角和观点，更好地建构知识体系。

近几年来，我国的教育界人士开始关注学习共同体，多是研究如何在教师和学生之间建立学习共同体，以促进学生的学习。况珊芸认为学习共同体是由学习者和教师、专家等组成的，为完成一定的学习任务，彼此之间经常在学习过程中进行沟通、交流、分享各种学习资源，共同完成一定的学习任务的学习团体。[4]黄娟将学习共同体定义为学习活动的学习者围绕共同的主题内容，通过参与、活动、会话、协作、反思、适应等活动构建的一个具有独特文化氛围和知识网络的动态结构。[5]

综上，学习共同体是由拥有共同愿景的学习者共同构成的团体，他们之间经常在学习过程中进行沟通交流，分享各种学习资源，共同完成一定的学习任务，因而在成员之间形成了相互影响、互相促进的关系。学习共同体理论推动学习方式的变革：学校应成为学生和教师共同学习成长的地方，师生应建立

[1] [日]佐藤学.静悄悄的革命[M].李季湄,译.长春：长春出版社,2003：9.
[2] 陶玉婷.佐藤学"学习共同体"理论对中国课程改革的启示[J].吉林省教育学院学报,2012(1)：29—31.
[3] 马传军.当代合作型教师文化研究[D].上海：华东师范大学,2010.
[4] 况珊芸.网络学习共同体的构建[J].开放教育研究,2005(4)：33—35.
[5] 黄娟.基于网络的校际主题学习共同体的建构与应用效果的分析[D].广州：华南师范大学,2003：5.

平等的对话关系。这是本书的重要理论支撑。

2. 学习共同体的特征

要构建学习共同体,必须研究其特征。王攀峰指出,在学习共同体的建构中应遵循以下一些基本原则:尊重差异,培育尊严;自由表达,互相倾听;对话合作,共同分享;公平竞争,相互促进;民主平等,共同发展。[1] 林杰指出了学习共同体的特征:具有共同愿景、尊重差异性、脱域、强调共享等。[2] 胡勇等学者认为学习共同体的特征是学习者有共同关注的学术话题,不同的学习者能把学习内容与其他学科和生活联系起来,学习者在讨论中提出并解决学习中的问题,学习者之间反馈及时。学习共同体倡导师生在自主活动、实践的基础上通过交往和对话来促进自身的发展。[3]

综观学者们的研究,尽管他们对学习共同体的特征在表述上有所不同,但总体上有以下四点共同认识:第一,学习共同体具有开放性;第二,学习共同体强调成员之间的对话;第三,学习共同体成员彼此做出承诺并负有责任;第四,成员之间共享知识,共同发展。

3. 作为一个系统的写作学习环境的写作学习共同体

什么是写作学习共同体?对于写作学习共同体的定义,学界鲜有界定。周子房在系统研究写作学习共同体后指出,在写作学习活动中以协商的方法建构写作知识的集体都可称为"写作学习共同体",即:当学生小组或班级通过写作学习活动相互交往,形成一套共有的写作学习的习惯和习俗,互相依赖,共同完成写作学习目的时,就形成了写作学习共同体。[4] 乔纳森等学习环境研究者们指出,学习不是传输的过程,也不是批判的过程,学习是需要意志的,是有意图的、积极的、自觉的,以学生为中心的学习环境的建立在教育中十分重要。写作学习共同体与其说是写作学习者群体,不如说是一个系统的写作学习环境。乔纳森还指出,写作学习共同体强调学习成员

[1] 王攀峰."学习与生活共同体"的建构原则初探[J].课程・教材・教法,2006(6):29—34.

[2] 林杰.家校合作构建学习共同体的策略研究[D].重庆:西南大学,2009:9.

[3] 胡勇,王陆.基于学习共同体视角的网络交互案例分析[J].中国电化,2007(1):53—56.

[4] 周子房.写作学习环境的构建[D].上海:华东师范大学,2013:42.

为完成真实写作任务或问题而相互依赖、探究、交流和写作。[1]

写作学习共同体又有什么特征呢？朱建军认为写作学习共同体应该具有两个基本特征：一是共享的共同愿景。因为写作学习共同体是一种学习型组织，其成员是由具有共同目标和共同愿望的人组成的。二是相互协作和依赖，形成共同的写作学习习惯。个体在进行写作活动时，不仅要完成自己的任务，还有义务协助彼此共同完成作为共同体的写作任务，在整个团体中，成员之间形成相互影响、相互促进的人际关系，最终促进所有成员的共同成长。[2]写作学习共同体打破了写作教学的时空界限，可以更巧妙地利用写作时间。[3]

以上学者虽然提出作为写作环境的写作学习共同体，但并未指出具体实施路径，更未能根据学段进行有效的实施路径规划。将写作学习共同体系统作为写作学习环境，让儿童浸润在这一环境之中自由写作以提高写作核心素养，是我实施作文教学的又一个理论支撑。

4. 师生写作学习共同体的建构路径

学习共同体有多种类型，赵健提出学习共同体有三个分析水平：宏观水平的"学习型社会"，中观水平的"实践共同体"，微观水平的"实习场"。[4]我研究写作学习共同体的主要目标是研究写作学习的"实践共同体"。当前的相关研究中，关于师生共同体的建构路径，主要有四条：重视写作中的合作与交流；发挥教师的作用；提供真实的任务情境；以师生生活经验设计写作课程。下文将分别进行阐述。

（1）重视写作学习中的合作与交流

要建立写作学习共同体，必须重视写作中的合作与交流。国外的写作教学有着明显的"重交流"取向，培养学生的写作目的意识和读者意识是重要的教学目的和内容，譬如日本倡导"集体作文"和"小组学习"，美国提倡"小老师

[1] ［美］戴维·H.乔纳森.学习环境的理论基础[M].郑太年,等译.上海：华东师范大学出版社,2002：7—9.

[2] 朱建军.写作共同体建构：中学写作教学的有效策略[J].全球教育展望,2010(3)：89—92.

[3] ［美］魏姬·厄克特,莫内特·麦基沃.教会学生写作[M].晋学军,译.北京：教育科学出版社,2008：12—18.

[4] 赵健.学习共同体的建构[M].上海：上海教育出版社,2008：65—59.

制度""开放课堂"和"合作教学"。[1] 毫无疑问,真正的交流式写作不仅是提高学生写作能力的快捷途径,而且是培养学生思想品德的有效方法。交流式作文教学的参与性主要体现在参与的多元化:参与人员的多元化,参与形式的多样化,参与程度的不同化。[2] 在交流式作文教学的整个实施过程中,学生、教师、家长等共同参与,各自发表观点和看法。参与形式的多样化指的是,在交流的时候,有书面形式、口头形式,还有两种相结合的形式以及其他各种创新的形式。不管怎样,交流式作文教学的参与性保证了师生在积极的交流、参与中完善作文。有研究者主张建立作文反馈小组处理学生的作文。[3] 教师并不是学生作文唯一的反馈源,教师也没有那么多时间和精力与班上的每一个学生进行个别交谈。帮助学生建立作文反馈小组,就是让班上同学积极反馈,使他们不仅是作文的作者,同时也是其他同学的作文的读者或听众。

（2）发挥教师的作用

要构建写作学习共同体,必须发挥教师的作用。在写作学习共同体中,教师作为中介而存在,既要有权威,又要"去权威"。[4] 在理论上,教师不具有权威性的学习共同体最终可能走向无序而崩溃。[5] 学习共同体中的教师权威应该是以促进学习为目的的权威,是平等而不对等关系中的权威,是与学习者自由共生的权威,是合法权威与合意权威统一的权威,是内隐的、不确定的权威。构建这样的教师权威,不仅需要国家的有效授权,为教师权威的重构提供外在支持,还需要教师有科学的认知力、高深的知识力以及高尚的道德感召力,为教师权威的重构提供内在支撑,如此方能实现学习共同体的共同愿景,促进学习者的健康成长。

教师只有会"下水",喜欢写作,学生才能在教师的带领下调动起积极性。为了提高教师的教学水平,一些国家提倡教师终身学习、不断提高作文教学质量。[6]

［1］　张益美.日英作文教学理念的借鉴与启示[J].教育理论与实践(B),2007(9)：24—27.

［2］　范雪红.小学交流式作文教学探索[D].上海：上海师范大学,2014.

［3］　陈颖.小组合作批改作文的尝试[J].新课程(中旬),2011(12)：182.

［4］　刘小龙.师生学习共同体中教师权威的困境及其重构[D].南京：南京师范大学,2011.

［5］　田国秀.关于教师权威的辩证思考[J].教育理论与实践,1998(3)：35—37.

［6］　李乾明.国外作文教学：危机、对策及启示[J].课程教材教法,2004(7)：91—96.

我国很多教育者倡导作文教师必须动笔写作,改变教而不作的状况。[1]叶圣陶先生在20世纪五六十年代就开始倡导"教师下水作文"[2]。刘国正先生也主张教师在作文教学中"下水"。张坚固则在"下水"作文的基础上提出"下水演示"作文:老师在讲解作文知识之后,不仅要进行"下水"作文,而且要向学生讲解自己文章的写作经验和长短得失。[3]王栋生指出:教师如果比学生高明一些,那学生就有了可以提高的"台阶";教师如果有丰富的写作经历,那他的经验和教训都可以成为学生思维和写作的借鉴。[4]

很多学者肯定了教师"下水文"的价值。如苏立康指出教师写"下水文"具有三个方面的价值:展现教师本人写作时的甘苦、得失,传送给学生写作的"金针";教师"下水文"作为特殊的习作样例,是极为宝贵的教学资源;教师主动写作、平等参与,可以与学生一起构建起和谐的写作共同体。[5]奚素文在研究中发现,"下水文"转化成作文教学"生产力",不仅能提高作文教学的实效,提高教师开发写作课程资源的能力,提升作为语文教师核心专业能力的读写能力,还有助于建立"师生写作共同体",形成生命情感的和谐共振,这是一股强大的教育理论。[6]

可见,教师与儿童共同写作是建立写作共同体的基础。那么,教师写"下水文"究竟应该以儿童的视角还是以成人的视角进行写作呢?大多数研究者主张站在儿童的视角,写有童趣童真的"下水文"。朱立秀提出教师"下水文"是根据学生习作命题,教师亲自动笔写一写,用来指导学生写作的范文,应站在儿童立场,立足教材,审清题意,突出习作教学重点,避免语言成人化。[7]陈小燕提出,教师写"下水文"要从学生的角度,选取贴近学生生活、让学生感

[1] 刘国正.也谈"教师下水"[J].人民教育,1984(6):46—47.

[2] 叶圣陶.叶圣陶语文教育论集[M].北京:教育科学出版社,2015:365.

[3] 张坚固.离学生更近些——下水作文的几点体会[J].中学语文教学,1994(4):13—15.

[4] 王栋生.教师自身要有写作的经验[J].中学语文教学,2011(9):25—26.

[5] 徐飞.语文教师的"教学性写作"[J].语文教学通讯,2013(3):13—14.

[6] 奚素文."下水文"转化为作文教学"生产力"的实践研究[D].上海:华东师范大学,2014:5.

[7] 朱立秀.语文教师如何写好"下水文"[J].小学语文教学,2014(6):12—13.

兴趣的写作内容,运用符合学生年龄特征、让学生容易接受的表达方式。[1]

　　综上,"下水文"是桥接教师写作与儿童写作的一种有效范式。教师的写作语言与儿童的写作语言存在着差异,但是学生会注意到教师在关注生活并积极地表达自己的见解,这就必然会推动儿童也关注自己的生活。这种学习就不再是简单的模仿,而是从自身出发进行生活观察、搜集自身生活资料进行书写的过程了。在共同体写作中,教师往往会写教育叙事文,而儿童可能用童话、记叙文的形式进行"跟写",这是一种有益的互文写作。

　　(3) 提供真实的任务情境

　　"真实的任务"和"真实的情境"是构建写作学习共同体的共同追求。对写作学习而言,不同的学习环境能为学生的写作练习提供多种真实的任务情境,使学生获得不同形式的写作体验。教师与学生在真实的情境中共同写作,有利于写作学习共同体的构建。

　　当前国内对写作学习情境设计进行研究和实践的专家和老师也不少,形成了诸多的教学流派。李吉林的"情境作文"主张通过创设典型的场景,唤起学生的兴趣,触发其兴奋点,使其在一种愉悦的心境中开始写作。[2] 李白坚的"现场演示作文"主张设计可以用于记叙的生动、活泼、有趣的演示活动作为写作内容,并通过演示活动,激活学生的思维,诱导学生在轻松愉快的氛围中完成从思维到文字的转化,以提高学生的思维创造力及写作水平。[3] 张化万的"生活作文"主张作文要与生活相联系,而要整合作文与生活,就必须关注儿童的游戏。[4]

　　这些为作文设置活动情境或游戏情境的做法,为写作共同体提供了写作内容与交流平台,但在脱离课堂的情境中并不一定奏效,当学生回归真实生活,还需要更有力的平台支持。如何让学生真正做到在生活中写作,需要我们进一步探究。

---

[1]　陈小燕.试析"下水文"在小学作文教学中的运用与思考[J].教育观察,2014(7):37—39.

[2]　李吉林.情境课程的操作与案例[M].北京:教育科学出版社,2008:116—117.

[3]　李白坚.大作文——写作教学的新观念与新方法[M].上海:上海交通大学出版社,2001:52—70.

[4]　张化万.我的语文人生[M].北京:高等教育出版社,2004:210.

（4）以师生生活经验设计写作课程

课程资源也称教学资源，就是课程与教学信息的来源，或者指一切对课程和教学有用的物力和人力。作文课程资源的开发，就是寻找一切有可能进入作文课程并能与作文教育教学活动联系起来的资源。这种资源不仅包括有形资源，同时也包括教师、学生已有的知识和经验，家长的支持态度和能力等无形资源。

根据威廉·派纳（William Pinar）的课程思想，课程是存在经验课程，课程是对生活经验的诠释。[1]"存在经验课程"实际上是一种人对意义和价值的主动追求的"天路历程"，是个体内在经验与外在环境相互作用的经验改造和意义建构。派纳认为"存在经验课程"的主体是"具体存在的个体"，这种个体是具体的、活生生的、独特的和完整的。课程应植根于活生生的、具体的、完整的个体中。写作学习共同体课程建构的过程，是基于佐藤学的学习共同体思想建构下的存在经验课程，是基于教师的经验与儿童的经验相互作用而建构的课程体系。

一些学者尝试构建写作课程以构建写作学习共同体。刘春文构建了"借教材文本学习语言、弱化过程指导、关注思维、学写结合提高审美、通过语言带动文化领悟"的作文实践课程。[2]胡晓蓉指出教师应针对学生的语文核心素养，构建基于学情的课程资源。[3]

基于前文综述，本研究的基本假设是：融汇写作学习内容于特定的任务情境之中，发挥教师的共同体学习者功能，促进写作学习者共同体的生成，这可以提高学生的作文能力。

基于写作学习共同体能提升学生的作文能力的假设，我在研究中将构建师生写作学习共同体以提高学生的作文能力。师生写作学习共同体就是学习者基于观察与写作建立一个双主体的学习团体，教师和学生都明确写作学习内容，即站在教师教的角度上来看，学习内容是明确的；站在学生学的角度来看，学习内容是明确的。

---

［1］ 汪霞.建构课程的新理念——派纳课程思想研究[J].全球教育展望，2003(8)：40—44.

［2］ 刘春文.基于学生核心素养的作文教学[J].语文教学通讯，2016(6)：68—70.

［3］ 胡晓蓉.浅谈小学语文如何针对核心素养教学[J].科学咨询(教育科研)，2015(12)：19.

（三）学习共同体对学生写作核心素养的影响

写作是一种生活态度，我们构建了名为"观察文学圈"的写作学习共同体以提高学生的语文核心素养。"观察文学圈"是一个系统的写作学习环境，是一个协同探究和观察的写作学习共同体名称。它的基本实施路径是：在共同体选择观察物之后，共同体成员先集体或独立观察，再分享个人对事物的回应，然后共同决定观察的议题，进行深入探讨、创作、评价、分享，从而开心地创作，乐此不疲。

在天长小学，我进行了一年的"观察文学圈"学习共同体构建，学习共同体成员为笔者及笔者所带的三年级一个班级的学生（41 人）。那么，学习共同体对学生写作核心素养有什么帮助呢？我在三年级期末对实施学习共同体的班级进行了"观察文学圈"实施情况问卷调查，不论是从学生的作文质量、学生的写作思路来看，还是从学生的写作兴趣和写作自我效能来看，得到的反馈都是可喜的。

在笔者执教的年级中，三年级期末作文优秀率是 79％，居年级第一。这从写作质量方面也说明了学习共同体对学生写作素养提升有积极的作用。

1. 写作学习共同体是真实写作

写作必须是真实的，即写作必须与生活相结合，必须与学生的思想实际相联系。真实的写作是一种大量、持续的写作实践活动。写作能力必须通过大量的写作实践才能形成和提高，而写作共同体中成员的共同前行无疑为写作提供了无数鲜活的经验，这样，真实的写作不再是难事，而变成了常事。

在写作学习共同体的构建中，绝大多数的三年级儿童已经形成了观察生活的习惯（见图 2），能够积累丰富的一手资料进行写作，这是打通自我世界与周围

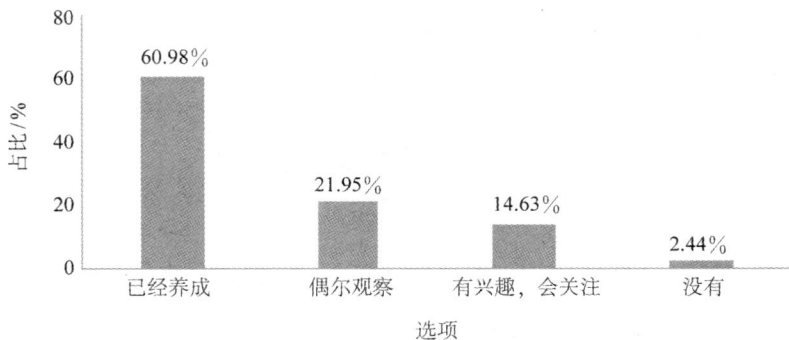

图 2　在日常生活中，你养成观察的习惯了吗？

世界的通道。绝大多数学习共同体里的儿童非常喜欢写"真人真事"(见图3),这说明他们能够发掘生活中真实存在的美好,忠于真实的写作。

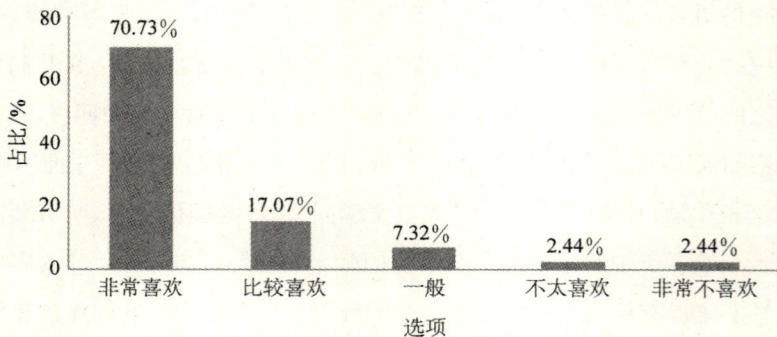

图3　你喜欢写真人真事吗?

2. 写作学习共同体运用写作元认知策略

在写作学习共同体中,学生的写作元认知得到持续的训练,如写作计划能力、写作监控能力与写作评估能力等。

(1)写作计划能力

运用学习单、作业纸的"观察文学圈"课程有利于学生写作计划能力的培养。

例如在"观察文学圈"作文活动课"桃子怎么吃"中,教师利用作业纸中"first—首先""next—接着""last—最后"进行写作计划构建。然后层层递进,进行不同时间节点中"吃桃子"方式与细节的构思,最终用绘本展示或写短文的形式进行展示(具体见本书"实践篇"的"桃子怎么吃"案例)。下面以陈郁同学的例文具体阐述写作计划能力的培养。

例文

桃子怎么吃?

三(2)班　陈　郁

"桃子蛋糕"是专给蜜蜂吃的,因为中间既有汁多肉嫩的新鲜桃肉,还有甜丝丝的花蜜,蜜蜂准爱吃。发明这"桃子蛋糕"的是我们的主人公爱斯。

爱斯将针插入蛋糕中,小心地尝了一小口,她认为太好吃了,于是做了起来,你读读小诗就知道了!"面粉花蜜一起来,放入烤箱烤烤味,放入桃肉味道美,再加奶油和桃肉,你看美不美?"意思是:"面粉花蜜一起烤,差不多时放入桃肉,味道鲜美,最后加奶油和桃肉,问你好吃不好吃!"

烤好的蛋糕又松又软,气味很香,是个星形。爱斯将针插入蛋糕中,请上朋友们。爱斯把蛋糕分成十一个同样大小的三角形,上面都有奶油、花蜜和桃肉。他们细致品尝。他们吃东西的时候都要将自己的针插入食物里。

这就是桃子蛋糕。

从图4中可见,陈郁同学先有了吃的主体——桃子,吃的客体——桃子蛋糕,然后再进行制作方法的分解与建构。从她的行文中可以看出,写作计划对文章的起笔帮助极大,使行文紧凑,具有可读性。

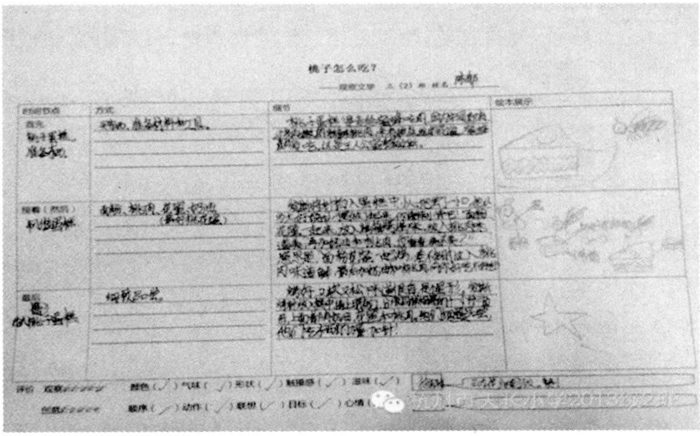

图4　"桃子怎么吃"课程作业纸

(2) 写作监控能力

写作监控能力是学生在日常的学习活动中通过不断的实践和锻炼而形成与发展起来的。在"观察文学圈"写作共同体教学活动中,学生不再处于一种被动的状态,学习目标、学习过程、学习方法都由学生自己来计划、调控,学习效果也由学生来评价,学生始终处于一种自控状态。

以"秋天的图画"写作学习为例,学生须学会顺序、颜色、焦点的掌握与运用。谢仲阳同学在写作过程中按照从上到下的顺序对"秋天的图画"进行描述(见表1),从天空到太阳、树叶、枯叶、"白玉蜗牛",可见该学生对顺序的自我监控与调节意识非常明确。

表1　学生写作自我监控目标与习作

教学目标	学生习作
顺序（　） 颜色（　） 焦点（　）	秋天的图画　　　　　　三(2)班　谢仲阳 　　秋天是特别的季节,有一盒五彩缤纷的颜料。她把黄色给了桂花、银杏叶,黄澄澄一片,像摇曳的金帽子。她把红色给了你挤我碰的果实,让它们像一盏盏灯笼高挂。 　　秋天的太阳金灿灿的,暖洋洋,照在身上好像感觉到了秋的信息。枯叶堆积如山,秋真的来了。树叶春多秋少,都作为了大树伟大的肥料!蝴蝶在火红火红的太阳下跳舞,停靠在枯叶上,欢庆秋天已经来到。"白云蜗牛"在尽情地吃盖在枯叶下的菜叶,想:秋天来了,再不吃,菜叶就要被人们拿走了!
同伴评价(妮冰)	写得很美,学了就用。颜色很丰富,用了由高到低的顺序进行描写!

在共同体中,学生相信通过自己的努力,对写作时间、写作方法等进行适当调节,可以优化自己的写作过程并最终完成学习任务,那么学生就更可能对自己的写作过程进行自我监控。

（3）写作评估能力

评估活动主要是对学生的学业获得进行评估。作文评估最能呈现学生的学业获得情况。自我评估的元认知方法是保证自主学习有效进行的重要手段。

如图5所示,学生在写作中首先发现自己作品的优点或他人作品的优点,有利于形成较高的自我评估,从而更有自信写文章。这种方法可培养学生自主获取信息、加工信息的能力,使学生养成良好的写作习惯,提高学生的创作意识和写作能力。

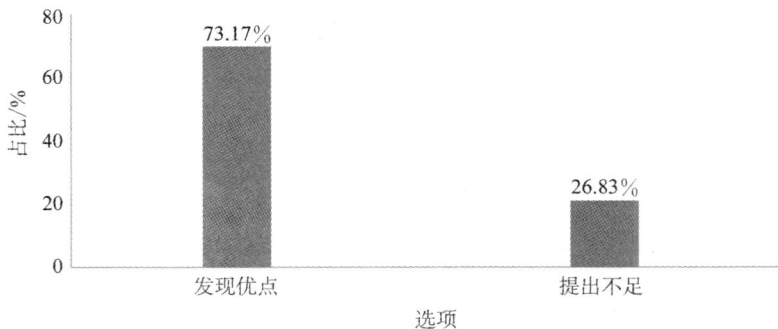

图 5　看"观察文学"作品时,你首先发现作品的优点,还是急于提出不足?

3. 写作学习共同体可以提升学生的写作情趣

在实施"观察文学圈"学习共同体建构一年后,我对写作共同体的实施情况进行了问卷调查,共回收 41 份。写作学习共同体对学生写作情趣的提升有较大影响,调查结果如图 6 至图 9 所示。

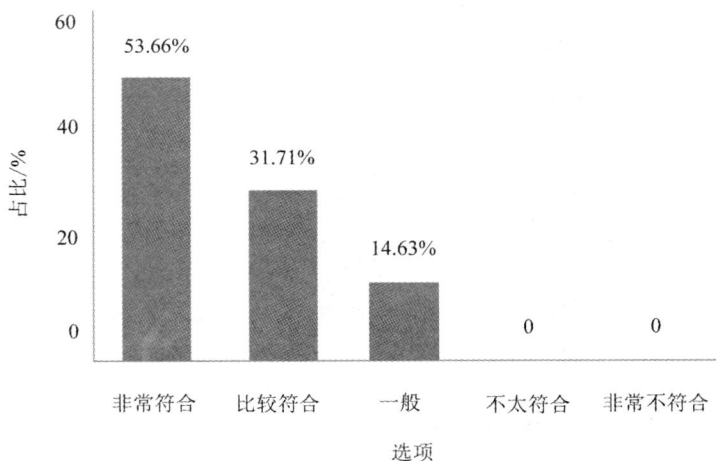

图 6　我觉得在"观察文学圈"课堂上写"观察文学"作品很快乐

図7 我因为"观察文学"而获得更多写作自信

60

40

20

0

53.66%
36.59%
7.32%
2.44%
0

非常符合　比较符合　一般　不太符合　非常不符合

占比/%

选项

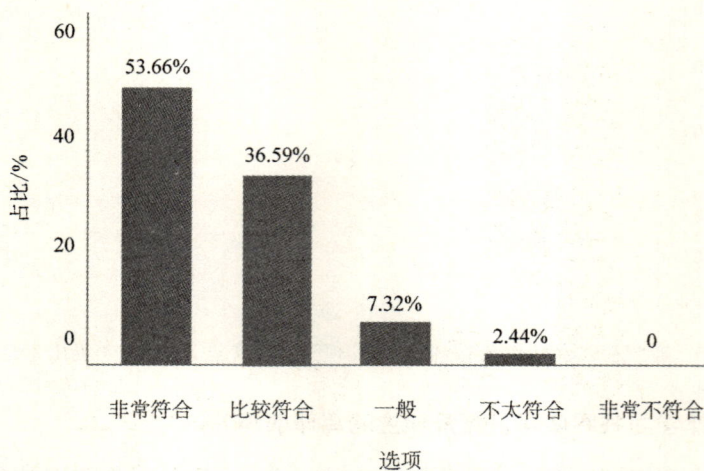

图 7　我因为"观察文学"而获得更多写作自信

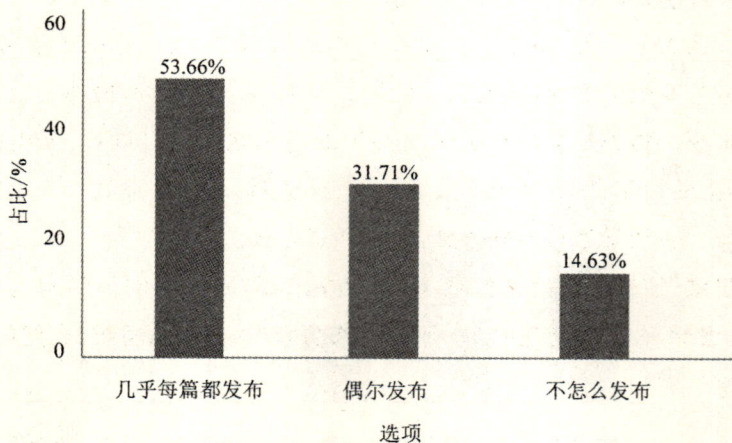

60

40

20

0

53.66%
31.71%
14.63%

几乎每篇都发布　偶尔发布　不怎么发布

占比/%

选项

图 8　你的作文在微信平台上的发布情况是怎样的？

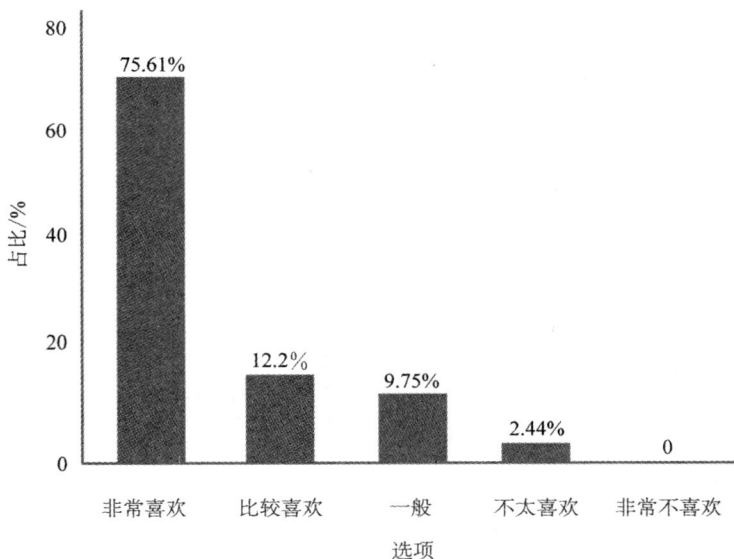

图 9　你喜欢上"观察文学圈"作文课吗?

　　从图 6 至图 9 可见,学生无论是在写作的情绪方面、写作的态度方面,还是在写作的自我效能方面,均达到了较好的预期,着力于写作情趣的核心素养也得到了提高。情趣是学生积极学习知识的心理状态,可以激发学生的求知欲,增加学生的写作自信。"观察文学圈"实践证明,求知欲强烈的学生能积极主动地写作。要让学生写出好作文,就必须想方设法激发学生写作的兴趣,开放学生的思维,使他们产生创作欲。"观察文学圈"写作共同体的构建深受学生的喜爱,因此,他们下笔写作时,那种情感的倾泻、开放的思维、大胆的创新,使文章妙笔生花。

2016 年 9 月

二　马老师的第二封信

亲爱的孩子们、爸爸妈妈们：

　　见信好！

　　叶圣陶先生曾在《略谈学习国文》中说："阅读是'吸收'的事情，从阅读，咱们可以领受人家的经验，接触人家的心情；写作是'发表'的事情，从写作，咱们可以显示自己的经验，吐露自己的心情。在人群中间，经验的接受和心情的交通是最切要的，所以阅读和写作两项也最切要。"我也期待自己能像叶圣陶先生一样，将阅读与写作变成承载儿童健康快乐成长的重要平台。

　　让我们一起两条腿走路：一条腿"立体阅读"，一条腿"观察文学"。

　　什么是观察文学？这是一种基于观察的文学创作。在我们尚说不清道不明时，它就溜进了我们的生命里，成为我们的言语表达的一种方式。我们的写作课程，是一种基于真实情境的对话写作课程。写作，实质上就是一种对话活动。写作能力实质上就是一种对话能力。作文是用来表达思想、交流情感的，作文是以语言文字表达自己的思想，与他人沟通，发现问题然后解决问题，进而产生新想法的语言使用行为。它主要来自学生自身在写作活动中的对话实践。而师生共同建构的写作课程则是对生活经验的阐释，是我们个体的内在经验与外在环境相互作用的经验改造和意义建构。

　　如何将观察、文学、交往进行有意义的对接，这是我在一线教育现场十分困惑同时又很感兴趣的事情。对话和互动有助于达成共识，实现视界融合，让对话双方逐渐接受彼此。或许，在这项研究里，你会看到我们在做一项新的尝试——观察文学圈。没错，它不是以传统的阅读教学模式而存在，而是以交往的姿态、延展观察力的方式在蠢蠢欲动。毋庸置疑,现在我们的教育是很重视观察力的,达尔文曾自白:"我没有突出的理解力,也没有过人的机智。只是在觉察那些稍纵即逝的事物并对其进行精细的观察的能力上,我可能在众人之上。"可见观察力在人的成长和能力发挥中所起的作用。早在 1998 年在美国费城召开的科学年会上,到会的科学家和教育家就一致认为 21 世纪教育的一个重要原则是:学校传授给下一代的将不只是知识,更重要的是技能,培养善于认识事物的客观规律并具有熟练技能的人。这与我们的素质教育目标是一致的,也充分说明了培养学生的观察力在素质教育中的重要性。但是,如何建立有助于儿童观察能力的实践体系? 这是难点,也是亟须突破的。我们时常看到两个孩子因为对某事某物的意见不一而争吵甚至大打出手,那么我们能否大胆想象一下,就让他们陷在这样一个"观察文学圈"里,他们会发生什么变化呢? 这正是我们所期待看到的!

在儿童的眼睛里,世界是什么样子的? "蚂蚁日记""蚕宝宝日记""彩蛙日记",透过孩子们的观察视野,我们能感受到他们真诚纯洁的童真! 在不做任何指导的情形下,将儿童带入观察的世界,他们会有什么样的反应呢? 他们与小动物们是怎么交往、怎么相处的呢?

在家长的眼里,孩子是什么样子的? 孩子的小脾气,孩子的小爱好,孩子的小优点,孩子的小缺点……能否让他们的教育方式渐渐理性而优化? 这一切,都会让陪伴儿童成长的我们走入观察现场,走入交往现场,这一切都构成了鲜活的"儿童体"。

在老师的眼里,孩子是什么样子的? 小学低段的小伢儿还未形成严格的规则意识,他们那么有个性,那么自我,那么调皮,那么可爱,一个年轻教师如何和众多"熊孩子"相处交往,他们眼中的孩子又是什么样子的? 他们的观察日记里藏着教育的秘密武器:尊重且有耐性地交往。

或许,建立一个如微信圈一样的"圈子",让这种观察并记录的能量在整个圈子里自主运行并不断拓展,会是促使人与人交往,甚至人与社会、人与自然交往的非常好的方式。此时,每个人都变成了叙事研究者,他们尊重个体的生活,主要通过有关经验的故事、口述、现场观察、日记、访谈、自传或传记等,来接近实践本身。

如果这种观察文学圈已建立，那么我们可以预言，现在教师不常使用的教育叙事会迅速推广，同样，每个家庭和每个儿童也会开始进行教育叙事。

"我手写我心"倡导的是一种主体意识——我写我存在，我写我快乐。

让我们和孩子们一起写起来，为自己写作，为交往写作，从文学出发进行写作。

马迎春

2015 年

三 构建小学师生写作学习共同体实施手册

从"观察文学圈"写作共同体的内涵出发,构建写作学习共同体的具体策略必然包含课内与课外两条实施路径。在课内实施"观察文学圈"作文课程,形成"一周一课"班级观察文学圈课堂。在课外开展"观察文学圈"开放式写作交流,基于开放式写作,学生自主自愿跟着教师写观察文学,晒观察文学,聊观察文学,从而提升语文核心素养。

(一)"观察文学圈"作文课程

1. 合作式写作,形成写作课堂模式

合作学习既是写作学习方式,也是写作教学策略。"观察文学圈"是以观察为路径,以文学写作为终点,以学习共同体为理论基础的写作学习共同体,在写作学习共同体内又以4人为一小组进行合作式写作。在小组观察文学圈里,学生担任的职务如表2所示。

表 2　组内学生职务安排异质一览表

学生职务	人数	占比/%
联系人	10	24.39
提供人	10	24.39
记录人	10	24.39
发言人	11	26.83

在观察文学圈里,由于不同学生担任的职务不同,负责的活动任务相应地也有差异,所以自我效能的评价略有差异。

首先,写作学习共同体提出要写的题目或题材。一般是教师先通过自己的观察文学发起,而学生自然会在生活中去观察,分组讨论:表达什么样的思想情感,要写哪些内容,每部分写什么事情,以什么样的顺序安排这些材料,运用何种表达方式及语言,等等。然后,学生分头收集材料,共同设计文章结构(可以有多种),列出几种主要的结构提纲。学生分别写出文章(观察文学),小组推敲修改,每周整理成电子文档发群邮箱,由微信公众号管理员进行整理并发布。最后,形成班级观察文学圈课堂。一周一课"观察文学圈"写作学习共同体的写作课堂模式具体如下:

第一步,拓展课程资源,共同决定写作对象与内容。

成员们根据自己在小组中的角色和职责,为进一步观察做准备,设计观察记录。

第二步,观察、游戏或活动。

共同体中的成员进行合作观察、合作游戏或合作活动,共同体验、分享。

第三步,小组合作学习。

以4人为一组,角色分别为联系人、提供人、记录人、发言人,组员自主进行交流、分享。小组成员根据担任的不同职务使用不同颜色的笔进行记录。

在写作学习共同体中,学生共同探讨各种话题,通过观点的交锋,最终达成共识或选择保留意见。

各观察小组完成对某一事物的观察、讨论、分享之后,成员们会以恰当的方式集中而创新地展示、交流作品中的精彩部分,这样有利于同更多的团体成员交流和共享阅读的快乐和惊喜。最后,完成讨论的小组之间交换,成员选择更多的观察材料,组成新的观察文学圈,开展新一轮观察与创作。

第四步,形成合作评价机制。

参与观察文学圈的每一位成员都有着不同的经验以及不同的观察角度,因此成员之间通过相互合作和观点的碰撞,可以拓宽视野。虽然学生有时会在视角、观点方面与其他成员产生分歧,出现认知冲突,但通过畅所欲言、阅读他人的观察文学,学生可以更好地建构知识体系,形成更丰富的概念知识。

首先,要善用评价单。导学案、作业纸等支架式学习方式已经被教育界广泛认可,一部分教师已在积极应用。我在"观察文学圈"课程搭建的过程中,也使用了学习单。创新之处在于,我在使用学习单的同时也嵌入了"评价单",让评价显性化、可视化,以引导儿童进行写作自我监控,同时培养儿童阅读、评价他人作品的思维能力及审美能力。教师根据"观察文学圈"课程目标搭建评价表,例如根据"民俗物件的神奇故事"这一课程目标设置了四个写作评价指标:神奇指数、神奇事、超能力、字数达标。集合同组学生及教师的评价。如图10中每张"观察文学圈"课程学习单中均设有不同的评价表格。针对"____是大家的"设置的评价项目为真实指数、镜头感,针对"秋天的图画"设置的评价项目为顺序、颜色、要点、整体。

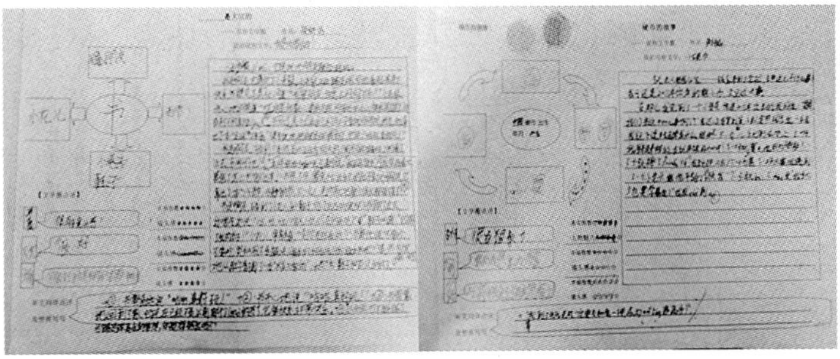

图 10 "观察文学圈"课程学习单

其次,善用教具,拓展评价资源。评价中教具的使用往往能促使评价显性化,使小组成员更愿意也更认真地参与评价活动。每个小组成员根据担任的职务不同,使用不同颜色的便利贴和笔等教具进行评价。

在评价中采用不同颜色的笔、不同颜色的便利贴,能达到提高评价效果的教学目标。

在评价中小组内成员不仅可以利用学习目标进行量化评价,还能如"微信点评"一样进行质性评价或内容评价。譬如用不同颜色的笔、画不同的符号进行有目的的评价性圈划,如用"○"圈出错误字词,用"﹏﹏"划出小组成员写得精彩的部分,用"____"表示语句不通或有错误词句。进行质性评价是学生最喜欢的评价方式,每位成员均能获得小组内其他三位小组成员的评价,所以每张学习单中都设计了三个相同的区域,如图11所示。

图11　小组评价单

这图11所示区域里,方框内填成员的笔名,长条话语框内写具体的语言描述,譬如笔名"小段"的评价:"内容很好,想象力丰富!"对于三年级儿童来说,尽管一些评论是"正确的废话",但这些评语记录了一个同伴非常愉悦的感受。

小组评价是在自我评价习作的基础上,同桌或合作小组进行交流。人人都参与,朗读所欣赏的词、句、段或新颖的开头、结尾。一般不依次读全文,以免占用过多时间。这种共同体评价创造了平等展现才华的机会,并具有浓厚的相互鼓励、取长补短的学习氛围。对于写作文较困难的学生而言,这种方式更能增强他们写作的信心。教师应和学生一起认真倾听,并及时肯定。

2. 体验式写作,回归真实写作

叶圣陶的"用人生的真实书写真实的人生"的创作宗旨及创作实践,凸显了直接经验在写文章过程中的重要性。在创建写作学习共同体的过程中,搭建开放式写作课程,设计开放式写作任务,有利于丰富儿童的直接经验。基于体验式方式,"观察文学圈"课程分为作文教学游戏化设计、作文教学活动化设计、作文教学兴发感动设计三个维度(见表3)。

表3　小学三年级"观察文学圈"作文课程

游戏化设计	活动化设计	兴发感动设计
1. 秋叶	1. 蚂蚁	1. 那一次掌声
2. 斗蛋	2. 水仙	2. 脾气
3. 硬币的做事	3. 水果拼盘	3. 我的心里有一串感叹号
4. 桃子怎么吃？	4. 民俗物件	4. 她哭了
5. 交朋友	5. 未来狂想曲	5. 关怀
6. 那些年老的游戏	6. 时间魔法师	6. 我最爱的衣服
7. 雪可以怎么玩？	7. 手套	7. 匆忙
8. 手掌游戏	8. 银杏叶的秘密	8. 再见，三年级
9. 花样跳绳	9. 你我他	9. 十岁，写给爱我的他们
10. 猜猜猜	10. 我是谁？	10. 安静行走

第一个维度：作文教学游戏化设计。

游戏是儿童的天性，小学的作文课程里应该融入游戏元素，在课程设置中体现游戏性。例如围绕"斗蛋"进行书写：首先，教师讲述斗蛋的民俗意义；其次，讲述斗蛋的规则，准备斗蛋；再次，进行斗蛋，教师巡视拍照；接着，将即得照片上传至大屏幕，学生观察刚刚的表现，总结需要关注的内容；之后，师生开始写观察文学；最后，小组进行观察文学评价，全班进行师生作文展示。如图12为"斗蛋"学习单的具体内容，表4为课堂游戏后教师与学生共同写的作文内容。

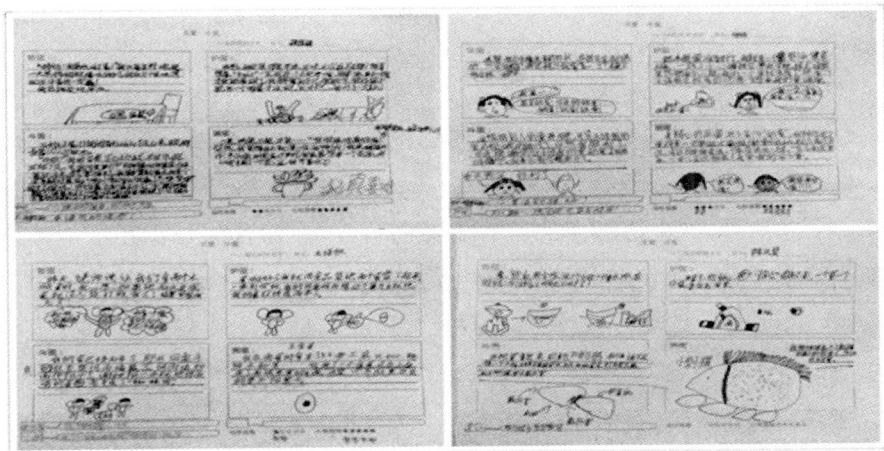

图12　"斗蛋"学习单

如图 12 所示,在游戏中,共同体成员在共同的游戏中有不同的体会与见解,在写作学习单中便会设计不同的写作思路,运用语言开展迥然不同的写作表述。

表 4　观察文学圈之"斗蛋"共同体写作成果

共同体角色	教师观察文学	学生观察文学 三(2)班　仲雨欣
写作 文本	立夏,孩子们高高兴兴地带着蛋早早地来到教室,摩拳擦掌、跃跃欲试:准备参加妙趣横生的斗蛋比赛。 　　瞧,蛋娃娃们从不同容器里被掏出来:塞满纸巾的纸杯里,挂在脖子上的荷包里,挂在书包边的塑料袋里,塞得紧紧的伞袋子里……真是各出奇招!蛋蛋们大小不一,各种各样,黄色的、白色的、褐色的……甚至还有全黑色的,名曰"黑马"。孩子们叽叽喳喳,述说着选蛋、煮蛋、护蛋的趣事,突然"吧嗒!"笑容僵在了眉飞色舞者的脸上:乐极生悲!蛋蛋跑出手掌,碎了!给蛋蛋起个威武的名字!叫"猎豹""蛋仙子""大力士""牛魔王"…… 　　斗蛋的规则是这样的:先小组内斗,同桌赢了再和 4 人小组比,赢者进入半决赛,最后进入决赛。 　　比赛开始了,孩子们小心翼翼地拿出自己的"掌上明珠",加油声、唏嘘声此起彼伏,握、捏、碰、躲、撞……一颗颗蛋欢乐地碰撞在一起,只听"咔嚓""吧嗒"一声声清脆的响声,一只只小手攀着蛋勇士站了起来,"十强"诞生!那些垂头丧气者,抚摸着伤痕累累的蛋,正盘算着什么时候偷偷吃掉呢!	盼望已久的"斗蛋"来了,"斗蛋"是什么样的?会是把鸡蛋当陀螺转吗?会是用鸡蛋互相碰撞吗? 　　开始斗蛋了,规则很简单:(1)只能用鸡蛋碰鸡蛋,不能用手接触对方的鸡蛋。(2)不能放弃比赛。"啪!"一个鸡蛋破碎的声音传来,是祝玮卿的鸡蛋碎了,比赛仍然在激烈地进行中。"啪啪啪"的声音,又是谁的鸡蛋破裂了呢?原来是我和徐昊田的鸡蛋碎了,因为徐昊田的鸡蛋裂得比我少,所以,他进入了中赛,可是第一回合就被淘汰了。所以,我们没能进入中赛。 　　虽然,我们没进决赛,但我们还是很开心。"啪!"冠军出来了,是李雨凡!她的蛋,真的是"铁蛋"啊!
评价	马老师很关注大家的动作!	雨欣对规则的讲解很详细!还用上了拟声词!

如表 4 所示,教师与学生在游戏后共同写作,在愉悦的写作环境中碰撞,更能提升学生的写作情趣。

第二个维度:作文教学活动化设计。

活动给学生带来经验积累和写作素材。如表 3 小学三年级"观察文学圈"作文课程,在课程设置中体现活动化设计,譬如围绕"一块硬币"进行书写,指导学生写硬币的外形,想象硬币所经历的事件,想象自己是一枚硬币。

教师将"一枚硬币"的故事生动地说给学生听后,学生进行角色选择、故事路径的设计、扮演硬币……各有各的侧重,又能有丰富的动作、语言的支撑。学生玩得开心,之后立即分组写作,亦是合作写作。学生写一个片段,教师再将每组的作文片段进行衔接,进行段落组织,一篇生动的文章便从学生中来、回学生中去了。

活动化的作文则更为多元,更能体现差异性,能让学生运用自己已经掌握的语言文字能力进行自主表达,无论是童话体还是纪实体,都表达了他们真实的想法。如表5,在活动中,共同体成员在共同的游戏中有不同的体会与见解,在写作学习单中便会设计不同的写作思路,运用语言开展迥然不同的写作实践。

表5 观察文学圈之"硬币的故事"共同体写作成果

共同体成员	学生一 三(2)班 何雨琦	学生二 三(2)班 杜启赫
写作文本	伏克里阿奇 　　有一枚硬币,名叫伏克里阿奇,他出生不久。他很好奇,因为好奇,所以想去看世界。 　　第一站:动物园。伏克里阿奇一蹦一跳地来到了动物园。可是,他被动物园的警察发现了。警察赶紧把他捡了起来,一路奔跑着去水果店里买了一个苹果。 　　伏克里阿奇就这样到了第二站:水果店。老板发现硬币早就脏了,就叫他的朋友——工厂里的工作人员来把伏克里阿奇变成铁,做成新的硬币,再来还给他。 　　工厂里的工作人员——阿伏克就把伏克里阿奇带走了。伏克里阿奇还会回到这个世界上吗?还会遇到警察、水果店老板吗? 　　忽然,伏克里阿奇觉得一阵头昏,他变成五块钱的硬币了!真是上帝不打开前通道,打开后通道呀!一元硬币伏克里阿奇带着微笑被化掉了,他感到很幸福!	斗币大赛 　　今天,我们开始了斗币大赛,我从来没有斗过硬币,好兴奋哦!我的硬币是2016年出生的一元硬币,可就是因为它太年轻,不太有经验,所以导致了后面一连串的悲惨遭遇。 　　马老师说先自己实验。我把硬币转起来。"啊!"还没等到我拿出一支铅笔,我的硬币就已经"壮烈牺牲"了。还是"落下悬崖",真是太悲壮了。 　　终于到了同桌比赛的时间,我把硬币拾起来,拍了拍灰,把它放到桌子上。"啪!""太好了!"我听到一连串的响声,原来是我的硬币的惨叫声和同桌沈家瑞的欢呼声,我又输了。 　　我要和陈佳琪比赛了,但一声"咚!"和一声"太好了!"又把我的梦给弄破了,唉!我再一次输了。 　　最后,我们组的管子正坐收渔翁之利,成功地脱颖而出了。
体裁	童话	记叙文

第三个维度：作文教学兴发感动设计。

若要想让学生写出好文章，就要想方设法激发学生写作的兴趣，开放学生的思维，使学生有创作欲。

学生作文水平提高的关键在课堂，但当下作文教学中"放羊"式的开放写作缺乏过程细致的指导，以致我们的课堂死气沉沉。事实上，写作学习共同体也只有在全体成员拥有共同的兴趣并一起努力来实现他们共同的目标时，才能得以形成。所以教师与学生在课堂中一起写作，会成为共同体写作的基础。例如表6"她哭了"这一写作课程，就是学校里兴发感动中的临时课程，因为偶发事件，教师与学生在交往中产生了情绪，共同进行即时抒发。

表6 观察文学圈之"她哭了"共同体写作成果

教师	学生一 三(2)班 叶陈达	学生二 三(2)班 严梓赵
我哭了。中午午管，孩子们异常吵闹，而我因为感冒，头痛欲裂。于是，在管理了几个调皮男孩后，我突然觉得很委屈，便在众目睽睽之下哭了。	她哭了，因为她不是万能的人。她的眼睛红了，眼泪一滴滴地流了下来。她的鼻子红了，看上去那么难过。她的嘴巴白了，可能是因为伤心咬的吧。 她的脚和手在颤颤地发抖，让别人感到也很伤心。她说的话小声了很多，温和了很多，也让我们失去了紧张。她在慢慢恢复时，说话还是小声温和的，很让我感动。	她哭了，她的眉毛向下垂，像有百万千克的东西拉着她的眉毛。眼睛红红的，犹如一粒红宝石般红润。声音小小的，像一只小蚊子在小声嘀咕。 她哭了，犹如受了很多的委屈般难受；她哭了，背后藏着许多秘密……

（二）"观察文学圈"开放式写作交流具体策略

1. 互文式写作，突破模仿"魔咒"

不从真实的写作目的出发而从脑海中已有的范文出发，只会导致写出的文章千篇一律。怎样处理好模仿范文与习得方法之间的关系？无疑，模仿范文的确是写作教学的一种方式，没有模仿，就无法帮助儿童建立某一种方式方法的概念。但模仿范文的教学缺乏过程，缺乏支架的引导、步骤的建构，最终只会导致"死记硬背"范文，动不动就抄袭范文。如何解除模仿的"魔咒"？这就需要写作共同体中突出教师"下水文"的作用。教师如果有丰富的写作经历，那他的经验和教训都可以成为学生思维和写作的借鉴。

教师的写作语言与学生的写作语言之间存在差异，但是学生会意识到教师在关注生活并积极地表达自己的见解，这就必然会促进学生也关注自己的生活,这就不再是简单的模仿,而是从自身出发进行生活观察、搜集自身生活资料进行书写的过程了。譬如表7中关于"匆忙"的书写,教师的书写引发了学生对自己生活的观照,从而书写关于匆忙的点滴,就是一种成人书写与儿童书写的互文。又如在共同体写作中,教师往往在写教育叙事,而学生可能用写童诗的形式进行"跟写",这也是一种有益的互文写作。

表7 《再见,三年级》师生互文式写作

教师:马迎春 (诗歌) 《再见,三年级》	学生:张乐涵 (散文)
不知不觉 我们平安、快乐地共行三年 从陌生到熟悉 我们一起读书 一起写字 品尝山的味道 海的味道 你跌跤时 我会担忧 我掉泪时 你会难过 我们走进了 你中有我 我中有你的 美妙学习生活 六月 催着知了唱起成长的歌谣 再见 三年级!	再见,三年级。再见了,免考,再也没有任何免考生了,没有各种各样的免考活动,会不会很无聊? 三年级的我,学会了一个人回家,学会了自己管理放学后的时间,学会了当李孺蕃说我时不再哭鼻子,学会了写作业为自己写得认真仔细…… 再见,三年级。我们迎来了长大,在未来的四年级,或许我们会遇到各种各样的困难,但是,那全部都是长大的行动。听大人说,三年级和四年级有巨大的不同,我会把三年级永远存在心底,她知道:曾经,有这么一群小毛孩投进她的怀抱,但又匆匆跑走,走向去往四年级的大路上。

2. 开放式写作,设计写作任务

固定的封闭式的写作题目或内容会在一定程度上禁锢儿童的思维。写作学习活动是一种有目的、有指导的实践活动,教学内容和教学过程不能处在模糊的不可言传的感觉状态中。在"观察文学圈"写作学习共同体中,教师采用开放式写作,设计开放的写作任务。教师让学生独立地就自己感兴趣的和一些重要的题目进行写作,如可以将描写周围世界、描写个人经历、表达情感等形式作为"为自己写作"的途径。同时,教师要鼓励学生与他人交流自己的作品。在这种饶有兴趣的写作环境中学生当然会越来越爱写,越写水平越高。

教师的经验形成"观察文学",学生阅读后有所感触跟着写,但没有体裁、内容等的限制;学生基于生活经验形成了"观察文学",教师读完有所触动,也跟着写,形成一种全开放式的写作任务。譬如暑假里,教师写"暑假里的那些人",学生也跟着写"暑假里的那个人";学生在春假去了西安,写了"西安游记",教师回忆自己的西安见闻,也写"忆西安",这就是一种很好的开放式写作。在开放式写作中,体裁是开放的,篇幅是开放的,写作方法是开放的,写作共同体内的各成员因而能够兴致盎然地真实写作。

3. 对话式写作,展开写作过程

教师的经验形成"观察文学",学生阅读后有所感触跟着写;学生基于生活经验形成了"观察文学",教师读完有所触动,也跟着写,形成一种对话式的写作任务。譬如暑假里,教师写"坐在教室里的众众",学生也跟着写"躲在阅读室角落里的众众",这样就从不同视角进行对话,有助于大家认识一个立体的同伴。譬如学生写"写给十岁的自己",教师回忆自己的十岁,也写"忆十岁",这就是一种很好的对话式写作。

4. 自媒体发布,增强写作自我效能感

微信已是一种使用广泛的自媒体平台,它能快速发送文字和照片,支持多人语音对讲。微信传输的内容非常广泛,可以是图文,可以是视频,原创和转发都非常方便。

教师用班级组织的身份申请班级公众号,建立公众微信平台,并组建"微信编辑小组",定期向公众发布教师和学生的习作(见图13、图14)。

图 13　班级微信公众号二维码　　　图 14　"观察文学圈"微信发文截图

以微信公众号为平台发表学生习作,是要让更多的学生更切身地感受到写作的交流意义,知道写作是为了给读者看的,体验到一种写作的成就感,从读者的反馈和评价中受到鼓舞,更加积极地练习写作,从而培养出浓厚的写作兴趣,养成勤于动笔的好习惯。

实践篇

"观察文学"建构写作学习共同体

蚂　蚁

小马老师

儿童节时,班上来了几个新朋友——小蚂蚁。孩子们对小蚂蚁爱不释手,每天争取能做值日班长,因为那样就能把小蚂蚁带回家照顾一天了。从孩子们的蚂蚁观察日记里就能读出那些好奇和欢喜。

小马老师的专栏

蚂　蚁

六一儿童节,校长送来了礼物:蚂蚁。孩子们抱着装着三只蚂蚁的蓝色盒子("蚂蚁宫房")不撒手,人人都想拥有。怎么办呢?孩子们想出一个好办法:轮流照顾小蚂蚁。于是,班级里的"蚂蚁日记"接龙拉开了帷幕,一人当一天值日班长,给值日班长的奖励是将"蚂蚁奇兵"带回家拥抱一夜。他们可兴奋啦,学习起来更起劲,纪律上也争当标兵。今天读了启赫的《蚂蚁日记》,大家都很喜欢,连连称赞。

蚂蚁是值得细细观察的。

忙忙碌碌的蚂蚁,循着生存的指令,寻找着食物、寻找着回家的路,无论冬寒暑酷。在它们的世界里,生命的价值和生命的意义是否仅仅就是生存?但是,生存难道不是所有生灵最重要的生命意义吗?蚂蚁这小小的生灵好像从来不停歇,不像人或其他动物会有歇息的时候。黑暗中的蚂蚁会不会也有休息和打盹睡觉的时候?没有去特意观察过,反正看到蚂蚁时它们必定是不停地在游走,真是生命不止、永不停息。

很多时候,我独爱看蚂蚁。它们成群结队连成一条长长的队伍,俨然一支行军队,又像繁华街道上来来往往的人流。看着地上来来去去、匆匆忙忙的蚂蚁,不禁想:它们从哪里来?到哪里去?来来去去到底去干什么?当你俯下身体离它们更近一些时,便能看得更多一些。它们来的来,去的去,有的蚂蚁迎面擦肩而过,彼此就像熙熙攘攘人群中互不相识的路人;有的稍作停留,彼此用触角相互碰触一下,然后便各奔东西,转眼都消失在"蚁流"里;有的朝着同样的方向而去,在下个路口一只向左一只向右。看多了我不免琢磨起来:这蚂蚁怕也是有朋友的吧,好比在路上遇到熟人,稍作停留打个招呼?抑或是陌路人,相遇时互相问路?

那些散落的蚂蚁,有的三三两两,有的孑然一身。它们的行踪有些飘忽不定,一会儿东一会儿西,好似无头苍蝇,也许是在寻回家的路,也许是在找食物,也许是闲着出来散步,长途旅行,去朋友家,在流浪……这些都不得而知。谁能知道呢?蚂蚁也有蚂蚁的生活。人看蚂蚁觉得蚂蚁渺小,但是蚂蚁不会觉得自己有多渺小。它们能举起比自己身体重几百倍的重物,也能托起比自己的身体重几百倍的食物。天地之大,可能也没有哪一种动物认为自己渺小,都觉得自己是伟大的。人类觉得自己是伟大的,可是相对于浩瀚无垠的宇宙,不过是微尘一粒而已。

✎ 微点评

小马老师,我一定会好好照顾小蚂蚁的!

蚂蚁虽小,却有团结精神,我们要向蚂蚁学习!

对蚂蚁的生活描写很有顺序哦!

✎ 学生习作

"蚂蚁宫房"到我家啦!小心脏扑通扑通跳个不停!记录下这历史时刻吧!

蚂蚁日记

今天,我从学校带回了三只可爱的小家伙,大家猜猜看它们是谁?呵呵!原来它们是三只可爱的小蚂蚁。为了区分它们,我给它们分别取了名字。一只叫"国王"，是那个最大的家伙，一只叫"大臣"，还有一只叫"士兵"。

我观察了它们好久。蚂蚁的身体是由三个类似椭圆形的部分组成，一共有六条腿和一对触角。用放大镜观察它们，我还看到了屁股部分是最大的椭圆而且有点尖，还看到了它们的眼睛和嘴巴，眼睛因为黑黑的所以不太容易被发现，嘴巴看起来有点像钳子，上面好像还有锯齿。

你可别小看了它们，它们可是攀岩高手呢！特别是"士兵"，它爬得最高。它们大多数时候会在平地上爬来爬去，有时它们还会往墙上爬一会儿，累了它们还会休息一会儿，待着不动。刚开始我以为死了一只，把我给吓坏了。"国王"和"大臣"老是喜欢在一起玩，休息的时候也喜欢头靠头地待在一起。"大臣"很爱干净，我看到它好像用四条腿坐着然后用两条前腿在洗脸，真有趣！"大臣"可能是个女生哦！今天我就观察到这里，小家伙们明天见！

——杭州市天长小学二年级　杜启赫

蚂蚁日记

三只可爱的小蚂蚁到我家啦！它们被装在蓝色的盒子里。大家说它就是"蚂蚁官房"。

我给三只蚂蚁朋友分别取了名字，最小的那只叫"小小"，其他两只叫"小飞"和"小桃"。"小飞"活泼得一直在爬，它都不累吗？"小桃"一直在睡，有点懒哦。

为了了解它们，我使劲凑近了仔细瞧它们。它们的身体都是黑黑的，由三部分组成：头部、胸部、腹部。它们的头顶上有两根长长的触须，嘴巴像两个钩子，还长着六条腿，怪不得爬起来那么快呢！"小桃"很爱干净，我发现它用两条腿在给自己洗脸，哇，连蚂蚁也会洗脸，真是奇妙！它们还会写字、唱歌吗？

——杭州市天长小学二年级　何雨琦

蚂蚁日记

星期五放学时，马老师将"蚂蚁官房"交给了我，我将"蚂蚁官房"捧回家，放在桌上仔细观察。

豪华的玻璃宫房内有大大小小三只蚂蚁，它们的头部和尾部是水滴状的，身体是椭圆形的，有六条细细的腿，有两根长长的触须。它们的身体是黑色的，当它们抱在一起时，不仔细看还真数不清是几只。

蚂蚁们在宫房内不停地爬行，它们好像在找出口，想回到自己的家乡。它们的家乡在哪里呢？小树洞里？花丛里？……那里肯定有很多的伙伴，可以一起玩，有很多好吃的东西，还可以闻到大树和鲜花的气味，这里除了营养液，什么也没有，所以它们想家了。

——杭州市天长小学二年级　陈　郁

乌　龟

你小时候一定听过龟兔赛跑的故事吧！你知道乌龟跑得慢，知道乌龟生命力强，你还知道什么呢？围绕乌龟的这些与生俱来的特征又会发生什么故事呢？

乌龟"嘻嘻"

出差的路上最担心家中的乌龟，不知道它怎么样了。足足十二天，"嘻嘻"该不会龟背上长绿毛了吧？

一年多前，"嘻嘻"就来到了我的身边，也是缘分，一开始我买下它和它的同伴，不想去年冬天它的同伴就一命呜呼了，让我后悔不迭，下定决心好好照顾"嘻嘻"，每日给它洗澡、喂食。别看它灰不溜秋、其貌不扬，但懂事：安静时决不乱爬，活跃时一定展现短小精悍之能。瞧，它腹甲淡黄，龟背上有黑色圆环纹，似铜钱；龟皮粗糙，表皮有细粒状鳞片。卖龟者说它是巴西龟，我就给它取名"嘻嘻"了，也算是"西西"的谐音。"嘻嘻"四只脚特别短，短到平时都看不见，但却力道十足，一次洗澡时不小心让它肚皮在上，正不知如何是好，它一个后蹬，脖子一扭，就翻身了，敏捷得跟乌龟这个品种的气质不符是不是？

揣着满腹担忧赶回家，急急忙忙打开门，打开水池上的射灯。一见亮光，它立即把头和脚缩进壳里，用它的背甲和腹甲把自己严严实实地裹起来。待我端起它，放在水龙头下，任鲜活的水在它身上倾泻，它才伸长脖子，把头探出水面，划动着四只脚，在水中东爬西蹿的，像是久困于臭水潭，抓住机会痛痛快快洗个热水澡。找出龟食撒下，褐色的食物颗粒在水面漂浮，它悠闲地晃了晃脑袋，好像愠气未消：这么久不照顾我，饿死了！哼！

我哄它："下不为例！下不为例！身体为上，'嘻嘻'消气！"它似乎懂了，转个头，脖子一伸，一粒龟食消失了。紧接着水波动了几下，龟食接二连三消失，见它眼里放出渴望的光亮，我赶紧再放几粒，又怕太多惹它吃撑。它一甩身，尾巴对着我，似乎在说：也罢，节制节制！主人，你也该减肥了，每次出游都长膘！

✍ 微点评

小马老师，原来你也养乌龟啊！乌龟翻身的动作描写得真细致！

乌龟"嘻嘻"真是个吃货！吃龟食的样子真有趣！

对"嘻嘻"的外形描写很有顺序哦！

✍ 学生习作

我也养过乌龟！它的特点可多啦！我们赶紧写起来吧！

多了一个龟朋友

前天的前天的前天……我的另一只小乌龟一动不动了，奶奶说它已经死了，我怀疑是奶奶看错了。但是不管怎么样，我现在就剩下一只小乌龟了，我每天去看它的时候，它都伸长了脖子看着我，好像等我很久了。今天我走到我的小乌龟面前，我们你看我我看你，大眼瞪小眼了很长时间，像认识了很久一样。我很开心，开心我又多了一个朋友。

——杭州市天长小学二年级　张峻熙

我的小乌龟

这只乌龟可帅了，小小的脑袋，大大的嘴巴，脖子一会儿长一会儿短，好像圣诞节的彩色口哨一样。它的四只小腿不停地在水里蹬来蹬去，背上背着一个青绿色龟壳，只要一碰它，它的头就会立刻缩回壳里。

我的乌龟特别有趣，一天早晨，我给小乌龟喂食，刚放了几粒虾米，它就迫不及待地咬住虾米,三两下就把虾米吃了个精光。

下午我正在写作业,忽然听见"叭叭"的声音,跑过去一看,原来它在翻动身子,摇得玻璃杯左摇右晃!是告诉我它饿了吗?我赶紧喂给它几粒虾米。

我非常喜欢我的小乌龟,因为它给我带来了很多乐趣。

——杭州市天长小学二年级　严梓赵

小乌龟

我家有一只非常可爱的小乌龟。它长着三角形的头,一双小眼睛里透出黑亮的光。它的脖子像安了弹簧,能伸能缩。小乌龟穿着一件深褐色的格子"外衣",油光发亮,像是将军身上的盔甲;"外衣"上有十来个近似六角形的格子,像一个棋盘。

小乌龟大部分时间非常安静,但有时也很淘气。它半夜会用身子撞自家的"墙壁",发出"砰砰"的声音,把我吵醒。我刚又想睡,又从阳台上传来"砰砰"的声音。这时,我只能把它搬到书房了。

——杭州市天长小学二年级　吴俊岙

水 仙 花

小马老师

又到了"凌波仙子"出来装扮世界的季节了,你知道水仙花的故事吗?你养过水仙花吗?本期的"植物爸爸"进校园,将会为孩子们带来不一样的体验。

小马老师的专栏

水 仙

"植物爸爸"进校园,带来了"凌波仙子"——水仙。

未开花的水仙球置于青花瓷盘中,自有金盏银台的气度,首先夺人眼球的便是这圆滚滚的鳞茎球。别说,这鳞茎生得颇像洋葱,又像巨无霸蒜瓣,白白嫩嫩,水润的圆滚滚的肚子都快要爆炸了。往下探寻,茎盘上长出细细的根须,乳白色,像一根根龙须面,干干净净,光溜溜的,无侧根。所谓冰清玉洁、洁身自好,大抵就是如此吧!顺着鳞茎往上看,鳞茎顶端从圆球缩成尖头,像樱桃小嘴般微微撅着,仿佛有什么小心思,吐出几片虽细却厚实的叶子,远远看去就像是如来佛祖前日月神灯跳动的火焰,笔直地挺着腰杆,紧紧地依偎在一起,是在抱团取暖吗?真希望将来不会一不留神将水仙当蒜苗炒了吃,水仙的茎和叶可都是有毒的!说到这,想起一句歇后语:水仙不开花——装蒜。小不点水仙球,你们可不能老装蒜,可得早点开花哦!

孩子们喜滋滋地看着属于自己的那盆水仙球,小手不停抚摸着,嘴巴不停抽动着,在给它们取名字还是说悄悄话呢?屁股还不停抖动着,坐立不安,是想立即给它们喝水吗?东张西望地偷偷看别人的水仙,吃着碗里看着锅里,不怕自己的"凌波仙子"生气吗?一听到大概要 45 天才能开花,小伙伴们都着急了:"这么久,怎么等得及?看来得好好养了。""植物爸爸"告诉我们,水仙很安静,给一点点清水就心满意足,自顾自成长。就像《艾晚的水仙球》故事里写的那样,在普通家庭里安静长大,不用肥料,不用精心照顾,顺其自然,静待花开!

🍃 微点评

🐻 小马老师,原来水仙花这么美!我也要细细观察!

🦊 老师,我家的水仙花就在"装蒜"!

🐱 按从上到下的顺序描写水仙花,我要学习这种方法!

🍃 学生习作

我家也有水仙花!它特别有个性!我们赶紧夸夸它!

水仙花

那一朵,是水仙花,是一朵马上就会开花的水仙花。

它的头上长着几片叶子,绿油油的;中间好像披着一件白外套,又像穿着颜色很淡的铠甲;身子又白又胖,仿佛是一位威武的白胖子将军,挺着肚子往前冲;根部生气了,展开了一条条"腿",胡乱摆动。

水仙开花需要三种要素:空气、阳光和水。阳光温度在 12 度至 15 度,水要干净,在放水前,应该先剥去皮,再加水,这样放 45 天到 50 天会开花。对了,不能把它放进卧室里面,因为水仙花有微毒哦!

——杭州市天长小学二年级　管子正

水仙花

今天,我有了一盆水仙花,还从"植物爸爸"那知道了水仙花生长需要有充足的阳光和干净的水。

我的水仙花由十二个鳞茎球紧密连接在一起,还有一个小小的鳞茎球找不到回家的路,孤零零地站立在一旁。其中有五个"巨无霸",应该是它们的长辈吧! 水仙花最底下有密密麻麻的根须牢牢长在膨胀的鳞茎球上,里面包着白色的外皮,雪白的外皮里包着嫩绿的芽儿,像是嫩绿的手掌。两片大大的"手掌"里面包裹着"小手掌",相亲相爱像是一家人。

我仿佛看到了它长大后,那细细长长的枝杆上开着娇艳美丽的花朵,一阵风吹过,散发出诱人的花香,讨人喜欢。

我一定要好好照顾它,让它开出一束束美丽的水仙花。

——杭州市天长小学二年级　任俊璐

秋假游记

小马老师

旅游不在于是否到达终点,而在于途中遇到的人和事,还有那些美好的记忆和景色。在旅行路上,遇到许多人,听过许多故事,见过许多风景,就这样,慢慢学会了长大。

小马老师的专栏

张家界

今天张家界依旧下雨,路上的游客都一声叹息,但大老远跑来,石头都没看见几块怎么行?来到标志门时,山脚雾蒙蒙一片。想起昨日黄石寨山顶迷雾一团不辨东西的状态,真有点吃不消。去吧去吧,吸吸这仙境的"负离子"!听从内心的声音,我决定走"袁家界—杨家界—天子山"一线,试试站在两千米高的石头上看石头。

在大门口刷门票进入景区,搭乘景区车辆直接到百龙天梯上行。百龙天梯直直地插在云雾里,下面部分在岩石里,上面透明悬空,可观光。这样直接从金鞭溪就上到了袁家寨,仅 66 秒,瞬间穿越,妙不可言!电梯启动后在石洞里穿行,无奇,当电梯驰出竖井的那一瞬间,阳光射了进来,所有人都发出来惊叹——一幅神奇的画卷直入眼帘,云雾缥缈中,那列队森严的群峰即是神兵聚会,就像是蟠龙镇上的大刀勇士在威严守护着这静谧世界。我们成了参加王母娘娘蟠桃节的宾客,满面荣光!听说以前游客要上去,必须走三个多小时的艰险山路,从乱石坡上,从山下水绕四门乘车至山上袁家界,崎岖艰难。自从百龙天梯建成以后,这个时间被缩短为 1 分钟,再次感叹,太便捷了!而且没那么多旅客住在山上,本身就是对山的保护。这电梯太给力了,既给游人提供了交通便利,也是对环境的有效保护。再也不用担心下不了山了!

出了天梯,来到了传说中的袁家界。这是武陵源世界自然遗产的另一风景集中地,俯仰皆景,让人目不暇接。在这里,游迷魂台,走天下第一桥……可惜到处也是雾气笼罩,能见度不足十米。

途中行至迷魂台,眼中缥缈着几个幻影,撑伞伫立,任由周围的人叹息离去。谁想,不知何处吹来一阵微风,雾体被轻轻一推,山体就褪去了一层薄薄的面纱,让我几乎能看见她的腰身,再等等,看到它们了!武侯祠、八卦阵、"猿人问月"……从不同角度,你看到了截然不同的画卷,刚拍下一张照片,等你再抬眼,又是混沌一片,多么神奇的变化!

走过神龟池,来到天下第一桥,作为张家界十大绝景之一,它横跨在两山之间,雄伟壮观。俯首桥下,白云飞渡,奇峰林立,云雾将石桥托起。上面住着谁,不食人间烟火?传说这是迄今为止所发现的世界上垂直高差最大的天然自生石板桥。当地有一首土家民谣这样形容天下第一桥的气势磅礴:一桥一桥高又高,天天都被云雾包,初一桥上扔花瓣,十五还在空中飘。走上去也有了一种轻盈的洒脱!

轻轻地,慢慢地,静静地,走锁山,到处都是红飘带和被寄予厚望的锁,尽管千里画卷上彻彻底底交了白卷,但这桥,已经给了心旷神怡的慰藉!

再之后,带着一丝眷恋去天子山,走贺龙公园,雾气太大,只能放弃,留待下次见!

🌿 微点评

小马老师,我也好想去张家界,看看祖国的大好河山!

秋假虽短,旅游却能有一番独特感受,我也好想出去走走!

张家界的景物描写很有顺序哦!移步换景,我也学到手了!

🌿 学生习作

长长短短的假期,我们一定出去玩过,拿起笔记录这宝贵的旅行经历!

龙　脊

听说 10 月的龙脊是最美的地方。在那个收获的季节，稻子成熟了，龙脊成了一片金黄色的海洋。

我们来到龙脊，映入眼帘的是绿色，寨民告诉我们，今年的雨水充足，稻田的收获推迟了。但这却丝毫也不影响它带给我们的震撼。从山脚到山顶，整片整片或深或浅的绿色，层层叠叠，如楼梯状，排列整齐地向上延伸，就像一条通往天空的阶梯。沿着弯弯曲曲的石板路向上攀登，山间坐落着一幢幢的吊脚楼，与大山融为一体。一条蜿蜒的小溪顺着山脊流淌而下，山水清澈透明，凉凉的，热情的瑶族人向我们打着招呼，姑娘们穿着民族服装，包着头巾，戴着沉甸甸的银耳环，展现出浓郁的民族风情。我特别崇拜那些瑶族老奶奶，她们背着一个大箩筐，里面放着满满的物品，她们健步如飞地在山间穿梭，不一会儿就把我们抛得远远的。

爬了好半天，我们累得气喘吁吁，来到 1 号景观台，在这里我们看见了当地最为著名的"七星伴月"奇妙景观，它是龙脊梯田的精华，是七个小山顶梯田围着一个大的山顶梯田，从上向下望去，整个梯田像无数个圆形套环，从大到小有序排列，像是哪个仙童不小心打翻了自己的玩具。这是自然界赋予的最天然的美！

随后我们又去品尝了龙脊特有的美食——竹筒鸡和竹筒饭。竹筒饭是用竹子烘烤出来的饭，里面夹有菇类与碎肉，带着竹子的清香；鸡则是山上到处乱跑的，吃虫子、喝泉水长大的鸡，尤其是那碗鸡汤，特别好喝，不一会儿，我们就把它们消灭光了。

——杭州市天长小学三年级　卢斯梵

桂林游记

在游览了桂林阳朔的漓江后，我们第三天去游玩了银子岩。银子岩是个溶洞，听说有上千年的历史，贯穿十二座山峰，里面的熔岩经过长时间的沉淀而形成了各种形状的岩石。其中我最喜欢的是音乐石屏和水镜倒影。

水镜倒影看起来像有七八百米深的深渊，石柱探下去似乎深得不得了，其实只不过是一米多深的水，你看见的只是石柱的倒影而已。音乐石屏是熔岩石组成的，像屏障一样，敲打石屏可以听到音乐声，但是不能用力敲打。大自然真是鬼斧神工啊！

玩过银子岩后，我们坐了很长时间的车来到了平安寨壮族梯田观景区。在这里看梯田、观日出。梯田由很多梯形的田组成，里面种了很多稻谷，都快变成金黄色了，很漂亮，其中有个著名景点叫"七星伴月"。第二天一早，我爸爸起来看日出，结果冻感冒了。他后来还是把我叫起来一起看日出，那时我看见刚升起来的太阳和没落下的月亮同时出现在天上，景色很美。后来我们又去了红瑶长发村看演出，里面主要是少数民族唱歌跳舞的表演，还挺有特色的，让我们感受到了不同民族的风采。

这真是一次有意义的旅行。

——杭州市天长小学三年级　陈　曦

象鼻山

来到桂林的第三天，我和严梓赵、李雨凡去爬象鼻山。

象鼻山不高，远远望去，像一头垂下长鼻子喝水的大象。我一下子信心满满，这山好像很容易爬上去。

象鼻山脚下还有几只石头小象。我们开心地抱着小象拍照、留念，玩得不亦乐乎。

开始爬了，刚踩上石阶，就发现台阶很陡峭，我双手紧紧地抓住扶手，一步步地往上走。后来，干脆弯下腰手脚并用地往上爬。好不容易才爬到山顶时，我已经大汗淋漓。

我们在观景台上欣赏完桂林全景就准备下山。不知不觉，我们就走到了象眼岩。象眼岩原是一段规模很小的河道，造山运动后，地壳上升，水面下降，地下河道露出水面，就形成了今天所看到的一条通透岩道。远看两个洞口，犹如大象的双眼，故称象眼岩。

象眼岩全程长 52.8 米，宽 5～10 米，高约 2 米。我用了 50 秒，从南向北通过全程。计算了一下，我每秒钟走了 1.06 米。我再次从北向南通过全程，这次我计算的是步数，我走了 82 步，说明我的步长是 0.64 米。

这次爬象鼻山不但强身健体，还考验了我的数学能力。好玩！

——杭州市天长小学三年级　章佳人

秋　叶

 小马老师

　　一片叶子落下来，是一个小生命的坠落，也是一次旅程的开始，还是一次奉献的追寻……

 小马老师的专栏

香山红叶

　　京西香山，自金代到清末，陆续添建，历来为皇家园林。秋天回北京，自然想念香山的红叶。每逢深秋，香山层林尽染，满山火红，确实吸引眼球，惹得游人如织。

　　据说，香山红叶有三个生命阶段，每个阶段十天，从十月中旬开始，大致是一个月的时间：第一个阶段看彩叶，红叶、黄叶、绿叶、橙叶争辉；第二个阶段看红叶，红叶统领一切，山林如火烧；最后一个阶段，红叶凋零，树上是叶子，空中是叶子，身上是叶子，地上还是叶子。上周正是红叶节的

最后阶段，北京刚下第一场雪，停车场上抬头望香山上绿叶、黄叶、红叶相间，山顶上还戴着雪白的帽子，仿佛一幅色彩斑斓的山林画卷，美不胜收。要是天气放晴，该能一饱燕京八景之一——"西山晴雪"的眼福！

　　似穿越到十年前，走过朴素的香山公园牌匾，勤政殿矗立眼前。殿前有两棵元宝枫，一黄一红，相映成趣。大部分红叶被雨水打落，成全了其飘零之美。单拱桥下，一池碧水，雨打水面，点点波纹，成群的锦鲤绕着满池火红的落叶，

57

悠然自在。十年前,香山红叶就已经不怎么多了,层林尽染的景象早已不再,但此次再来,发现引人侧目驻足的地方还真不少。细细看信息栏,原来是黄栌的功劳。前几年,黄栌在香山被广泛栽种,并且长势良好,一到秋天,因色素合成而呈现不同红色,是红叶的主力军。在这蒙蒙细雨中爬山,虽阴冷,也没有秋阳的照耀,但红叶被秋雨一洗,干净清爽,熠熠生辉。境烟楼上俯瞰香山,但见千林披霞,万木似锦,秋菊绽黄,白露结霜,漫山黄栌和松柏相杂的山坡上,红、黄、绿、褐,如霞似绵,织成一体又独立分明。远眺,红叶一梁梁、一坡坡、一沟沟、一凹凹、一波波地蜂拥而来,晃花了人心,晃红了人眼。秋风夹着细密的雨丝迎面扑来,整座山似乎都优雅地晃动起来,红绿丝绸摇曳多姿。

近距离地观看红叶,又有一番全新的感受。黄栌叶子像一柄柄古典团扇,摇摇曳曳红成一片,橙红、深红、紫红、艳红……红得层次与明。枫树的叶子也很美,像顽皮婴儿沾满颜料的手掌,是制作标本的绝好材料,香山上到处在卖五元三张的枫叶标本。此外还有零星分布的柿子树,也贡献出星星点点的红叶;再就是臭椿树,叶子也变红了,争夺游客的眼球。

时间仓促,未及香炉峰便要下山,路面湿滑,小心翼翼地沿着稍显陡峭的山梁往下走,地上落叶层层叠叠,被雨水打湿后更显红润,干枯的叶子则零零落落,更有些快要腐化的叶子正在变黑变软……落叶踩在脚下,软绵绵的,承载着我们匆匆的脚步。

雨中香山,美得朦胧、低调,大妙!遥想十年前的深秋香山,阳光灿烂,美得明艳、饱满,大气!

🍃 微点评

嘻嘻,我要按由远及近的距离来写秋叶!

原来秋叶生长有三个阶段!写文章也和秋叶生长一样,有规律可循!

小马老师,你观察香山秋叶真仔细!从整园红叶到一片红叶,是整体到局部的顺序哦!

✎ 学生习作

一片小小的秋叶魅力可真大！睁大眼睛观察生活中的落叶吧！

一只小虫眼中的落叶

我是一只住在一棵大梧桐树上的小青虫，树叶是我的棉被、玩具和食物。春天到秋天，树叶一直在改变。春天的树叶软软的，而到了秋天，树叶会变得脆脆的，一碰就会碎掉。我觉得不只是人会死，动物和树也会死，世界万物都会死。

当春天树叶长出来时，世界万物都在生长复苏。带着树叶的树枝刚刚掉落时，如果把它插进土里，我发现它还会长出来。

——杭州市天长小学二年级　张峻熙

秋　叶

秋天来了，大树们都吵着要换新衣服。梧桐树说："我喜欢黄色，我要穿像金子一样的衣服！"枫树说："我喜欢红色，我要穿像火一样的衣服！"松树说："我最喜欢绿色，就给我换绿宝石一样的衣服吧！"……

秋风说："好好好，孩子们，我这就给你们变！"一阵风吹过，树叶都飘落了。落在草丛中像翩翩起舞的蝴蝶，落在湖面上像轻轻飘荡的小舟，落在车顶上像是顽皮的孩子画的画！一眨眼，大树们的衣服都换好了！快看，他们多漂亮啊！

——杭州市天长小学二年级　吴俊乔

幸福树

有一棵玉兰树，名叫"幸福树"。

树上的每一片叶子都有自己的名字，有的叫"太阳"，有的叫"月亮"，还有的叫"地球"，这棵树上的叶子的名字都跟宇宙有关。

春天，这棵树上的绿色非常鲜艳，因为每片叶子都吸收到了阳光，喝足了雨水。

夏天,叶子显得非常亮丽,因为有太阳的照射。小叶子们讨论着秋天是什么样子。

秋天慢慢来到,小叶子们纷纷告别大树妈妈。小叶子们想:要是我们是常青树的叶子,那该多好啊,这样就不用告别大树妈妈了。

深秋了,叶子们慢慢飘落,有一片树叶坚持了最久才落下,它是"地球"。

——杭州市天长小学二年级　胡鸣洋

水　　果

小马老师

大自然哺育着人类，一些植物的果实虽形状各异、气味各异、味道各异，但在人类世界里，它们都有一个统一的称呼——水果。它们含有丰富的营养，是人类生活中有滋有味的一部分。

小马老师的专栏

石　　榴

又到了石榴收获的时节，大街小巷都有卖石榴的摊贩。出差时得了口腔溃疡，回来便买了石榴，今天才想着吃。

这些石榴表皮光滑，黄中带粉，并非绯红，让人怀疑它的甜度。想起小的时候傻傻地使出浑身解数抠掉一小块石榴皮，一颗一颗捡着石榴果粒吃，吃到汁水横流，手指黏糊糊的，不禁摇了摇头。长大了，吃石榴的方法也层出不穷。"咔嚓——咔嚓——"清脆两声，我两刀将石榴切成四块，双手取一块轻轻一掰，石榴果粒就一颗一颗干干净净地凸出身子，粉粉嫩嫩，还能看到里面细小白嫩的籽儿，笑嘻嘻地招摇着。一口下去，十几颗果粒就进了嘴里，甜美的汁儿就顺着齿缝进入舌根，好不痛快！

然后问题来了：到底籽儿要不要吐？要吐可就麻烦了！但籽儿有改善皮肤、消炎止痛之功效，再加上我的肠胃功能尚可，就吞籽吧！籽儿软小，不可咀嚼，否则又涩又苦。就这样将籽儿一并吞下，不知不觉，一个石榴就下肚了，爽快是爽快了，我却怅然若失。曾经吃得最麻烦的水果，改变一种吃的方式——其实仅仅是切的方式，就变得简单易行，不好吗？怎么了？突然想念那一颗一颗慢慢吃的悠闲心态，不慌不忙，就像当时不急着长大一样。

61

🍂 微点评

小马老师吃石榴，不仅动嘴，把五官都动起来了！

用眼看，用鼻闻，用手摸，用耳听，用嘴尝，原来吃水果也这么有趣啊！

从表皮到里面的内皮再到果肉，按照这个顺序描写水果的方法我要学习！

🍂 学生习作

我喜欢水果！吃水果要动用我们的五官，快尝试记录这奇妙的过程吧！

橘 子

在这个季节里，走过街头，到处可以看见它——橘子。

它静静地躺在货架上，身体圆圆的、胖胖的，有的是黄色，有的是绿色，有的是或深或浅的橘色。它表皮光滑，拿在手里掂一掂，沉甸甸的。剥开橘皮，橘子散发出一股清新的香味，里面的小橘肉紧紧地凑在一起，围成一个圈，就像一群亲密的小伙伴挨在一起唱歌呢！每一片橘瓣外都裹着一层薄如蝉翼的膜，你可以透过它看见里面橘色的果肉，我拿起一片放进嘴里，一口咬下去，橘汁从橘瓣里流淌出来，果肉嫩嫩的，甜甜的味道中带着一丝酸，清爽可口，味道很不错！橘肉里偶尔会有小小的、白色的核，不小心咬到它，又苦又涩，所以我会选那种无核橘吃。橘皮还有很多的妙用，我最喜欢拿它做橘灯，小心地把皮取下来，上面刻上我喜欢的图案，在中间放上小蜡烛，用线串起来，就大功告成了！

橘子给秋天涂上了美丽的颜色！秋天赋予了橘子香甜的味道！

——杭州市天长小学三年级 卢斯梵

脾　　气

小马老师

谁没有个脾气呢？在课堂上，连脾气最暴的熊孩子都分享起自己好脾气的细节，连脾气最好的乖乖女都述说自己闹情绪时的滑稽……

小马老师的专栏

脾　　气

谁没有个脾气呢？三年级以来，已经有很多家长告诉我孩子脾气越来越坏，旋即"三年级现象"浮出：一遇事孩子们就想方设法宣泄自己的情绪，变得浮躁，学习也不踏实……

今天的品德与社会课上，我们一起探讨了好脾气和坏脾气，一起玩游戏，分享故事……谈心真是很奏效的团体辅导方式，连脾气最暴的熊孩子都分享起自己好脾气的细节，连脾气最好的乖乖女都述说起自己闹情绪时的滑稽……大家一致认定：好脾气才能积聚人气，传递正能量，解决问题！但，说到容易做到难，一下课，又有怒发冲冠者，唉！

近来看李师江的《曹操：我这一辈子》，顿感在英雄辈出的三国时代，曹操真是以脾气制胜者。尤其是遇到性格乖张的孔融、曹操，依然能礼贤下士，一来二去的故事真让人啼笑皆非，又佩服曹操：真是不怒不嗔，流水脾气，能圆能方。

我的脾气是否能得到有效控制呢？

小时候，我脾气极好，从不哭闹；初高中时，脾气如小草，不见其长，日有所增，不久便葱茏满目，一发不可收拾，遇到委屈就"吹胡子瞪眼"，常在日记里揭露"黑暗"，洋洋洒洒，好不痛快。但老妈也是霸道性格，浑身带刺，做什么事情都不能惹她，稍微碰到她什么痛处，一点就着，嘴巴如枪口般决绝，铺天盖地的

63

训斥……我也会咆哮,撕心裂肺,身体似气球爆炸般四分五裂,跟《发脾气大叫的妈妈》中的妈妈一模一样,得去沙漠找头驴才行。那个时候真傻,跟自己老妈吵,犯得着吗?的确,我俩就是这样,吵吵闹闹伴随了我的青春期和她的更年期。去年回家整理东西,发现她还保留着十几年前我在市报上发表的文章,内心顿时波涛汹涌:原来,在过去流淌的岁月中,我一直都没意识到,妈妈也没意识到,我们的脾气都是互受影响、互相缠绕的,我们在油盐柴米字画舞乐中有如此多的矛盾与分歧;而正是这些矛盾,如故事情节推进一般,让我们成功越过了岁月的一座又一座高山,趟过了一条又一条湍急的溪流。淳厚亲情就这样在流逝的岁月中磨合与升腾。

修行自己的脾气吧!一怒之下踢石头,只会痛到脚趾头。愿接下来的日子里,每天都是晴天!

🍃 微点评

小马老师,你也有小脾气呀!

发"脾气"竟然能发出"文章",真有意思!

发脾气时人神态都是夸张的,有趣极了!

🍃 学生习作

我们都有小脾气,回忆自己的脾气,想想那哭笑不得的事情,赶快记录你的脾气吧!

好脾气

我做事慢,脾气也慢,慢脾气算是好脾气吗?

一次,在拥挤的公交车上,我正坐在座位上欣赏着窗外的景色,一抬头,看到有一位老奶奶在我边上站着,看上去很累,我立刻站起来说:"奶奶,您坐吧!"老奶奶迅速坐了下来,但连声"谢谢"也没说。我心里很纳闷,撅着嘴轻声地对妈妈说:"这个老奶奶怎么这么没礼貌,给她让座连声谢谢都不说!"正想翻脸发脾气时,妈妈笑眯眯地说:"尊老爱幼是每个人该做的事,我们只要用实际行动去做到就行了,不求别人的回报或感谢,心中有爱是一种美德!"

听了妈妈的话,我刚想发的脾气立马就没了踪影,笑呵呵地点了点头,妈妈直夸我脾气好!

——杭州市天长小学三年级 陈沈旸

坏脾气

记得有一天早上,奶奶要去卖袜子,我被她吵醒了,很生气。

我当时大喊大叫,乱丢东西,把床上弄得乱七八糟。这还不止,我还把头蒙在被子里,不再理会奶奶。

奶奶束手无策,只好把爸爸妈妈也叫醒,结果,爸爸倒是沉默不语,妈妈却被我传染了,不仅暴跳如雷,大喊大叫,而且她的头发也乱成了爆炸头。我看了,不再发脾气,而是哈哈大笑:"妈妈,你的头发太搞笑了!"妈妈突然停了:"有吗? 我发脾气了吗?""当然,不信你去镜子前照照?"妈妈跑去一看:"啊,我可怜的头发!"哈哈哈,我们都被惹笑了,妈妈却说:"我才没有呢!"我们笑得更起劲了,我再也不发脾气了。

——杭州市天长小学三年级 李雨凡

好脾气

有一次,我们一家去加拿大的多伦多度假。路上,爸爸买了一条口香糖给我和哥哥吃,我拿了一支,而哥哥把剩下的都吃掉了。可我也很想吃,所以不是很开心地望着洋洋得意的哥哥。我低下了头,手指玩弄着口香糖的包装纸,心想:不就是几支口香糖嘛,又没什么,他可是我的亲哥哥呀! 后来,哥哥跑到我身边悄悄地说:"对不起,刚才不应该把口香糖都吃了,以后我们一起分享着吃,好吗?"我笑眯眯地对哥哥说:"没事!"我们开开心心地回宾馆了。

——杭州市天长小学三年级 张天瑜

朋　友

小马老师

朋友，好似一杯温水，温暖你心。朋友，好似夜空中的一颗星，照亮你的世界。朋友，好似冬日的一片新叶，让你看到希望。朋友，是沙漠中的一棵小草，为谁而生？

小马老师的专栏

朋　友

今天，小杜和佳人在国旗下的演讲以"朋友"为主题，洋洋洒洒，拉开了"伙伴节"的帷幕，同学们回教室便有了兴致。关于朋友，他们的话题很多：有多少朋友？和朋友都会做些什么？朋友之间有哪些共同之处？……他们甚至还讨论到朋友的性质，真可谓进入哲学之境。

当孩子们问起我的朋友时，我突然想起来大四临毕业时，还真写文盘点了自己的朋友，有"患难之交"芳芳，有"莫逆之交"鹏鹏，有"总角之交"辉和莉，有"管鲍之交"小薇、欧阳和嘉汉……现在这些朋友都还联系着，只是没了当年的热络。一起经历过艰难困苦的朋友，一起有过特殊经历的朋友，总不会忘记，有什么惊喜的事情，有什么棘手的事情，会与他们分享，会向他们求助，即使有"倒垃圾""得瑟"的嫌疑，也照说不误。

工作后，走入教育现场，自然又会结交新朋友，只是新朋友们很难纯粹，很难不忘初心。于是，往往受伤，往往彷徨，往往唏嘘，却从不退缩：与人坦诚相对，本就是交往的意义所在，怎可因噎废食。于是，继续做自己的傻大姐。但是，也有人质疑我总将自己的秘密全盘托出，倒让对方不知进退：说，还没熟到那份上；不说，怕你嫌弃不坦诚……或许，这就是成人世界的桎梏：一方面期待纯粹，一方面警惕太过纯粹。所以，到头来，也不得不学会保留，可说可不说的,也就不说了。新结交的朋友大部分是忘年之交,且又大部分是出于对他们的欣赏,以及帮助、鼓励我的感激;平辈里深交的就极少了,终究随着岁月的洗礼,生活琐事覆盖了情感的细枝末节,留下痕迹的,太少太少。我经常想,什么时候能像季羡林老先生那样,也写写"结交四海共沾巾",写写"夜来香开花的时候",细细回味生命中的那些友人,但终究沉淀太少,年月尚浅,气度不够,只能再看岁月,保留初心,且行且珍惜。

🍂 微点评

小马老师,你的朋友遍布天南海北! 真想认识世界各地的朋友!

小马老师,患难见真情,一件小事就能体现友情!

原来还可以通过细节对朋友进行侧面描写,真有意思!

🍂 学生习作

你一定也有好朋友! 朋友和你之间一定发生了很多有趣的事情,赶紧用笔记录这份友情!

朋　友

你想知道我的朋友吗? 嘻嘻! 那我就告诉你吧! 我的朋友是徐茜雅、叶恬恬、仲雨欣、任俊璐等。

我给你讲个故事吧! 有一天,正在下雨,我背着重重的书包去上学,正好同到茜雅姐! 她跑过来给我打伞,我说:"谢谢你,茜雅姐!""不用谢!"茜雅姐说。就这样,我和茜雅姐一起高高兴兴地去上学了。

我的另一个好朋友是叶恬恬。她的歌唱得很好,还开过个人演唱会,她是班级里学习最好的,也是我的偶像之一。在一年级的时候她还教我包书皮呢,我们还经常在班级里演节目。

你想要有好朋友吗? 那就展现出你美丽的心灵和智慧吧!

——杭州市天长小学三年级　张佳铭

朋　友

我有两个朋友,她们分别是章佳人、李雨凡。

有一次,我和章佳人一起到李雨凡家里玩,佳人和雨凡都会弹古筝,她们一会儿谈论歌曲的难度,一会儿又会把一些莫名其妙的东西套在手指上当指甲弹古筝,一会儿蹦蹦跳跳的,好像发现了"新大陆"。不管我怎么问,她们都不理我,自顾自地讨论关于古筝的事。我有点生气了,她们怎么可以当我不存在呢? 我又没有什么地方得罪她们,没有她们的陪伴,我照样能自己玩得很开心! 于是我跑进了雨凡的房间里看书。

过了一会儿,我听见雨凡小声地对佳人说:"严梓赵就是这样,喜欢生闷气的,我们别管她了!"我听了这样的话,心里就像被刀割了般痛,眼睛虽然在看书,但书里的内容一点也看不进去。

又过了一会儿,雨凡妈妈叫我们去包饺子,我们分工合作,齐心协力包好了饺子。在雨凡妈妈煮饺子的时候,我们三个在雨凡的床上跳来跳去,一会儿跟着节拍机打节奏,一会儿围着节拍机转圈,实在跳不动了就跟着节奏晃脑袋,我的心情好多了,前一秒天空还布满乌云,可这一秒节拍机已经把乌云全部吹走了!

朋友之间的一点小摩擦就像天上的乌云,只要有风,一会儿就"风吹云散"了。

——杭州市天长小学三年级　严梓赵

朋　友

我最好最好的朋友是住在拱北小区的一位姐姐,她对我很好很好。她每次有好吃的都给我吃,就算她舍不得。

一次,我和她为了一点点小事吵了一架,结果,我不小心摔了一跤,她立马跑过来,问我有没有事,把我扶起来,我心里的气顿时烟消云散。事儿还没结束呢,为了感谢她,我把我所有的零食都拿了出来,到小区的后院做野炊。我们的胃口一下子大增,像狼一样大吃特吃。

我和她还有千言万语呢!

——杭州市天长小学三年级　仲雨欣

面

小马老师

    面条起源于中国,已有四千多年的食用历史。饥肠辘辘时,来碗面,无论是阳春面还是手工面,或者是油泼面、担担面,都是那么有滋有味！面中饱含着中国人的生存智慧。

小马老师的专栏

那碗猪肝面

    入夜归家途中,寒风刺骨,冷雨淅沥。

    正思忖着夜晚吃点什么果腹,已不知不觉走到了小区侧门,习惯性地掏出门禁卡,就在拉开门进入的那一瞬间,发现在我刚刚经过的三米开外的侧门边,竟然有家手工面馆！吃面?!

    遂推门而入,随意地坐下:"老板,来碗猪肝面！""好嘞！"好像相熟似的,我不假思索地点面,他简简单单地应答。店面布置很简单,米黄色的墙面,蜂蜜黄的桌子,原木凳子,其他四位客人都在呼哧呼哧地大口吃面……店内的一切都那么稀疏平常,唯有厨房是很时兴的全玻璃透明厨房,我可以透过长长的视角,看到师傅的一举一动。为了快点上面,师傅三个炉子同时烧开,火苗蹿得老高,一会儿鲜红,一会儿青绿。只见他一边将生面下锅,一边爆炒猪肝;除了猪肝,其他所有食材都在另一个锅里先焯过水。紧接着,他挥动几下胳膊,从另一口锅里舀了两勺高汤,成了！真是快！

    热气腾腾的面端上来时,我感觉自己的心脏像暖炉一样在"噗啦噗啦"唱歌！一看,这是一种很平常的猪肝面,青椒、茭白和猪肝炒个浇头,然后浇在手工面上。面粗粗的,弯弯曲曲,像凤凰古城里错综复杂的小道,一咬,弹性十足,甚合我意！我用筷子搅动着这碗面条,还没吃,那种久违的香味就不断刺激我的各路神经细胞,引起我的条件反射——口水直流。赶紧趁热吃起来,嗯!味道真是好极了:薄薄的猪肝,鲜嫩爽口;滑嫩的青菜,清爽十足;根根面条,溜溜滑滑;丝丝葱花,香香脆脆。

在这样的深秋,独自吃碗热乎乎的面,让人幸福感"爆棚"。

微点评

小马老师,猪肝面真是色香味俱全,我都流口水啦!

嘻嘻,面店虽然其貌不扬,但面却热气腾腾充满人情味!

用眼观面之相,用耳听面之声,用鼻闻面之香,用嘴品面之味!

学生习作

有滋有味的面条勾起我们的食欲,赶紧将这"食欲"介绍给你的同学!

面

面,又长又细,弹性十足,味道很不错。

以前,从晚托班回家,半途经过百年老店"奎元馆",如果爸爸或妈妈没吃饭,就会带我去那吃面。我会点虾仁面,爸爸妈妈会点片儿川。上菜时,我会顺便要一个碗,把虾仁放进碗里,等吃完面,再慢慢享受虾仁的味道。吃面的时候,把醋倒进碗里已经成了我的习惯,这样喝汤的时候就不会太淡,同时,吃面的时候也不会太淡。

"哗哗哗",面转眼间就少了一半,惊得爸爸妈妈目瞪口呆!面一根接一根溜进了我的小肚子。哈哈,我吃面的速度,可是跟蚕宝宝吃桑叶有得一拼哦!

吃完面,回家喽!可是吃面容易饿,那就半路买个肉夹馍,垫垫肚子。嘻嘻,方法不错吧?

——杭州市天长小学三年级　管子正

辛拉面

我妈妈做过辛拉面,味道香香的,吃起来很不错。

妈妈是这样做的:先把面放到锅里加热,然后把调料按顺序放入正在加热的面条里,闻到香香的味道后可以把火调小,等汤的颜色变橘色后即可食用。

不要小看这一碗面,它可是让我喜欢得"吐血"。脾气不好的时候,很累的时候……只要吃一口面,心情或身体就能很舒服。

自从吃过妈妈做的辛拉面以后,我一看到辛拉面,就情不自禁地流口水,真想吃啊! 昨天晚上,老妈偷偷煮了一碗辛拉面,我在房间里就闻到了味道。我飞奔出去,终于蹭上一口,但我觉得一口不够啊,已经被那香味给迷住了。

老妈做的面真好吃。

——杭州市天长小学三年级　张俊熙

糊涂面

又到周末了,回家吃一碗面吧! 吃家乡的糊涂面,还是鸡蛋面呢? 吃面的时候想起了家的味道,这可是家里的美味呀!

慢慢品尝是我的习惯,这会让我想到家乡的亲人。啊! 真好吃。黏黏的,软软的,还有好多像糨糊一样的汤,这就是洛阳的特产——糊涂面!

吃到嘴里真好吃,又甜,又酸,又咸,到底是什么味道就要看你自己品尝了。

做糊涂面的时候,我的汤放得特别少,因为只有这样才会黏。我会放很多糖,因为我很喜欢吃甜食。糊涂面做好了,一开锅,大家哄堂大笑。我竟然把汤煮没了! 我不明白我为什么就做不好,看来要动用"武功秘籍"了……

——杭州市天长小学三年级　谢仲阳

面

面是香香的,甜甜的。

面是可以给其他人吃的。面里面装着一颗温暖的心,人们吃下去就觉得很舒服。

面是妈妈亲手做的。妈妈勤劳的双手忙个不停，妈妈做出来的面是甜甜的、香香的，是好吃的。

面是爸爸亲手做的。爸爸像厨师一样一边揉着面粉，一边拿着擀面杖。

面是大家吃的。你看那一条条、一丝丝的面被大家拎了起来，面哭了哭了，因为面被人吃了吃了！所以面哭了哭了。

面进了人们的肚子里，在肚子里跳舞，唱歌，玩游戏……

面，充满着……充满着爱。

——杭州市天长小学三年级　张佳铭

零　食

小马老师

零食总是被贴上"不可多吃""不太健康"的标签。但，零食存在自然有其存在的价值！零食在小"吃货"们的眼中有怎样的形象呢？他们有怎样的零食趣味体验呢？且看小"吃货"们的零食分享！

小马老师的专栏

从零食说开去

何谓零食？

一说起零食，孩子们立刻欢呼雀跃："有吃的喽！""吃零食啦！"……一个个小"吃货"的脸上由于兴奋而泛着红光，小拳头也忍不住挥舞起来！

且淡定！

孺蕾说："零食是有别于正餐的食品。"佳人说："零食一般味道很好，但没有太多营养。"政翰晃着西瓜头舔着嘴唇脱口而出："零食就是我现在最想吃的东西——"好吧，大实话，大家哄堂大笑。我立即送出"好多鱼"图片：望梅止渴，这是看"鱼"生馋！孩子们一个个将自己吃"好多鱼"的乐事、囧事抖出来，比如套在手指上扮女巫，摆在桌上玩金字塔迷宫游戏……妙趣横生，整个教室简直色香味俱全！紧接着，"妙香脆"、爆米花、棒棒糖、果冻、巧克力……一一摆上桌，简直是视觉盛宴，孩子们的眼睛都直了！

"老师，我们今天有这么多东西吃？""你最爱吃什么，和同伴说说你对这些零食的情有独钟吧！"一说起吃，他们滔滔不绝、手舞足蹈；我也说起了自己爱吃的"妙香脆"，我说得眉飞色舞，他们听得"津津有味"。"呵呵，请原谅我也有张长不大的嘴。"介绍完了，孩子们的眼睛瞪得圆溜溜的："马老师，你吃之前有这么多期待啊！""马老师，你吃零食的时候真有趣！开始那么快，后来就舍不得吃了!""马老师,你吃完了还要舔手指啊——"哈哈,孩子们的点评很到位!

"注意顺序,关注吃趣,融合色香味,这样说过瘾吗?不过瘾,就写吧,写得越有趣,我就越能读出你们想吃的渴望!"孩子们抓过本子开始奋笔疾书,比考试还安静!我听到萌仙咽口水的声音!我看到俊吞急得抓耳挠腮的模样!孩子终究是孩子,永远需要胡萝卜吊在前面,才有动力走得快!孩子们分享着"大白兔"奶糖、棒棒糖、巧克力、士力架……每个人都吃得那么陶醉,那么香甜。

细细品读他们的文章,发现出现频率最高的零食是薯片、薯条、巧克力……这就是时代的印迹!我突然想念起了果丹皮的味道,那时候,小学小卖部里卖一毛钱一条,褐红色,闪着山楂果的光芒,一分米左右长度,一角硬币的截面,很绵密磁实,尽管如此,我还是舍不得大口吃,总是下课后拿出来咬一小口,放学路上再拿出来慢慢嗫、慢慢嗫,直至厚实的果皮卷越变越薄,最后薄得透明,像公主的粉色面纱。这个时候,我会将这薄薄的果丹皮高高举在眼前,阳光透过来,一切都那么梦幻,像置身于童话世界。

每个人心中都会有这样一种零食:带着感情,带着故事,带着时光的印迹,深深刻在记忆中。

🍂 微点评

小马老师,你真厉害,把我们的话都记住了!

小马老师吃果丹皮的状态和我很像很像,一小口一小口慢慢吃!

我学到了小马老师的大场景描写!

🍂 学生习作

"我"也有最爱吃的零食!"我"和零食也有一段让人忍俊不禁的"囧事"!快记录一下吧!

薯　条

　　我很爱吃薯条,但吃薯条对身体也有坏处,于是,妈妈给我定了一条"法则",就是两个月吃一次薯条。

　　两个月一到,我就要爸爸妈妈带我去"芝根芝底"吃薯条,那里的薯条都是一袋一袋的。我一上座位,就感觉自己和薯条只有一厘米远了。"0132号!"店员叫道,原来我的薯条来了,我开开心心地把薯条放在我、爸爸、妈妈的中间。一根根炸薯条像一根根金灿灿的金条在我眼前摇摆,高低不平,吸引着我把它们"消灭"掉。刚出锅的薯条,热腾腾的,香味扑鼻,是一股土豆的清香。它不用太多的调味品,只需要一点点盐,就非常美味了。当然,加点番茄酱蘸着吃,会更有一番风味。我们开始吃薯条,我们一人一根地分着吃,我的口水一下子就流了出来,我对自己说:镇定!我拿起一根薯条咬了一口,嗯!外面脆脆的,里面是软软的土豆泥做的,就像茄汁一样。

　　只剩九根了,我一点一点把其中的八根吃完了。最后一根,我舔了舔又想,这么好吃的东西就没了?不行!我先吃了一点点,在嘴里嚼着,怎么都不想吞下去。最后,我就这样把薯条吃完了。

　　　　　　　　　　　　　　　——杭州市天长小学三年级　陈沐赟

口哨糖

　　啊,我是美丽的公主!我把口哨糖一个一个套在手指上,当公主的戒指。

　　我把十个手指都套上戒指了,我想吹一吹,谁让它叫口哨糖?

　　"ju—ju—ju"吹得好响呀,真的像一个口哨,我拿这"口哨"在给我的军队练习呢!别吵哦!

　　我把"口哨"放入嘴里,哇,没想到吃起来也那么好吃呀。

　　后来,"口哨"被我的"巨人嘴"一个一个地吃进了肚子。

　　不好,最后一个了,得好好地品一品它的美味了!

　　我一闻,不得了!真是太香了,比花还香呢!小蝴蝶都飞来了!我把它放在耳边,好像听到口哨声在我的耳边响起了。我的"军队"又要来了,我把它放在嘴里,嘴里又响起了口哨声。我把最后一个"口哨"也放到了嘴里。

　　　　　　　　　　　　　　　——杭州市天长小学三年级　何雨琦

传统文化

小马老师

中华传统文化是中华文明演化而汇集成的,一种反映民族特质和风貌的民族文化,是民族历史上各种思想文化、观念形态的总体表征。它是中华民族所创造的、世世代代所继承的、具有鲜明民族特色的历史传承,它可以是某一项民俗活动,可以是某一处历史文化遗产……

小马老师的专栏

冬 至

冬至这一天,北方大部分地方是要吃饺子的,南方则是吃汤圆。

其实,不止我们过冬至,韩国人也过冬至。你问我怎么知道的?绘本!

今天冬至,和孩子们分享了绘本《冬至阳生春又来:冬至节》,浓浓的民俗气息,将我国过冬至的活动串联其中,唱"九九消寒歌",画梅花"九九消寒图",包饺子,滚汤圆……真是冬至文化"大观园"。故事里,在冬至节,这一天,爷爷拉着小晏阳去吃"馄饨侯"家的馄饨、饺子。传说,当年东汉"医圣"张仲景辞官回乡,在大雪纷飞的路上,看到老百姓受冷挨饿,不少人的耳朵冻烂了,便让弟子搭起医棚,在冬至这天分发"娇耳"。这"娇耳"在后来漫长的历史演进中就成了饺子。无独有偶,韩国冬至有吃红豆粥以避邪、去疾的饮食习俗。《红豆粥婆婆》讲述的是民间流传的关于红豆粥的故事:一只凶猛的大老虎要吃掉一位年迈的独居老婆婆,老婆婆能用什么办法化险为夷呢?民间生活中常用的家什物件都来帮助老婆婆,从果实、动物到家用器具,栗子、乌龟、石臼、草席……众多生活用品出场,最让人意想不到的是大便竟然也来凑热闹,大家都要求喝一碗红豆粥!冬至,老虎果然来吃老婆婆了,"嘭",栗子炸开了壳,蹦出来狠狠地撞在了老虎的眼睛上;紧接着,乌龟、石臼、臭粑粑、锥子、草席、背架轮番上阵,齐心合力把老虎送入了万丈深渊。绘本最后的一个画面是在一座小木屋里,窗棂被温暖的灯光染黄;一侧的烟囱里,白白袅袅的炊烟也透着暖暖的心意。听说日本人冬至也会喝豆汤,在水里放柚子泡澡以驱邪保健康。中、韩、日均属于汉字文化圈,受汉文化熏陶,总有一些相似的民俗!还记得《冬至阳生春又来:冬至节》故事里有"晴冬至,烂年边;雨冬至,晴过年"的说法,看着纷纷扬扬的雨滴落在伞布上,不禁感叹:一个晴朗的年,对期盼假期的我们来说是多么重要。

北方饺子南汤圆,冬至馄饨夏至面。今天你吃饺子、汤圆了吗?或许是在北方待的时间太长,饺子成了冬至必吃之物。节日里电话中传来一声声问候,即使吃着速冻的猪肉白菜馅饺,也一样开怀!不管怎么过,我们将会在不同的地方一起经历最短的白天和最漫长的夜晚。今晚,早睡哦!

🖋 **微点评**

我们平常吃的饺子和汤圆原来还有这么多讲究!我们的传统文化还有这么多有趣的故事!

小马老师真聪明,文章里面套故事,就有很多话可写啦!

民俗物品都经历了好几千年的演化,每一件民俗物品都是一个"故事老爷爷"!

🖋 **学生习作**

传统文化需要我们来继承与发扬,它们那么神秘,我们来当考古学家吧!

鸣虫盒

每到秋天,鸣虫就开始出没了。大家都把鸣虫盒拿出来。

有的盒子是用竹子做的,有的是用木头做的,还有的是用塑料做的;有圆形的、长方形的和正方形的;有两格的,有一格的。每个盒子上都有一层玻璃,透过玻璃可以看见鸣虫。把盒子打开时,有的是向左拉开,有的是向右拉开。

拉开后，可以看见1～2个食槽。食槽伸入盒内，这样鸣虫就可以吃到食物了。在食槽对面有两个通风板，它们是叠起来的。许多小洞一个接一个地排着。这样，鸣虫就可以开心地生活了！

在古代，很多人会把鸣虫盒放在口袋里，这样就可以听见鸣虫的叫声了。但是现在，鸣虫盒已经快被人们忘了。一百个人中可能没有一个人知道了。

——杭州市天长小学三年级　陈沐赟

脸　谱

脸谱是用来表演的面具，有的是哭的，有的是笑的，还有的是怒发冲冠的……

笑的脸谱一般会画成粉色的，生气的脸谱会画成红色的，刚刚骗过人的脸谱一般会画成绿色的或蓝色的。脸谱的画法跟人脸的画法不一样，我们不喜欢把人的脸画得花里胡哨，可脸谱是许多线条组成的，只要有人脸的样子就可以了，它可以是花花绿绿的，也可以是阴沉沉的。

脸谱不但颜色丰富，而且很讲究中华传统的对称美，你仔细观察就会发现，如果左边有一个圈，那么它的右边就会有一个一模一样的圈。如果你要画脸谱，最好的方法就是把一张很薄的纸对折后再画，这样两边的图案就对称了。

——杭州市天长小学三年级　严梓赵

缝纫机

我家有一台缝纫机，上面盖了一块巨大的木板，要花好大劲才能打开，下面有轮子和踏板。

踏板很有趣，用脚在上面前后踩两下，会发出一些声音，踏板也会随着脚的踩踏而上下摆动，就像是在玩荡秋千。可轮子仍一动不动地站立在它的位置上。

我好希望有一个随时可以变大、缩小的魔法棒，那样我一定会把踏板洗得干干净净、一尘不染，然后把自己变小，在踏板上荡秋千，说不定踏板还能载好多人哩！

我喜欢这台缝纫机,可能它的年纪比奶奶还大,但我依然觉得它很好玩。

——杭州市天长小学三年级　任俊璐

天竺筷

一位朋友来家过节,朋友是灵隐人。

她一进家门口,就说:"伊伊,带姐姐过来。"几秒钟后,那位朋友对我和伊伊说:"这是一份新年礼物,长长的,是一双筷子,叫天竺筷,我们灵隐人从古至今都是用这种筷子。""谢谢,我们进厨房观察!"我和伊伊异口同声地讲。

我发现,天竺筷的长度是不一样的,它有年龄的要求:一到五岁使用 5 厘米的筷子;六到九岁使用 10 厘米的筷子;十岁以上使用 15 厘米的筷子。天竺筷是古时候使用的,那时的天竺筷并不是什么宝贵财物,就像我们现在普通的筷子,一点也不值钱。现在呢,天竺筷变成了宝物,非常贵,只有少数地方还在使用它。

古代著名的东西不只这一样,还有中国结、毛笔……

——杭州市天长小学三年级　陈　郁

蔬菜总动员

小马老师

蔬菜是我们的好朋友，它们时时出现在我们的生活中，与我们不断碰撞，发生无数精彩有趣的故事。

小马老师的专栏

黄瓜的妙招

午餐，静悄悄。

树懒阳按照惯例又端着饭盒上来找小马老师添饭。小马老师一看他的餐盒，饭是吃得光光的了，但蔬菜全剩在那，无精打采地望着树懒阳那肥嘟嘟的脸。

"添饭可以，但蔬菜更有营养，要吃光光哦！"

"哦，但是，黄瓜很难看，浑身长满了疙瘩！"树懒阳嘟起了小嘴巴，端着饭盒垂头丧气地回到了座位。

"谁说我不好吃的？你都没尝尝我！"黄瓜生气了，一块块跳起来，脸都气青了！

"请不要小瞧我，虽然我身体瘦长，但含有大量的维生素。我最喜欢穿一件绿色的衣服，经常戴一顶黄色的帽子，我觉得我长得漂亮极了，身上的小疙瘩都藏着营养，是可爱的营养小丸子！就像河流里的小浪花、沙漠里的金字塔，多么漂亮！"黄瓜振振有词。

"你不好吃，一点味道都没有！"树懒阳不服气地说。

"你骗人，你连吃都没吃一口，怎么知道我不好吃？我的吃法多极了，冷的、热的，凉拌、爆炒都可以，一旦上了餐桌，我也是色香味俱全呢！"黄瓜说得头头是道，树懒阳都哑口无言了，只是端着饭盒，看着黄瓜，却不动筷子。他在赌气呢！

"你觉不觉得我的名字真奇怪,明明是绿色的,人们却叫'黄瓜'!"黄瓜觉得自己的语气有点重,灵机一动,转换了策略——"诱敌深入"。

"是啊是啊! 能告诉我吗?"

"你先尝尝我,我就告诉你!"

"君子一言快马一鞭,我就尝一块!"树懒阳咬了一小块黄瓜,轻轻嚼了一下,还真有点甜。

"这么多年来,这个问题也一直困惑着我,明明是绿色的,为什么一直叫我'黄瓜',后来我从植物学家那里听说,我的老家是西域,我的本名叫胡瓜,后来一个叫张骞的人把我带到中原,最初人们根本不知道怎么吃我,总是等我老透了,变黄了才吃,所以很自然地就叫我'黄瓜'了,虽然后来人们发现我绿着更好吃,又甜又脆,可名字却没给我改过来。"

"哇,你身上还有这么多故事呢!"

"想听故事,多吃吃我!"

树懒阳又端着饭盒上台了,这次,饭盒里光光的,连汤都不见了踪影。这究竟是为什么呢? 树懒阳神秘地笑了笑,跑走了……

🍃 微点评

小马老师,蔬菜也能说话?

黄瓜说的话很有道理!

我什么都吃,所以身体特别结实!

🍃 学生习作

你爱吃蔬菜吗? 写一写你和蔬菜的有趣故事吧!

蔬菜总动员

一天晚上,家里的菜盘里来了一盘花菜和一盘肉肉。

高高大大的肉肉骄傲地说:"如果来一场大战,肯定是我们肉肉赢。因为一诺可是最爱吃我们肉肉的!"小小的、瘦瘦的花菜轻声地说:"一切皆有可能!"

大战开始,一诺疯狂地吃了起来。吃着肉肉,一诺突然想起了小马老师的话:"晚餐要吃少,而且要吃素!"于是,一诺开始小口吃花菜,吃着吃着,觉得今天的花菜特别美味。

菜盘里留下的都是肉肉,最终花菜取得胜利!

肉肉低下头说:"我们的小主人长大了。"

——杭州市天长小学一年级　高一诺

蔬菜总动员——颜色

萝卜有一天出来了,他碰到了西红柿。

萝卜问:"你怎么这么红啊?"

西红柿害羞了:"因为我要去见一位美丽的小姐。"

第二天,萝卜又出来了,他碰到了青菜。

萝卜问:"你怎么这么绿啊?"

青菜开心极了:"我刚折完手工纸,绿色的手工纸不小心贴到我身上了"

第三天,萝卜又出来了,他碰到了土豆。

萝卜问:"你怎么这么灰啊?"

土豆皱着眉头:"因为我刚翻好土地里的泥土,泥土都沾在我的身上了,我要回家洗澡了。"

第四天,萝卜又出来了,他碰到了茄子。

萝卜问:"茄子,你怎么这么紫啊?"

茄子笑了:"下完雨后,彩虹偷偷把颜色分给了我一点!"

第五天,萝卜又出来了,他碰到了笋。

萝卜问:"你怎么这么硬啊?"

笋慈祥地说:"因为我老了。"

萝卜回家照了照镜子:原来我是白色的,我的远房亲戚胡萝卜是红色的。

我们蔬菜家族的颜色真丰富!

——杭州市天长小学一年级　陈育祺

逛菜场

放学的时候，我和妈妈去菜场买菜。

我看到了各种各样的蔬菜：有盘菜，白白的，扁扁的，很奇特，很像南瓜；还有藕，一节一节的，看起来非常奇怪，有很多很多的洞，还有很多像蜘蛛网一样的丝，真是奇怪！还有很多我喜欢吃的菜，比如茄子、土豆、山药、番茄。

我最喜欢吃的是黄油烧芦笋，很下饭，而且也非常美味！

——杭州市天长小学一年级　管颢元

我爱吃蔬菜

我喜欢吃甜豆，因为他就像"豌豆射手"嘴巴里喷出的子弹，吃了他就可以变成双层射手，把僵尸打得落荒而逃。

我喜欢吃玉米，我吃过生的玉米粒，感觉玉米汁在嘴巴里爆开了，汁水甜甜的，而且我最喜欢吃的爆米花也是玉米爆出来的。

我喜欢吃青菜，青菜绿油油的，像一棵大树，到了夏天我就待在青菜下面乘凉。

我喜欢吃包心菜，因为包心菜跟我喜欢踢的足球一样圆。

我喜欢吃胡萝卜，因为他像一把红色的宝剑，保卫胡萝卜阿波，打败小怪兽。他还像一条红蟒蛇的大蟒牙，真想和小猪飞飞一起尝尝啊！

我喜欢吃黄瓜，如果是凉拌的就更好吃了，香香的，脆脆的，甜甜的，像月亮一样弯弯的，好想跟小海龟一样，吃一口美味的月亮。

我喜欢吃番茄，圆圆的，像一个小小的火星。

我喜欢吃彩椒，因为它的颜色很漂亮，就像我喜欢的飞行棋一样。彩椒吃起来甜甜的，而且一点也不辣。

我喜欢吃洋葱，因为洋葱跟地瓜和番薯一样都长在泥土里，形状也差不多，上次去八卦田挖番薯太有趣了，什么时候去挖洋葱跟萝卜呢！

......

我唯一不喜欢吃的就是大蒜,吃起来辣死了,而且吃过大蒜后嘴巴总是臭烘烘的,就算是感冒了,大蒜的味道闻起来还是怪怪的。

——杭州市天长小学一年级　胡轩谐

胡萝卜历险记

从前,有一只小蜘蛛,他长了一个像胡萝卜一样的鼻子,他很不喜欢。

有一天,妈妈为他准备的晚饭只有三根胡萝卜。他看了看碗里的胡萝卜,就溜走了。

可是碗里的一个胡萝卜却喜欢上了小蜘蛛。她努力从碗里爬了出来,一直跟在小蜘蛛的后面。她跟着小蜘蛛去结网,又跟着小蜘蛛去蒲公英上吹泡泡。但是一不小心,胡萝卜和一朵蒲公英一起被风吹跑了。

胡萝卜落在树下,被蚂蚁捡到了。蚂蚁就把胡萝卜背回了家。

胡萝卜想:这下完了,再也见不到小蜘蛛了。幸好蚂蚁发现胡萝卜身上出了很多汗,以为坏掉了,就把胡萝卜扔了出去。

胡萝卜努力滚啊滚,滚啊滚,去找她的小蜘蛛。

冬天来了,小蜘蛛最喜欢下雪了。小蜘蛛在门口堆雪人,他把自己裹在雪里,鼻子露出来,根本不需要再找一根胡萝卜了。小蜘蛛开始喜欢自己的鼻子了,也喜欢胡萝卜了。

但是小蜘蛛没有注意到,有一个喜欢他的胡萝卜已经跋山涉水很努力地回到了他的家。

胡萝卜挪啊挪,又挪到了小蜘蛛的碗里。小蜘蛛终于注意到她了!她觉得很幸福。

——杭州市天长小学一年级　吴相彤

蔬菜总动员

前两天,我的嘴里溃疡了,感觉很疼,妈妈说这是不吃蔬菜的原因。

好困啊!我打了个哈欠,咦,好多奇奇怪怪的东西爬上了我的小床。呀,是很多蔬菜!

我问他们:"你们来干什么?"

蔬菜们说:"我们是来帮你治疗溃疡的。"

白菜说:"我是百菜之王,我能增强抵抗力!"

豇豆说:"我可以防止便秘,减轻咳嗽!"

番茄说:"我的维生素C含量无人能比,对治疗你的溃疡可有帮助了!"

番茄的话音刚落,白萝卜大声喊:"谁说只有番茄能治疗溃疡,我也可以,还可以让你的声音更洪亮!"

胡萝卜挤上来,激动地说:"我的胡萝卜素含量可是天下第一,它可以降低血压,抵抗炎症,选我没错!"

土豆一听,不高兴了,大声喊:"我的功能才独特呢,不仅能消炎,还可以治疗痘痘!"

"我们也可以! 我们也可以! 选我! 选我!"菠菜、油菜、芹菜、花菜、生菜都纷纷叫起来。

"不要吵了! 既然你们都各有各的功效,那我就都吃吧,以后我不挑食了!"蔬菜们一听,高兴得手舞足蹈!

以后我要吃蔬菜,让自己更健康,让蔬菜们更快乐!

——杭州市天长小学一年级　徐靖琪

蔬菜拼盘

有一天,青菜遇到了芹菜,青菜说:"我们来比赛跑步吧!"芹菜说:"好的。"它们跑着跑着,芹菜被绊倒了,青菜从后面赶上来不小心踢到了芹菜,芹菜飞了出去,撞到了西红柿,西红柿被撞飞了,撞到了豇豆,豇豆也被撞飞到了树上,刚好压在一条蛇的身上。那条蛇把豇豆甩了出去,豇豆又撞到了西红柿,西红柿又撞到了芹菜,芹菜又撞到了青菜,青菜又撞到了树。

青菜和芹菜正在想再比赛什么,芹菜说:"我们来比跳绳。"青菜越跳越快,芹菜被跳绳绑住了。豇豆也来跳绳了,它也被跳绳缠住了。西红柿也开始跳绳了,它跳得很快很快。青菜的跳绳甩到了石头上,青菜被绊倒了。青菜滚啊滚,滚到了泥堆里,刚刚爬出来,芹菜忽然也滚了过来,把青菜又撞回河里。青菜再爬起来,又被西红柿给撞回河里。豇豆也跑了过来,可是太滑了,滑了一跤又摔回泥堆里了。青菜和豇豆一起去小河里洗了个澡。

蔬菜们被洗干净,放进锅里煮,加上土豆泥,就变成了一盘很好吃的蔬菜拼盘。

——杭州市天长小学一年级　罗浩诚

蔬菜总动员

森林里有一座房子,住着一位阿里特奶奶,阿里特奶奶的房子前面有一大块菜地。

菜园里有好多好多的蔬菜,有黄瓜模特先生、西红柿公主、大白菜护士、茄子兄弟、调皮的紫甘蓝小姐、包心菜医生、萝卜警长……

一天早上,黄瓜模特先生开心地说:"今天我的身材比昨天又壮了不少。"

西红柿公主抢着说:"我今天的皮肤比昨天又红润了,真是开心啊!"

茄子兄弟说:"我俩兄弟抱得越来越紧了,真舍不得分开。"

这时候,萝卜警长说:"你们真是越来越吵了。"

紫甘蓝小姐趁大家聊天的时候,偷偷地跑到森林里去玩了。紫甘蓝小姐发现一朵很漂亮的蘑菇,伸手摸了摸,立刻晕倒在地上。

萝卜警长在菜园里巡逻的时候发现紫甘蓝小姐不在了,猜测她又跑去森林里玩了,萝卜警长马上动员蔬菜们出去找。在森林里,萝卜警长找到了躺在地上的紫甘蓝小姐,但是紫甘蓝已经变成了白色。萝卜警长马上拨打了"120"急救电话,不一会儿大白菜护士和包心菜医生从车上下来了,包心菜医生给紫甘蓝洒了一些药水,太阳照射下来,紫甘蓝变成了紫色,从迷迷糊糊中醒了过来。

"刚才发生了什么?"

萝卜警长说:"你被毒蘑菇毒倒了。"

紫甘蓝惭愧地低下头说:"下次再也不偷跑出来玩了。"

蔬菜们又急急忙忙地回到了各自的位置。阿里特奶奶刚好手里拿着喷壶正要给她的蔬菜们浇水呢!

一天就这样开始了……

——杭州市天长小学一年级　蓝天阳

蔬菜总动员

厨房里，蔬菜们在吵架。他们在比谁的作用最大。

看见我来了，他们就请我做小评委。

一号选手胡萝卜说："我的作用很大，体内有很多的胡萝卜素，对小朋友的眼睛好。"

二号选手香菜跑过来骄傲地说："我是营养之王，体内有很多钙，对小朋友的成长有帮助。"

三号选手黄瓜走过来说："我体内的维生素可以帮助人们清肠解毒。"

四号选手茄子小姐说："我体内有很多蛋白质、脂肪、碳水化合物、维生素等。老人喜欢我，因为我可以降低血压。女生喜欢我，因为我可以抗衰老，她们可以像我一样漂亮。"

五号选手青菜着急地说："人们多吃我，可以补充叶酸，防止便秘呢！"

我最喜欢的六号选手土豆来了，它对茄子说："我也有抗衰老的作用呢，我有大量的维生素 B_1、维生素 B_2，还能帮助带走油脂和垃圾，也是排毒小能手。而且我的味道特别好，小朋友都喜欢我。"

蔬菜们吵得越来越厉害了，我连忙阻止他们说："你们的营养和用处都很大，根本不需要我投票，我明天就去告诉大家你们的好处，让大家都喜欢你们！"蔬菜们听了这番话，很开心，一起说："明天快点来吧！"

——杭州市天长小学一年级　罗雨荨

蔬菜总动员

我喜欢黄瓜，黄瓜绿绿的、脆脆的，清爽可口，不管是生吃、蘸酱还是糖醋的，我都可以吃掉一大碗。

我喜欢玉米，玉米一粒粒，像一颗颗珍珠，嚼起来很香甜。我还喜欢啃玉米芯，能吮出淡淡的汁水。

我喜欢番茄，因为我喜欢吃番茄酱，而番茄酱是番茄做的，所以我喜欢它，喜欢它酸酸甜甜的味道。

我喜欢娃娃菜，我给它取了个名字叫黄菜。吃火锅的时候它是我的最爱。

我还喜欢菠菜,吃了就可以像大力水手一样有力量。

——杭州市天长小学一年级　许振翰

蔬菜总动员

西红柿,小土豆,

圆圆鼓鼓人人爱。

胡萝卜,小青菜,

红红绿绿真好看。

竹笋豆豆和海带,

山药蘑菇葱姜蒜。

还有藕片和玉米,

蔬菜都是我最爱。

——杭州市天长小学一年级　张沅熙

我爱西蓝花

从前,皇宫里住着生菜国王、大白菜王后,他们有一个可爱的女儿——青菜公主。

青菜公主长大了,生菜国王要帮她选一个王子。

蔬菜王国的王子都来了,有萝卜王子、胡萝卜王子、大蒜王子、西蓝花王子、茄子王子、土豆王子、番茄王子、芹菜王子……

国王说:"萝卜王子不错!"

可是青菜公主说:"他太胖了,不适合我!"

国王说:"土豆王子怎么样?"

青菜公主说:"他太矮了,不适合我!"

国王说:"芹菜王子不错!"

青菜公主说:"他太瘦了!"

国王又说:"西蓝花王子很不错!"

青菜公主说:"果然很不错,他的发型很漂亮,绿绿的很有营养!"

就这样,青菜公主选择了西蓝花王子……

所以,你知道了吗?我爱西蓝花!

——杭州市天长小学一年级　朱欣妤

蔬菜总动员

一天,蔬菜王国的青菜大总管有点沮丧,又有点着急,因为他喜欢的小男孩汤姆生病了。小男孩汤姆不喜欢吃青菜,青菜想让男孩吃他,让他的身体棒棒的,他想来想去想不出办法。青菜去找茄子博士,茄子说:"明天就是汤姆的六周岁生日了,要不我们给他举办一个蔬菜大 party?"青菜大总管觉得这是个好主意,于是他邀请了土豆球、西红柿、胡萝卜色拉乐队,还有南瓜先生、玉米小姐,准备给他们来一场丰盛的蔬菜大餐。

第二天傍晚,当小男孩的爸爸妈妈为他唱生日快乐歌的时候,所有的蔬菜王国的重要成员都来了:有金黄色的土豆球、红色的西红柿、绿色的西蓝花,还有紫色的茄子、橙色的胡萝卜。他们在青菜总管的指挥下,又唱又跳,小男孩忘记了疼痛,忘记了烦恼,身体也马上康复了,原来蔬菜的力量是这么强大,不光有维生素能量,还有智慧和魔力!

小男孩重新认识了好心眼青菜总管,从此他们成为好朋友了!

——杭州市天长小学一年级　张罡源

民俗物件

小马老师的开场白

童话怎么写？万事万物都可以具有超能力，那是一个童话世界！走近民俗物件，观察它们的外形、功能，让我们脑洞大开，一起来创作童话吧！

小马老师的专栏

宝葫芦

今天我脑海里浮现出了作为民俗物件的葫芦，就挂在外公家酒缸一旁的墙上，每次外公要出门时，都会从酒缸里舀点酒灌到它肚子里。

它的由来还有段故事：

在最高最高的山上，长着一棵葫芦，千年一发芽，千年一生藤，千年一长叶，千年一开花，千年一结果，最后，葫芦滚落在地上，金黄金黄，肚子滚圆，真是个宝葫芦。藤却立即枯萎，这株葫芦也就立即老去了。

那一年，山下大旱，农田龟裂，人们忍渴挨饿，苦不堪言。葫芦听到了娃娃渴哭的声音，抖了抖身子，壶嘴一吸，整座山的泉水都进了它圆滚滚的肚子，它再飞身跳起，壶嘴一吐，源源不断的清水便喷涌而出。"下雨喽！老天爷开眼喽！"人们欢呼着从家里跑出来，疏通渠道，灌溉农田。宝葫芦发现自己的金色渐渐褪去，变黄了。

第二年，南方整个村子闹疟疾，人们身上起了无数个奇怪的黑泡泡，又痒又疼，接二连三地死去！宝葫芦将山上的露珠与草药混合在一起，炼出了无数颗丹药，一颗一颗地送到病人的嘴里，夜以继日地送了三天，终于救活了整个村庄的村民。宝葫芦发现自己身上的黄色渐渐褪去，变白了。

又一年，沙漠里的葡萄大丰收，一串一串晶莹剔透，堆积如山，晒葡萄干都来不及。"这可怎么办？万一下场雨，葡萄就都坏掉了！"果农们既欣喜于丰收，又惋惜水果的厄运。宝葫芦灵机一动，大口大口将葡萄吃进肚里，没过几天，葫芦开始打嗝，肚子里的气泡一阵一阵冒出来，酸死了！赶紧吃白糖！就这样，宝葫芦将满肚子的葡萄酿成了醇香的酒，让冬季寒冷沙漠中的人们喝酒驱寒！宝葫芦发现自己身上的白色渐渐褪去，变灰了。

再一年……

宝葫芦知道自己有法力，却只能用五次，千年道行换一次法力，救一次世人，值了！最后，它变成了黑葫芦，无力地掉落在地上，被外公的外公的外公捡到了，用来装酒喝，一直用到现在啦！

微点评

这个葫芦可真来之不易，"千年一发芽，千年一生藤，千年一长叶……"哇，它都有万万岁啦！我喜欢这么夸张的时间表达！

宝葫芦真乐于助人，一次又一次帮助人们！

宝葫芦的大肚子里，原来有这么有趣的神话故事！

学生习作

民俗物件都那么神秘，拥有超能力！我们也来根据物件的外形特征放飞想象，让民俗物件展现自己的超能力吧！

筐箩

因为天气的影响，地球变成了一个雪球，村民都无法生存了！山上的筐箩听到了这件事，就在天边给村民们织了很多毛衣给他们送了过去，村民们有了很多毛衣，非常高兴，他们再也不用受冷了。可是，城里人也知道了这件事。一个小偷也知道了，小偷家里只有几件 T 恤，没有其他衣服，他心想：一定要把农村的毛衣偷光。

第二天晚上,小偷跑到村子里偷毛衣时,笸箩将小偷绑了起来。后来小偷跑了,笸箩很高兴。最后笸箩一直给村民织毛衣,村民们笑了。

——杭州市天长小学三年级　陈文昊

竹　篮

有一天,一个竹篮在大路上走,看见了一片快要枯萎的花朵,这些花低着头,叶子都垂了下去,看来这里太冷了。竹篮小心翼翼地把这朵花放进自己的怀抱,变大走过老虎身边,缩小走过机灵鬼狐狸身边,变成球滚过大海,走过有荆棘的地方,还有沼泽,来到了温暖的地方。竹篮又小心翼翼地把小花们取出来,再种下。奇迹发生了!被种下的小花们活了过来。看着这些花,竹篮才想起如果用了超能力自己就会散架。这时它很伤心,因为不能在美丽的世界过日子了。

不过帮助到别人它觉得也值了!

——杭州市天长小学三年级　徐茜雅

核　雕

"吧嗒",一个核桃从树上掉下来,突然变成了不寻常的桃红色核雕。核雕有着超能力,决定帮助所有的事物。

核雕滚着滚着看见了一株快要枯死的小花,核雕决定试着帮帮小花。于是把身体往上一凑,艳丽的粉色送到小花身上,小花照了照镜子,看见了美妙的身躯,顿时有了勇气,再也不想枯死了。这时核雕变成了绿色。

核雕继续找这座森林的出口,他发现了一棵中了魔法的杨柳,连忙把绿色献给了杨柳。

最后,核雕只有灰色了。他遇到了中毒的农民,于是把自己最后的生命魔法献给了农民,好让农民解毒。

核雕倒下了。

——杭州市天长小学三年级　胡鸣洋

救人的香包

有一天,香包看到了一只到处吸血的蚊子。于是,香包用它的香味赶走了蚊子。

这时,香包忽然发现有一株小草快死了。于是,香包用它的香味复活了小草。

第二天早上,香包听到有人在叫:"救命!"在这人边上的人说:"快救救她,她需要中药。"香包想:我身体里有中药。于是,香包救了一个人。

从此,香包每天做一件真善美的事,一直做到死去。所有人都被香包救过一命。

——杭州市天长小学三年级　王语帆

东南西北

小马老师

我国先民们在长期同自然界做斗争的过程中,逐步积累了辨认四方的知识,随之创造了东、西、南、北四个方位字。用方位词也能编故事?当然!

小马老师的专栏

等太阳从东边升起

鹦鹉奇说话很快很快,像夏天的雷阵雨,又急又快,还响!

鹦鹉奇走路很慢很慢,像冬天的太阳,慢吞吞地,左等右等才从东边升起。

啊呀,立冬啦!"丁零零——"闹钟响个没完没了。鹦鹉奇睁开了半只眼:太阳还没从东边升起呢,再等等吧!被子外面凉飕飕的,还是被窝里舒服!懒懒的鹦鹉奇真想痛痛快快再睡上几小时!

"快上车!上学要迟到了!"爸爸着急地催道。

"哦,知道了!"说着,鹦鹉奇慢吞吞地收拾起书包,"哎呀,铅笔又忘记削了!"鹦鹉奇一小步一小步,认认真真地走着,走出家门口时,分针都有点佩服他了:快迟到了,还这么淡定!

周一的早晨,红灯好像特别多,爸爸开车东拐西拐,才到校门口。

果然,鹦鹉奇迟到了!文明值周岗的啄木鸟姐姐瞪大眼睛不可思议地看着慢吞吞走向她的鹦鹉奇:都迟到了,还走这么慢?啄木鸟姐姐摇摇头,在扣分单上记下了鹦鹉奇的班级。鹦鹉奇望着啄木鸟姐姐,眼里忽闪忽闪,楚楚可怜:我一个人迟到了,怎么就要扣班级的分呢?

鹦鹉奇得向全班同学道歉了。这是班级里的规矩。

"我是看到东边太阳公公的脸就起床了!"大家惊讶了。

"现在可是冬天!冬天太阳公公不上早班!"小白兔急得耳朵竖得老高。

那怎么办呢?

"鹦鹉奇,还是别找借口,真诚道歉,听闹钟的吧!"小黄牛一本正经地说。

"嗯,我下次不再等太阳从东边升起了!"

大家都给了鹦鹉奇掌声。

微点评

我仿佛看到了鹦鹉奇慢吞吞的样子。

每个人说话的时候都有自己的表情和动作!

太阳从东边升起! 抓住一个方位词也能写童话呢!

学生习作

东、南、西、北虽然是方位词,但也能成为故事元素呢! 抓住方向感,故事不迷路!

东南西北

太阳从东边升起,天就亮了。

太阳从西边落下,天就黑了。

那风,从南边吹来的时候,天气就变热了。

那风,从北边吹来的时候,天气就变冷了。

——杭州市天长小学一年级　骆懿齐

东南西北好朋友

东咚咚,走起路来总是一蹦一跳"咚咚咚"。

西嘻嘻,爱搞笑,话不到三句就"嘻嘻嘻"。

南胖胖,大肚子总藏不住。

北瘦瘦,瘦成了一道闪电。

四个小伙伴聚在一起,决定好好玩一场捉迷藏的游戏,东咚咚走路咚咚地响,西嘻嘻总是发出笑声,南胖胖的大肚子怎么都藏不起来,只有北瘦瘦一会儿躲在树后,一会儿假份成树干,谁都找不到他!

——杭州市天长小学一年级　高一诺

东南西北

有一天,仓颉在路上走,他看见四个人在吵。一个人说东边有老虎,一个人说西边有羚羊,还有一个人说南边有鹿群,另外一个人说北边有狮子。仓颉觉得很奇怪,就上去问,原来他们是看脚印知道了方向。

——杭州市天长小学一年级　吴逸辰

小鱼游啊游

从前,东方来了一群小鱼,西方来了一群小鱼,南方来了一群小鱼,北方也来了一群小鱼。四群小鱼混合在一起玩,热闹得不得了!

突然东方小鱼问:"玩什么游戏呢?"西方小鱼说:"我们玩石头剪刀布吧!"南方和北方的小鱼不同意,他们说:"我们想玩捉迷藏的游戏。"东方和西方的小鱼说:"要玩石头剪刀布!"他们吵了起来。其中有一个领头鱼说:"我们还是先吃中饭再玩吧。"大家都同意了。

"我们一起吃炖海苔!"大家吃得静悄悄,津津有味!

——杭州市天长小学一年级　谢黄光远

东西南北的故事

在地球的北端有一只北极熊,在地球的南端有一只企鹅,在东边的大海上有一株海白菜,在西边的天宫里有一匹白龙马。他们本来都不认识。

有一天,地球发生了大地震,磁力错乱了。地球上面所有的方向指示牌都换了。于是他们都找不到回家的路了。走啊走,走到了中国的长城,他们四个相遇了。他们很高兴认识了对方,愉快地玩起了飞行棋。

——杭州市天长小学一年级　吴相彤

石头剪刀布

有一条可爱的小丑鱼生活在一座美丽的珊瑚堡中,他刚学会一个新游戏,叫石头剪刀布,他好想找别人试一试身手。

他游到了东边,碰见了珍珠姐姐。"石头、剪刀、布!"小丑鱼亮出它的小鱼鳍,就当是布了。珍珠姐姐打开蚌壳,露出圆圆的珍珠,就当是石头了。所以每次都是小丑鱼赢,小丑鱼开心极了。

他又游到了南边,碰见了魔鬼鱼大叔。他们又玩起了石头剪刀布,这回魔鬼鱼大叔和小丑鱼一样只会出布,所以他们打了个平手。

小丑鱼有些不甘心地游到了西边,碰见了螃蟹大爷。"螃蟹大爷!我们来玩石头剪刀布吧!""好啊!好啊!"螃蟹大爷一口就答应了。结果螃蟹大爷只会出剪刀,小丑鱼只会出布,小丑鱼输得精光。

小丑鱼垂头丧气地游到了北边,遇见了章鱼哥哥。章鱼哥哥问道:"你干吗那么不高兴啊!"小丑鱼说:"我跟别人玩石头剪刀布,为什么都只有一个结果呢?"章鱼哥哥说:"找我玩呀!"章鱼哥哥拿出了百变的绝活,一会儿变剪刀、一会儿变布、一会儿变石头。小丑鱼一会儿赢、一会儿输、一会儿平局,玩得真开心。

——杭州市天长小学一年级　许振翰

东南西北——小金鱼游世界

有一条小金鱼,它想出去看看外面的世界。

它游到了最东方,看到日出真漂亮,红红的太阳从水面升起来,照亮了大地。

它又游到最西边,看到日落真漂亮,金灿灿的太阳落下去,染红了大地。

它又来到南方,那里的荷花开得真漂亮,荷叶绿油油的。

最后,它决定去北方看看,北方好寒冷啊,水面都结冰了。

小金鱼觉得太累了,决定回家好好睡个觉。

——杭州市天长小学一年级　叶欣瑜

动物峰会

在人类居住的地球上,各个地方都住着不同的动物,东边住着东北虎和豹子,西边住着羚羊和猴子,南边住着大象和企鹅,北边住着北极熊和海狮……

统管动物的人类给所有的动物发了请帖,邀请它们来杭州参加动物峰会。动物们都好高兴，它们飞的飞，跑的跑，游的游……最后，所有的动物都从东、西、南、北方向来到杭州，它们在西湖边欣赏美景，在钱塘江边看潮起潮落，看着金黄的银杏叶从树上缓缓落下，闻着沁人心脾的桂花香，纷纷赞美杭州！

动物峰会结束了，动物们都恋恋不舍地离开杭州，向东、西、南、北各个方向散去……

——杭州市天长小学一年级　朱元灏

西湖的东南西北

西湖里有一群小鱼，他们在讨论西湖哪边的风景漂亮。

鲤鱼弟弟说："西湖的东面很漂亮，你们看了西湖的音乐喷泉吗？五颜六色，忽上忽下，有各种各样的造型配着美妙的音乐，我每天晚上都要去欣赏。"

鲤鱼姐姐说："西湖的南面比较漂亮，那边有座很古老的雷峰塔，'雷峰夕照'还是西湖十景呢，有法国梧桐树，南山路的夜景也很漂亮！"

鲤鱼妹妹说："西湖北面的曲苑风荷漂亮，夏天的时候可以看到好多的荷花，可以在荷叶下面乘凉！"

鲤鱼哥哥说："我们家最漂亮了，尤其是到了春天，苏堤上桃红柳绿，游客很多，我们可以享受舌尖上的中国美食。"

鲤鱼妈妈说："嗯，西湖的东、南、西、北面都很漂亮！"

——杭州市天长小学一年级　王　梓

钢　　笔

小小的钢笔看似普通，但在孩子们心目中，它不仅是成长的见证者，更是"第一次亲密接触"的伙伴！

小马老师的专栏

与钢笔的"第一次亲密接触"

孩子们第一次写钢笔字，异常兴奋。

我会拿到什么颜色的钢笔，黄色、绿色还是黑色？我该怎样使用钢笔？握笔姿势和铅笔一样吗？钢笔写了就擦不掉，我能写正确吗？钢笔可以直接给我们吗？……一串串问题如鱼泡泡一般吐出。

投影仪下，我开始讲解钢笔的构造，示范正确的握笔姿势，讲解如何优雅地开笔盖："钢笔脖子上有一圈闪闪发光的项链，指腹握住这儿……"他们明明听得认真，看得分明啊！写字之前，特意跟孩子们说了说我小时候写钢笔字时的神圣感与慎重，领着孩子深呼吸三次……万事俱备只欠东风，发钢笔！

孩子们一个个眼珠子都蹦出来了，"啊，我的是黑色的，酷！"迫不及待，写字了！优雅地开笔，准确地握笔，慎重地写字……不，这不是正确的开笔盖方式，一到操作阶段，孩子们笑料不断，错漏百出，有因为拔得猛烈汁水横流的，有因为握笔太低弄脏手指的，有因为用笔尖背写写不出水的……人家这是第一次嘛！好吧好吧，一部分孩子懊恼写错了字不能擦，一部分孩子奇怪怎么写着写着没墨水了，一部分孩子完全沉浸在润滑轻松的书写中，还有一部分手忙脚乱地在洗手，孩子，你呢？钢笔回收时，很多孩子都爱不释手，这是一种期待！期待这次手忙脚乱的前测，能开启新的写字时代！

🍃 微点评

第二自然段,小马老师用一连串的问号,把我们的心理活动写得真清楚!

第一次使用钢笔的我们真是手忙脚乱!

我就是因为拔钢笔拔得太猛了,所以成了大花猫!

🍃 学生习作

从铅笔到钢笔,我们又成长啦!你和钢笔的"第一次亲密接触"是怎样的?写钢笔字时你有哪些心理活动?快记录下这幸福的感觉吧!

第一次写钢笔字

今天是我第一次用钢笔写字,我的心情非常激动。因为,使用钢笔写字代表我们长大了,代表我们写好铅笔字了。

开始写了,我感觉窗外的鸟儿停止了鸣叫,连蝴蝶、青蛙、石头都在为我们大家加油。这时,我写错了,我感到非常懊恼,心里充满怒火,不过,这也没有办法,谁让"钢笔先生"的脾气不好呢。我马上开始继续写,写着写着,我又一次把字写错了,肚子里的火已经蹿到了嗓子口,差点儿就要"火山"爆发,可我还是忍住了,心里想:"钢笔先生"脾气不好,我就原谅它吧!

终于,我写完了,虽然写得不太好,但我也很开心,因为我们拿到了这最神圣的钢笔,还用它写字。今天实在是太开心了!

——杭州市天长小学三年级　杜启赫

写钢笔字

昨天,我第一次拿到钢笔,写了诗,特别兴奋。

写钢笔字和写铅笔字有很大不同,铅笔上下左右怎么书写都可以,而钢笔不能随心所欲,一甩钢笔,墨就出来了。铅笔重一点写、轻一点写都可以,钢笔如果下笔太轻就写不出字来，下笔太重又会漏出墨来，所以要不重不轻刚刚好。

开始写时，我是很小心地写，慢慢地写，写到后面我发觉我的手指头离开金属圈了，我赶紧放回去，重新调整姿势。我好不容易才写完了，原来写钢笔字并不容易。不过我可真高兴，因为是我第一次用钢笔写字。

——杭州市天长小学三年级 陈沈旸

第一次写钢笔字

今天，我们第一次写钢笔字，马老师把所有的钢笔都发了下来，发到我手上的钢笔是黑色的，正好是我喜欢的颜色。马老师教我们怎么打开钢笔。我小心翼翼地拧开钢笔笔盖，看着闪闪发光的金属笔头，心里充满憧憬和希望。我的心怦怦直跳，感受着钢笔的力量！多么强大，多么舒服啊！我深深地吸了一口气，把笔头靠向纸，在纸上写了几笔。可是，为什么写不出来呢？我看了看同桌陈郁，哦，原来是正反拿错了。知道原因后，我立马更换了拿笔的姿势，嘿！成功了！能写出字来了！这真值得庆祝。

啊！第一次拿着钢笔，我们每个人都认认真真地抄写了两首古诗。马老师最后表扬我写得不错，我心里想：太棒了，我也要早点当上“钢笔侠”！

——杭州市天长小学三年级 陈 曦

课余生活

小马老师

孩子们七彩的童年离不开多姿多彩的课余生活：做手工，旅行，游泳，搭乐高积木，画画，打高尔夫球……相比之下，大人的生活显得枯燥简单得多，但虽然简单，也还是值得记录的！

小马老师的专栏

我的业余生活

我是一个大人，已经不再是读书的孩子，所以我把题目改为"我的业余生活"。

其实，真正属于我的业余生活不多。这不，现在已经是晚上 9：30，我刚刚放下一个家长的电话，在灯光下，又开始了明天的备课，也许还要反思今天的教学、学生的行为。

除了工作，周三我会弹弹古筝，周四跳跳爵士舞，周六爬爬山，这些业余爱好都丰富了我的生活，让我能够精神奕奕地过平凡的日子。

当然，我最大的业余爱好就是看书了。受家庭环境的影响，外公从事教育工作，母亲比较喜欢阅读，从小我也就耳濡目染，比较喜欢阅读。家里的《三毛流浪记》和《一千零一夜》被我反复翻阅，我还拿着外公的《林彪传》《西游记》看了很长时间，最终发现自己还是喜欢《一千零一夜》里的童话故事。上了大学，北京师范大学有一座很大的图书馆，多幸福啊！我很自豪，自己能在大学中阅读了足够多、足够广的书。记忆中的大一，几乎每天我都会去图书馆，尽管很多时候是去补觉，但睡醒后，总会看一本书。那个时候我总和自己玩游戏：闭上眼睛，任手指在书脊上游走，无论什么书，只要取下，就潜心阅读，直至最后一页。天文地理、法律教育、中外文学，算是浏览了，"看完"了，但没有留下什么深刻的痕迹。那几年,我逡巡于古典主义、浪漫主义与现实主义、现代主义、意识流、存在主义等大师之间,如饥似渴,读完了卡夫卡的《城堡》《审判》,马上读陀思妥耶夫斯基的《被侮辱和被损害的》《罪与罚》,略萨的《绿房子》与《城市与狗》,马尔克斯的《百年孤独》,莎士比亚的《哈姆雷特》《罗密欧与朱丽叶》《威尼斯商人》,我完全沉浸在外国文学作品中,以至于说话都带着那么一股"文学腔"。就是那样,我开始走上了文青之路。

我喜欢看各种各样的书,大人的、孩子的,简单好笑的、复杂深奥的,古代的经典诗文、现代的小说杂志,有时看看这本,有时翻翻那本。自然,我家里到处是书,随处都可以拿起一本。而更让我自豪的是,我还有好几张借书证,有学校图书馆的,也有上海图书馆的、北京图书馆的,只要我有时间,想看的书真是看也看不完。

还是说说最近在看的《北大那些人》吧。北大是中国的最高学府,以前在北京的时候经常去,对那里的一草一木了如指掌。到了北大,使劲一呼吸,吸进、呼出的,不仅仅是空气,还有智慧,聪明人的智慧!看到书中那些熟悉的、不熟悉的教授,我仿佛靠近了他们,聆听到了他们的声音。

据说,胡适上课的时候,很喜欢引用,比如引用孔子说的,就在黑板上写"孔说";引用孟子的,就写上"孟说";引用孙中山的,就写上"孙说";如果是自己说的,就在黑板上写——"胡说"。我看得哈哈大笑,捧腹不已。

不过,更多的是感人的故事,比如我喜欢的国学大师季羡林。有一次,他在路上走,遇到一个新入学的大学生。学生看他穿着中山装,很旧,人也很瘦小,以为是学校的工友,就请他帮忙看行李,自己先去报到。结果一去就是一个多小时,回来谢了就走。第二天在开学典礼上,学生才发现帮他看行李的是北大的副校长、泰斗级终身教授。可是,他却那样没有架子,平易近人。

还有一位叫黄侃的国学大师,读书时必正襟危坐,一丝不苟,白天不管多么劳累,晚上照样坚持读书到鸡鸣才睡,从来不曾改变。有一次,有位朋友来访,谈到深夜才走,客人走后,他仍坚持在灯下读书。就是在除夕之夜,街上爆竹声声,对他都没有一点影响。直至临终,他一面吐血,一面坚持把《唐文粹补遗》点校完才放下。

书中的故事很多，读书的、做人的、求学的、对待学生的，于书中我领略到一位位大教授、大学者的真性情。在书里，我笑着，对照着，也忍不住感叹着：他们才是真正的大师啊！如果能永远生活在那样的北大校园里，该是多么幸福的一件事！

也许，有好书读的业余生活也就是最让我感到幸福的业余生活了。

微点评

我的课余生活和小马老师的业余生活一样：阅读！

爱的表达需要细节！小马老师能把这么多书中的内容有意思地写下来，对书绝对是"真爱"！

小马老师经常跟我们说，一个人的阅读史，就是一个人的精神发育史！我也要像老师一样，看很多书！

学生习作

我也想知道你的课余生活，你对它是"真爱"吗？用细节来表达你对它的"真爱"吧！

我的课余生活

我的课余生活是玩拼图，一开始玩就不管睡觉了，坚持把它拼完再睡。

圣诞节时圣诞老人送了我一个拼图。刚到周末，我就请爸爸妈妈陪我一起玩拼图。到了深夜还没拼好，妈妈就劝我明天再拼，可我一心想拼完，于是我想了几个理由：万一夜里的时候，大风把拼图吹掉了呢？万一老鼠来把拼图弄散了呢？万一拼图自己散掉了呢？妈妈说："不会的，不会的。"我斗嘴斗不过妈妈，只好去睡觉。早上，爸爸妈妈都没起床，我就起床玩拼图，等爸爸妈妈起床，我都拼完了。

每一次拼图我都会比以前拼得快一点，在玩拼图的时候，我得到了许多乐趣,我自学了拼拼图的技巧。虽然这个拼图已经拼了很多次,但我还是觉得好玩、有趣!

—— 杭州市天长小学三年级　胡鸣洋

我的课余生活

我的课余生活丰富多彩,有游泳、拉小提琴和轮滑。其中,我最喜欢游泳。

我每天都游泳,一年四季每天都坚持游。我会游蛙泳、自由泳、仰泳和蝶泳。我最擅长的是自由泳,游起来飞快,像一条自由自在的小鱼。我蛙泳也游得很棒,双腿一伸一收往前一蹬,一下子就游出好几米,真的很像青蛙。

在泳池里休息的时候,我会跟队友们一起玩打水仗。我挥动着双手,拍击着水面,水花一朵一朵全溅开来了。朋友们也向我发起攻击,我像小鸭子一样一头扎进水里躲起来。我们大家都开心极了。

因为我天天游泳,身体也很棒。游泳给我的课余生活增添了无限的乐趣,我深深地爱上了它!

—— 杭州市天长小学三年级　吴俊乔

我的课余生活——画画

我最喜欢的课余生活是画画。我家里有一块小黑板,一面是白板,一面是黑板。只要一空着,我就会在上面画画。我曾经画过小动物赛跑、小黄人、史迪仔……画画给我的生活增添了无穷乐趣。

有一天,我在小黑板上画了一棵高大的松树。在松树后面,我又画了一座白茫茫的雪山作为背景。我在雪山脚下画了一片翠绿的竹林。为了给松树勾边,我用湿抹布围着松树的边缘擦了一遍。我把它拿给妈妈欣赏。妈妈惊奇地说:"这幅画,近看是松树。但是远远望去,竟然像一个戴了帽子的人,他还长着尖尖的胡子,太神奇了!"所以我把这幅画取名叫《人树》。

还有一次,我家里有很多客人要来。我在小黑板上用花体字写了"欢迎来我家",边上还画了灿烂的烟花,好像在欢迎客人的到来。为了更有创意,我还在画上加了"welcome",并画了箭头,吸引客人的注意。每个客人进来后,看到这幅画,都很开心,觉得我们很热情。画画能够提高我的想象力,能够让我快乐生活,我真是太喜欢画画了!

——杭州市天长小学三年级　章佳人

我的课余生活

我的课余生活是打高尔夫球。每当有时间时,我就背上我粉红色的可爱球包到球场去练球。我的教练姓袁,他黑黑的、壮壮的,打球很好,不但姿势好,而且一杆下去球就能飞出200米呢!有时外公外婆也来看我打球,我就会打得更好一点,让袁老师也大吃一惊。

我已经打了一年了,我现在可以打到100米了,这中间发生过很多好笑的事情,我就给大家讲一件最好笑的事吧。有一次,亲爱的外公外婆来看我打球,我当时特别想发挥出我最好的水平。我使出九牛二虎之力打了下去,可万万没想到用力过度,球杆"叭"的一声断了,这时,树枝不摇了,鸟儿不叫了,蝴蝶停在花朵上不飞了……我真想找个洞钻进去呀,过了一会儿大家都哈哈大笑起来,我也不好意思地笑了。

我爱我的课余生活,因为我爱在大自然中生活!

——杭州市天长小学三年级　张雅淇

长绳比赛

小马老师

　　跳长绳是一项集体运动,要玩转跳长绳,跳得又多又好,而且上绳和下绳都能躲开长绳,避免被长绳抽到,这可是门学问。最近,同学们为了长绳比赛练得热火朝天。比赛那天,场上超常发挥,场下奋力呐喊,好不热闹……

小马老师的专栏

照片里的长绳比赛

　　昨天学校举行长绳比赛,无奈我高烧不退,只能在家期待。看着小朋友们跳长绳的照片,知道他们把平时训练时我唠唠叨叨说的话记到了心里。看着这一张张活力四射的照片,我如置身比赛现场。

　　"把外衣都脱掉!""红领巾别忘了摘下来!"劳心的茜雅开始提醒大家。快开始了,只见小杜屏息凝视,眼睛随转绳子而晃来晃去,手摆动了起来,腰微微向前探出。小郁咬紧牙关,屏住呼吸,腿部弯曲,使劲配合着高高的小杜。站在长绳队伍最前面的恬恬就像一把弓,哨声一响,似弓放出了一支箭,向前冲去,如闪电般钻入绳影之中,又以迅雷不及掩耳之势蹿出。绳子如同一条狂舞的长龙,不断俯冲大地,同学们接连冲上去,飞快地轻轻跃起,用力挥动手臂,"嗒——"又一个漂亮的串接,犹如穿珠子一般干脆利落、畅快淋漓。孩子们按照训练时的位置一个个紧随其后,在阳光的照耀下,跃动的他们像蜜蜂采蜜一样跳起了那优美的"8"字舞。抡起的绳子越来越快,犹如一道银弧。银弧之中,孩子们有的将手抱在胸前,像松鼠般上蹿下跳;有的将双手牢牢贴住裤缝,像袋鼠般蹦起又落下;有的不由自主地将手举过头顶,像猴子一样左右跳跃……突然,有人被绊了一脚,大家马上进入"冰河时期"——停住了,速度慢了下来,没关系! 甩绳手立即四目交接,深呼吸一下,空甩两次,"嗒嗒……"队伍又接上了,节奏又续上了! 连候选队员都不是的"铜豌豆"这回因为队友的病假替补上场,他的确给力,反应很是机灵,没有磨合便融入了 15 人的队伍,如水花溅入小溪,自然而从容。

很欣慰,有了平时的训练和团结,关键时刻,我不在身边,你们依然努力,赛得精彩!

🍃 微点评

小马老师,虽然你不在现场,但能根据图片观察场景,写出我们的状态,真神!

跳绳的队员和拉拉队员的一举一动都那么有意思!

大家跳绳的姿态各有各的不同,呵呵,我就是松鼠跳!

🍃 学生习作

长绳比赛我们都在场哦,激烈的场景看得我们小心脏扑通扑通跳个不停! 记录下这激动人心的场景吧!

跳长绳比赛

昨天,我们学校举行了长绳比赛,每个队员都做好了热身运动。

随着哨子声响,比赛开始了,我们班的队员排着队,一个一个地轮着向长绳中间跃去,悠然地在绳子中跳着,像一只只轻盈的小蝴蝶在草丛中飞舞,又像一条条灵活的小鱼在大海中穿梭。啦啦队的队员们都在高声地喊着:"加油!"场面上一片热闹的气氛。我呢,也在一边帮着大家数个数,可就在最后的时刻,我们班跳绳居然中断,眼看快要输了,大家的心都怦怦直跳。但是经过队员们的齐心协力,全力以赴,我们班力挽狂澜,反败为胜,最后获得了优异的成绩。

我觉得我们这次能取得优异的成绩,和队员们平时的努力是分不开的。

这让我想起一句名言：任何成就都是刻苦劳动的结果。

这次虽然只是一场跳长绳比赛，但是它也让我懂得了很多道理。

——杭州市天长小学三年级　卢斯梵

跳长绳

准备了好久的跳长绳比赛今天终于要开赛了。我们一个个高兴得手舞足蹈。参赛选手、甩绳选手还有啦啦队员都准备好了，就等裁判吹响哨声了。

裁判一声令下，长绳"呼呼"地在空中飞舞起来，"啪嗒，啪嗒"的声音打在地上，一唱一和好像一支欢快的乐曲。参赛选手排成长队一个接着一个跳过去，有的像小鸟身轻如燕，有的像松鼠活蹦乱跳。啦啦队也很卖力，热情地喊着"2班加油"！"一个，两个，三个……二百九十一！"哨声响起，比赛结束了。

裁判报数了，我们都紧张地屏住呼吸，"三(2)班第一名，291个！"我们高兴得欢呼起来，同学们都露出了笑脸。

——杭州市天长小学三年级　吴俊峇

一封家书

小马老师

告别喧闹的大都市,兴高采烈地踏入恬静悠闲的小村镇,耳边不再传来杂乱的噪音、匆乱的脚步声,取而代之的是和谐的自然音律:悦耳的鸟鸣声,潺潺的流水声……浸润在自然的怀抱中,尽情享受大自然赐予我们的和风细雨。

小马老师的专栏

一封家书

亲爱的孩子们:

小马老师用这种形式与你们交流,你们喜欢吗?

生命与生命的相遇多么奇妙!你们的热情深深地打动了我,慢慢地,我的心中对你们充满了期待。春天,从来都是自然的骄傲,单看那操场上欢呼的你们,就能让我从内心升腾起一种特有的豪迈,于是,这个春天,我心中只想着一个目标:让你们像小树一样自由地成长!

这个春天似乎来得特别早,在这个躁动的春天里,我们共同经历了一些事情:一起找春天,一起保护树朋友,一起排练"班班有歌声",一起读更多故事书,一起送走老朋友,一起迎接新朋友……我们在一起享受着成长的乐趣,也不得不经历拔节的阵痛。我们在经历更多的同时,也暴露出了不少问题。最近对你们板着脸的时间增多,真是抱歉。知道吗?尽管有时你们很顽皮,注意力不集中,但一看到你们活泼玩耍的笑容、认真劳动的汗水、热情大方的招呼、端正书写的姿态、凝视书本的专注……我的嘴角就会不自觉上扬。

我们共同生活在一个大家庭,彼此都是家人。遇到困难,我们积极面对;面对春天的躁动,我们想尽办法疏导你们的浮躁。世界上只有两种动物能到达金字塔:一种是老鹰,还有一种就是蜗牛。老鹰凭借着高超的飞翔本领飞到金字塔塔顶,而看上去不起眼的蜗牛,依靠的是永不停息的努力。

加油吧,孩子! 在努力的过程中你会发现:面对越来越多的事情,我能行! 你会感受到:解决问题、克服困难,原来是那么快乐!

最近被你们吵得一个头两个大但始终爱你们的小马老师

2017 年 3 月 18 日

🍃 微点评

嗯,写信是一种很不错的沟通方式! 我犯错了,也能这么认错!

小马老师的署名真有意思!

从这封家书中,我读出了小马老师满满的爱!

🍃 学生习作

写信是传情达意非常重要的表达方式,尤其是不好意思直接说话时。家书抵万金!

一封家书

亲爱的妈妈:

如果时光可以倒流,我不会再好奇马桶刷的功能,把家里弄得脏兮兮的。

如果时光可以倒流,我不会再玩锁了,把自己反锁在房里,要你们砸了锁来救我。

如果时光可以倒流,我不会再乱咬东西,把才戴了一天的"金娃娃",咬成了金饼。

如果时光可以倒流,我不会再玩玻璃杯,打破了还踩一脚,让玻璃扎进了脚底板。

妈妈,不管时光可不可以倒流,我都是你的小宝贝,我永远爱你。

献上一千又一个吻　阿　翰

——杭州市天长小学一年级　许振翰

一封家书

亲爱的老妈：

我想让您多带我出去玩，去看看外面的风景有多美。

我想让您天天在家陪我。

我想您有健康的身体，不要经常生病。

我想您不要变老，不要再生白头发和皱纹。

我爱您，想一直跟您在一起。

最后，妈妈，其实我很想养一只龙猫，很想很想，能不能在我达到爸爸的要求以后让我养一只呢？

关心你的女儿

——杭州市天长小学一年级　王辰毓

一封家书

亲爱的女儿：

时间过得很快很快，我的记忆仿佛还停留在"抱着小小的你从医院回家的那一瞬间"，转眼间你就从一个软乎乎的"小肉圆"变成了一个亭亭玉立的小姑娘。

我永远记得第一次你放开我的手，自己一个人走进幼儿园的大门，第一次自己睡在自己的小房间，第一次背起书包上学校，第一次拿回100分的考试卷……我知道你将会有更多的"第一次"在我面前展现。这也意味着你将逐步飞向你自己的天空，越飞越高，越飞越远。

一时间有许多的话想对你说，但是又怕现在的你不理解。所以我尽量说得直白一点，希望这封信能给你带来更多的快乐和自信、更多的帮助与鼓励。

你的出生虽然在我的计划之外，但却是我这辈子最美丽的意外，给三个家庭都带来了无尽的喜悦，你要相信我们大家都非常爱你。虽然我们爱你的方式可能有些不一样。

平时我的工作比较忙，没有相对固定的休假日，所以不能像其他爸爸妈妈一样陪着你，以至于你常常会要求我放弃工作在家陪你。但是你要记住，要做一个独立地、能平静应对生活各种变化的人，需要永远往前走，保持着好奇心，有求知的欲望，有不断积累的心思，这样才能跟上社会的快速变化。我将和你一起学习、进步。今后我将努力在能力范围内最大限度地陪伴你旅行、学习，探索各种奥秘，直至你不再需要我为止。

虽然我对你的学习方面要求比较严格，但其实我并不在乎你考试的分数有多少。我希望的是你能有一个良好的学习习惯，这能让你一生受益。我始终相信只有通过自己平时的努力，获得的好成绩才是你学习上的最好礼物。

你觉得我现在压着你学习英语、国画等兴趣班非常讨厌，你甚至排斥这些，但是请相信我，在你成年以后，自己独立面对这个社会时，这些曾经学过的东西会给你的生活增添更多的色彩。至少妈妈现在就是如此，小时候外婆压着我学习的绘画、历史，让我受益至今。

我希望你能有棒棒的身体，能养成认真、仔细的做事态度，持之以恒的学习精神。我们可以做不好，但我们必须努力去做。我希望你在今后的学习生活中再勇敢些，敢于说、敢于做、敢于承担，做一个有担当的人。

谢谢你，我可爱的女儿，从你身上我学到了很多知识，我也要改正我的缺点。是你让我感受到生活中的乐趣，让我觉得生命更有意义，我很爱你，让我们一起努力进步吧！

永远爱你的妈妈
——王辰毓的妈妈

一封家书

亲爱的爸爸、妈妈：

妈妈求你了，别再生气了好吗？我一定好好学习。妈妈你也温柔点，我永远爱你！爸爸你好温柔，你很好，我永远爱你！

亲爱的黄孙仁
——杭州市天长小学一年级　黄孙仁

一封家书

亲爱的爸爸：

你好！儿子在学校里很开心，学到很多知识。你最近一直很忙很辛苦，要多注意身体,我很想你。

爸爸,我开始喜欢阅读课外书了,小马老师也表扬我,说我进步了。

爸爸,我知道我在慢慢长大,你在变老。我会努力学习,时刻要求自己。

你的儿子　戴腱青

——杭州市天长小学一年级　戴腱青

家　书

亲爱的爸爸妈妈和爷爷奶奶:

这是我第二次给你们写信啦!

上次我说想养一条可爱的小狗,你们考虑得怎么样啦?

虽然上次你们和我说,养小狗要喂它吃饭、给它喝水、带它散步、帮它洗澡,这些我都没法自己完成,但我可以学呀。

我想有一条可爱的小狗能陪我一起玩耍,爸爸妈妈工作很忙,很少有时间跟我玩,爷爷奶奶年纪大了,没法跑跑跳跳、追追闹闹。可是我就这么喜欢玩呀,所以我强烈要求让我养一条可爱的小狗!

请爸爸妈妈和爷爷奶奶再好好考虑一下吧。

坚持不懈的沅熙

——杭州市天长小学一年级　张沅熙

一封家书

亲爱的妈妈:

你在美国都好吗?工作忙吗?每天喝牛奶吗?你的学生会讲中文吗?他们的成绩好不好?最近学校民乐团给我办了一场钢琴、二胡音乐会,我的表现还算不错吧!周老师、金老师、马老师、徐老师,还有外婆、嘉宾和主持人都付出了辛苦劳动,我很感激他们!

想念你的威廉

——杭州市天长小学一年级　解威廉

手　套

小马老师

在寒冷的冬天,我们需要手套保护双手,它们总能给人带来温暖。当"手套"遇见孩子们,会有什么温暖而有趣的故事发生呢?

小马老师的专栏

手　套

化雪,寒风刺骨,我收到远方寄来的一副手套,是一位暖心的学生送给我的冬日礼物。

记忆中,她喜欢动手,不善思考,我曾经鼓励她做手工,为她搭建展示平台。她的学习生活很愉快且有成就感,针线活、十字绣都做得精致灵动。这手套像串香甜的葡萄,甜蜜了我的冬夜。

戴上这手套,针织的颗粒感唤醒了我的神经末梢,手指似找回了故友,熟悉感油然而生。正反针的手法,凹凸有致,织出良田万顷!

我是十分怕冷之人,却很少戴御寒之物,譬如帽子、围巾、手套、耳套一类,主要是不喜欢被束缚。在北京读书时,呼啸的北风会在我脸上、手上割开一道道细小的口子,密密麻麻,纵横交错,像极了龟裂的老松树皮。那时候骑车,常常忘记戴手套,往往下车时手指已经成了冰棍,难以弯曲,伸进口袋,空空荡荡,特别不灵活。记笔记,写作业,不摘手套,字就写得歪歪扭扭,像蚯蚓一样难看。

曾拥有的手套不少,羊皮的、毛线的、针织的,都已不知去向。我曾很喜欢一双红手套,它有着最简单的纹理,陪我逛完玉渊潭后,再也不知去向,是成为老鼠的冬床了吗?

这让我想起了曾给孩子们读过的故事《手套》:一个老爷爷带着一条小狗去森林里打猎,走着走着,自己的一只手套掉在了雪地里,有一只小老鼠跑过来,住进了里面;过了一会儿,来了一只青蛙,也住了进去;然后狐狸、狗熊、野猪接二连三地出现,都住进了大手套里面……它就像一只有魔力的手套,多少动物都能住进去,真是有想象力! 我的手套会不会成了小狐狸的手套! 要知道,在新美南吉的《小狐狸买手套》里,小狐狸是多么需要一双手套保暖啊!

　　无论是在故事里还是生活中,手套多作为保暖、隔热之物件,但查阅手套的起源,方知古希腊人进食时是用手抓饭的,要戴上特制的手套,手套的功能和我们中国人使用的筷子功能相同。所以,手套曾是用餐抓饭工具,真是有趣至极! 手套在中国古代并不很是普遍,或许是因为汉服的袖子宽大,可以避风暖手,又或者是古人们习惯将双手抄在胸前的袖筒内。直到清朝后期战争频发,手套才在军队里渐渐广为使用,尽显干脆利落。今天,我们常常能从电影里看到这样的场景,摘下手套拿在手里,那是一种潇洒与闲暇,把手套扔在对方的面前,那是向对方宣战。

　　感谢这紫莹莹的、暖暖的、能容得下我僵硬手掌的手套。这一刻,伴着痒痒的触感,暖流从掌心蔓延至心窝。大概师生一场,也就是这样,彼此温暖,彼此祝福!

🍃 微点评

一双毛线手套,不仅有保暖的功能,还能打开回忆之门呢!

原来手套也有特别的历史呀!

手套带来暖暖的感觉,小马老师把这种感觉写得真细腻!

🍃 学生习作

冬天,你也一定会戴上温暖的帽子、围巾、手套……你感受到温暖了吗? 你传递温暖了吗?

手　套

　　一天,狗熊在外面玩,手被冻僵了!

狗熊就到远处的手套店买手套。

但是,手套店是小鸟开的,都是很小的手套,狗熊的手掌戴不下!小鸟说:"别伤心,我帮你做一双吧。"狗熊擦干眼泪,高兴地说:"好!"小鸟说:"你把手印到雪地上,我量一下尺寸,帮你再做一双吧。"

小鸟开始做了,它先从抽屉里拿出一团灰溜溜的毛线团,刚好和狗熊手掌的颜色是一样的。然后它拿起织毛衣的针,开始一针一线地织起来,只见它左一针、右一针、上一针、下一针,很快手套就织好了。小鸟把手套给了狗熊,可狗熊看了却说:"不行,这手套我戴不下,我的爪子这么尖,而手套上却没有孔,爪子露不出来,会把手套刺破的,小鸟,你再给我在手套上留几个孔吧!"小鸟说:"好,我这就去弄。"

手套做好了,狗熊戴了一下,高兴地说:"哇,手套好暖和,又很舒服,给我戴正合适,谢谢你,小鸟!"

狗熊有了这双温暖的手套,从此以后再也不怕冷了。

——杭州市天长小学二年级　陈沈旸

手套王国

有一天,小明来到了手套王国,那里全是手套,有红的,有白的,有蓝的,有黑的……色彩缤纷,好有趣!

小明先走进了绿手套里,那里是青青的草地,他在草地上放风筝,捉蝴蝶,玩得好开心。

小明又走进了蓝手套里,那里是澎湃的大海,他在海边晒太阳,堆沙城堡。

小明又来到白手套里,那里是冰雪世界,有冰雕滑梯、冰雕秋千……小明玩到天黑才回家。

最后,小明跑进了黑手套里,那里居然有蝙蝠,他吓了一大跳,猛地从床上跳起来,原来这一切只是一场梦!

——杭州市天长小学二年级　王翊泽

手套姐妹

从前,有一对手套姐妹,一阵风把她们吹分离了。

兔子比菲把手套妹妹带回了家里,可手套妹妹还是很伤心。

小鸟西米把手套姐姐带回了家中,可手套姐姐伤心极了,低头不语。

为了温暖,小鸟和手套姐姐下地找树枝,可是她们迷路了。

这时,手套姐姐看见了妹妹:"妹妹!"

手套姐妹终于团聚了,小鸟西米和兔子比菲也成了好朋友。

——杭州市天长小学二年级　张乐涵

围　　巾

秋冬是系围巾的季节,各式各样的时尚围巾不仅保暖,还能给你的整体装扮加分。你的脖子上是否也系着那么一条围巾呢?

小马老师的专栏

围　　巾

晚上七点半走出校门,脖子空落落、凉飕飕的,我不得不缩短了脖子,尽管不优雅,也好过被寒风虐。出门匆忙,围巾未系,顿时怀念围巾的温暖。

最近常系黑灰两面的麻线围巾,素雅恬淡,不失英气,想来伴我也已五个春秋。买它是在上海多伦路文化街上,小店门口挂着数条围巾,我当时一眼就看中了它的质朴、粗糙,却也清爽。围上很有五四青年的感觉,恰应了那古街里的民国气质。要知道,那里曾住过众多民国时期的文化名人,比如鲁迅、丁玲、茅盾等,白崇禧、孔祥熙这些当年上海滩的大人物的公馆也建于此。买下后我时常围,它简直是百搭!但女人的衣橱里永远少一条围巾,所以年年购买,去年的水墨风格围巾,前年的黄色围巾……但还是习惯它熟悉的气质。这也就是围巾和人的契合了!

一个人的气质怎么可能几年就变呢?围巾们被以各种方式缠绕于脖颈间,悬挂于胸前,春日优雅,夏日时尚,秋日文艺,冬日温暖,是生活的贴心点缀。

不禁想起电影《一个购物狂的自白》里女主心心念念那条普位达(Prada)绿围巾的情节,围巾已经不是二尺布,而是自信与自爱的象征,是优质生活的象征——未免太过浮夸!

老底子中国人用毛线针编织的围巾更有温暖的张力!

今天和孩子们分享绘本《好长好长的围巾》：老鼠奶奶用毛线针给马林织了一条好长好长的围巾，这条围巾还救了摔入悬崖的小伙伴们。但围巾给马林一人不合适，老鼠奶奶于是拆掉分给小老鼠们，一人一条红围巾，老鼠奶奶真有办法！我也想起自己的一条毛茸茸的紫色围巾，陪伴我足足有十年了，是去北京读大学前老妈用钩针勾编的。也就在那时，我学会了使用钩针，勾编出了自己喜欢的桌布！读大学时，这条围巾陪伴我抵御北京凛冽的寒风。我喜欢抚触它时的温馨，犹如触摸冬日暖阳。虽然它不像《爸爸的围巾》里的那条围巾，会陪"我"做那么多事，让我勇敢乐观，但它就那样飘荡在我胸前，充满生活的气息，充满家的味道，充满来自远方的思念！

微点评

围巾里面有小马老师的很多回忆！

围巾是气质的表达，我妈妈戴围巾也很有气质！

描写生活中的事物，还能把阅读过的相关故事也联系起来！我喜欢《好长好长的围巾》。

学生习作

对于长长的围巾，不同的人会有不同的用途，你的围巾是给谁准备的呢？

丝绸做的围巾

在一个阳光明媚的早晨，小松鼠可可在树屋旁，用丝绸做围巾。

可可做的围巾，一会儿红艳艳的，一会儿绿油油的，一会儿白花花的……

但是丝绸围巾太长了，不知道可可的妹妹林林喜不喜欢。

林林来了，说："好长好长的围巾呀！"

"我们一起披这条围巾吧！"可可说。林林点点头。

——杭州市天长小学二年级　涂新颖

小老鼠和围巾

老鼠在家里准备出门，一出门，一条"蛇"就"扑"了上来。可是，"蛇"一"扑"上来就"死"了。老鼠上前一看，是条围巾，真是把它给吓死了。不过，围巾很好看，老鼠把它带了回去。忽然，刮起一阵风，吹来了一只"手"。"手"的口子把老鼠给捉住了。老鼠把"手"翻开来一看，是一只手套，但他又看到了一条真蛇。老鼠以为又是围巾，就抱住蛇，蛇刚想吃了老鼠，看到手套就跑了。

小老鼠明白了，原来是一条真蛇，这条围巾差点让它送命，而这个手套却让它"蛇口逃生"。

——杭州市天长小学二年级　陈文昊

匆　忙

小马老师

朱自清曾写过一篇脍炙人口的散文——《匆匆》。文章紧扣"匆匆"二字，细腻地刻画了时光流逝的踪迹，表达了对时光流逝的无奈和惋惜。但匆忙已经是现代社会的常态，来看看老师和同学们的匆忙状态吧！

小马老师的专栏

匆　忙

三步并作两步飞奔，雾霾被我撞散了，石板下的积水差点与裤腿亲密接触，用飞跑的姿态过安全闸门，用猴子捞月的速度拉出尚在闸机里接受 X 光照射的手包，左手掀开包盖右手掏磁卡，"嘀嘀嘀——"不好，开往湘湖的地铁已经进站，滑雪一般三梯并作一梯下楼，最近的那片黑压压的人头里，挤进了一个我！

长吁一口气，开始轻轻地把热得冒汗的右手从厚重的外套里解放，紧接着，鲤鱼翻个身，利落且不动声色地把左手解放，将如浸泡了一夜的面皮般的外套搭在左手腕上，右手开始擦汗！细细密密的汗珠从额头、鼻尖渗出，我能清晰地感觉到后背已经流淌出一条河，并即将在腰部尾椎处汇成大海。

"姐姐，你的衣服是穿反了吗？"挤站在我旁边的孩子笑眯眯地看着我，肥嘟嘟的脸上有两个可爱的笑窝。"啊……"我一愣，说的是我吗？借着仅有的低头垂目的空间往自己身上一看，果然，蓝色的大象被我穿在了里面，肩头还有袖子和肩膀的接缝线……"谢谢提醒，早上太匆忙了！"我忙不迭感谢，眼睛都不知道该放哪，顿时一阵茫然：我是穿上外套遮一遮呢，还是坦然面对，散着热将错就错？事实上，舒服远比风度要紧！低头看手机，权当不知情吧！

"嘀嘀嘀——"闸门开了，寒风扑来，把我解救，左手一套，右手一捅，外套牢牢包裹住了穿反的内衫,天衣无缝!突然,朱自清的"在逃去如飞的日子里,在千门万户的世界里的我能做些什么呢?"又浮在空中,新一轮马不停蹄地疾走又开始了!据说每天最好的锻炼就是疾走。青春就像时间的沙漏,我们在失去的同时也在得到,感谢这匆忙,珍惜这年轻的匆匆!

微点评

小马老师的动作真有趣!我上次也因为匆忙不小心穿了拖鞋上学。

小马老师的匆忙真是一波三折!我也坐地铁上学,有时匆忙得鼻子都贴上闸门啦!

匆忙的时候真是手忙脚乱啊!

学生习作

今天早上起床我就很匆忙!我们上学就更匆忙啦!匆忙的事可真有趣!

匆 忙

今天我很烦,所以在床上多睡了一会。结果,快迟到了。我一把抓过床头凳子上的衣服,开始慌慌张张地穿起来。衣服这时候真不乖巧,我扣扣子的时候一个也扣不进去!

终于把扣子扣好了,裤子的麻烦又来了,差点穿反了!!袜子更是气人,另外一只刚刚还在凳子上,现在怎么不见了?讨厌!刚想发怒,结果在床底下发现了它,在和我躲猫猫吗?早上这么紧急,怎么可以这么不懂事呢?还有……

——杭州市天长小学三年级 何雨琪

匆 忙

老妈去南极了,老爸当家,格外匆忙。

早上被爸爸摇醒,叼着个蛋饼,拿了一个面包,背上书包就飞奔大门,好不容易才到了停车场。一看,发现车子踩着个踏板上了天,等了大半天车子才飞下来,我一上车,爸爸就带着我开车飞出了停车场。

　　在路上我一边吃一边读英语,到了学校,发现还有一些面包没有吃完,我就把那些面包猛地塞进嘴巴里,背上书包飞奔到教室。

——杭州市天长小学三年级　沈佳玮

匆　忙

　　冬爷爷的胡子白了后,我就不肯起床了!

　　妈妈把被子一掀,把我从床上拉了下去。我眯着眼睛赶快刷牙洗脸。我用力地一挤牙膏,结果牙膏像虫子一样飞奔出来,黏在了牙刷柄上,我顾不得擦,立即把牙膏往嘴里塞,我又用牙刷使劲地上下来回刷。我的速度越来越快,觉得快要吐了。后来我又赶快漱了漱口!

　　冬天的早晨可真是匆忙啊!

——杭州市天长小学三年级　赵奕程

家

小马老师

家是孩子们每天都待的地方,在这里有温暖,有开心,有欢声笑语……不同的家有不同的故事,让我们一起来看看孩子眼中的家。

小马老师的专栏

家

有的时候加班很晚,或者在外吃饭很迟,双腿真的就如灌铅——走不动了。但只要环顾四周,便立即幡然醒悟:办公室不是家!宾馆更不是家!得,为了那熟悉的气息,就回到那遥远的空间里吧!家是什么?这个话题太杂,油盐柴米、亲人、宠物……

这个话题太老,太多人说。角度不同,观念不同:说家是盒子,有空间才有家;家是爱,有爱哪里都是家;家是人,重要的人与你一起就是家……谁也说不清,谁也说服不了谁,或者本不需要说服。今天与老友相聚,谈及曾经的家园,满心温暖,那是青春年代甘之如饴的家。与友人坐地铁夜归,谈及她去安徽出差时在当地一个极为普通的寺庙缘见肉身菩萨,虔诚跪拜,诵《金刚经》,放下一切,心静神息,是以开阔。回来后释然坦怀,偏头痛也好了很多,也更有力量面对妈妈的病,是为信仰之家的力量。

踏进小区的那一瞬间,我心亦踏实,一天的疲惫皆已遁形。摸出钥匙,"咔嚓",厚重的门打开,花边灯罩的昏暗灯光映照着蓝色大海,气氛平静而友好;紫罗兰的味道让整个小房间的布置显得亲切而又用心;柔和色调的窗帘和家具飘散着一丝淡淡的香气。书桌上摆放着温润的多肉,镶在玻璃下的照片,餐桌边角隐约萦绕着西柚的清香。卧室侧方挂着一个白色的威尼斯小镜子,走近,里面映射出一张还快乐着的脸,一天的委屈通通烟消云散……

那张床足以融化掉心上的冰雪寒霜，所以，再晚再累，也得回家。想起有一次加班到晚上九点，没有勇气把自己扔进寒夜中，想和衣睡办公室，谁知抬头恰看到摆在案头的台湾作家任祥的《传家》，念头即刻崩塌：即使只是躺躺，也得回家！家是白顶蓝墙绿窗帘，家是柴米油盐酱醋茶，家是自己对自己的拥抱和疼惜。亦舒曾在《你若安好　清风徐来》里写，家是儿和女，家是爹和妈，家是一根扯不断的藤，藤上结着酸甜苦辣的瓜。我愿伴着这酸甜苦辣的瓜，慢慢长，慢慢长……

微点评

家的一桌一椅都透露着温情，小马老师，我能去你家参观吗？

文章开头的心理活动让我读出了对家的向往！

家是温暖的港湾！

学生习作

每个人都拥有一个家，你的家是怎样的？在你心里最静谧的深处，家是什么？用上心理描写，写写家在你心里的感悟吧！

我的家

我的家温暖而舒适。每天，白头翁把我叫醒，水仙花把我的睡意赶走，巧克力让我的速度变快。我家每天都有新鲜事，比如爸爸太晚回来就补偿我巧克力棒，还给我洗脸；也会有争吵，比如我和爸爸因为想玩的游戏不同而大吵一顿，比如妈妈和我为了一个面包而各自生闷气，不理睬对方……但我们最终都和好了。我真的喜欢我的家，我的家真舒适、真温暖！

——杭州市天长小学二年级　叶恬恬

家

我有一个家，一个可爱的家，一个温馨的家，我的家虽然很小，但非常美。

家里爸爸是老大,他每天上班,很累很辛苦,下班回家都五点了,不过都是为了我的将来做准备。

家里的老二是妈妈,家里的卫生她全部包了,买菜、拖地、洗衣、烧菜她全包了,家里的一尘不染就是这个伟大的妈妈的成果。

家里我是老三,我最小了,我是爸爸妈妈的小棉袄、小服务生,我现在的任务就是:好好学习,天天向上。

这个家好玩吧!

——杭州市天长小学二年级　徐茜雅

家

我的家是一个温暖的家,我的家里总有好玩的事情和好吃的东西。

有一次,我们的晚饭是土豆开心饼,我们当然不会去买,而是自己做。开始做了,我们全家总动员。勤劳的妈妈首先把土豆煮熟,捏了一块大大的土豆饼。我马上拿出模子在旁边等候,接过妈妈捏好的土豆饼放在模子下,一按模子,一个好看的土豆开心饼就做成了。爸爸把我做好的土豆饼在烤盘上摆好,放进烤箱。我们就这样合作着,做了许多各种各样的土豆开心饼,一口咬下去,外脆里酥,真好吃呀!

全家努力的成果果然不一样呀!

——杭州市天长小学二年级　卢斯梵

家

我记得有一次我们全家一起做饭,我当时负责端盘子,奶奶炒菜,妈妈切菜,爸爸打小工。

首先,爸爸疯狂地冲进冰箱,拿好指定食材,紧接着我们也开工了,妈妈开始飞快切菜。"咚咚咚"一阵响声过后,一大盘的菜出炉!奶奶开启"暴走"模式,"唰唰唰""吱吱吱",一下子十几盘菜出炉了!我开始飞快地端,一次两盘,一次两盘……终于,我们吃上了饭。

——杭州市天长小学二年级　李雨凡

家

　　家是一个港湾,很温暖。妈妈做家务,爸爸去买菜,我呢,就是一个普普通通的学生,早上6点起床,下午4点回家。虽然我们有过许多次吵架,但是每次都会处理好。

　　家是完美的。我记得我和爸爸妈妈一起认真看书,像条小鱼在书海里遨游。我坐在书桌上,看我最喜欢的《宝葫芦的秘密》,有的时候忍不住哈哈大笑。妈妈静静地坐在沙发上看书,阳光照在她的脸上,十分优雅!爸爸坐在单人沙发上开心地看杂志,一动不动地,就像那座雕塑——沉思者。我们一家人都沉浸在书的海洋里,连那个闹钟都变得不声不响了。

——杭州市天长小学二年级　王翊泽

她 哭 了

小马老师

人有七情六欲、生老病死，但这简简单单的"她×了"，却牵动了一个肉体的每个神经，每个举动。"她病了"，"她哭了"，这个她，就是这位外表坚强内心柔软的小马老师啊！

小马老师的专栏

她病了

她头上被冰雹般的寒气绕了一圈又一圈，几根头发贴在额头上。鼻翼微弱地翕动，空气在眼前打了结，冻成了刺人的冰凌。尽管她梳洗干净，穿戴整齐，但那份单薄和虚弱却是无法掩饰的。课堂上，她闭上眼睛歇着，一会儿又睁开来，乏力地看看，还是觉得累，就又闭上了。周围的声音好像从远远的太虚世界传来，极不真实。眼珠子撕裂般疼痛，就像两团火在燃烧。舌头木木的，什么味道都尝不出来，这是打了麻醉药的舌头！喉头黏糊糊的，是扁桃体在膨胀。她身体的免疫系统艰难地与感冒病毒抗争，"不舒服"如期而至，兴高采烈地占据了她的感官高地，是的，高烧来了，今天。她挣扎着从椅子上坐起，苍白的面庞因痛苦而扭曲，细细的汗珠从她的额头渗出，每移动一下都好似巨大的折磨。那脸色是那么憔悴，多么苍白，声音没有以前那么嘹亮，变得沙哑起来。她的身体所有的功能，甚至呼吸，都受到影响。她感觉头晕眼花，看东西也很模糊，整个人感觉轻飘飘的，好像漂在大海里的烂树叶，软绵绵的。每挪动一下都是那么艰难。她强撑着，犹如一根钢柱支起她的意志。回家时，她的脸色开始变青，好看的眉头皱成了"川"字形，她尽量控制住自己，用手轻轻地按住太阳穴以减轻疼痛……尽管已开着空调，盖着厚厚的被子，她依然感觉体内冒着寒冷的毒气，如置身火海，又如独处冰窖……

漫漫长夜,她病了,滚烫的身体包裹着一颗冰冷的心……

睡吧,明天又是一个全新的世界。

微点评

老师,生病时真难受! 所以我们要照顾好自己!

小马老师,你不能再生病了! 我们可想你啦!

生病时的面部表情真丰富! 用第三人称来写自己,旁观者清?

学生习作

一场小小的感冒却牵动着身体内的每一个细胞。观察你身边的同学,用笔写下他们的喜怒哀乐。

她哭了

她哭了,因为她不是万能的人。她的眼睛红了,眼泪一滴滴地流了下来,她的鼻子红了,看上去那么难过。她的嘴巴白了,可能是因为伤心咬的吧。

她的脚和手在颤颤地发抖,让别人感到也很伤心。她说话小声了很多,温和了很多,也让我们失去了紧张感。她在慢慢恢复时,说话还是小声温和的,很让我感动。

——杭州市天长小学三年级　叶陈达

她哭了

她哭了,

鼻子上的眼镜落了下来。

她哭了,

我们只好坐好认真听。

她哭了,

眉头皱得比蛇还弯。

她哭了，
苍蝇捂上了耳朵。
她哭了，
蜜蜂飞回了蜂房。
她只要一笑，
一切就都会好转的！
都会好转的！

——杭州市天长小学三年级　曹　众

她哭了

她哭了。

早晨雨刚刚下班，中午雨在教室里哗啦啦地下着，伞打了上来，雨就这样不停地下着。

"天"红彤彤的，玉泉般的雨"哗"地下下来了，她慢慢举起一把粉红色的"小伞"，天越来越红，"小伞"拿出的次数上万，可雨还是不停，一直哗啦啦地下着。

"草"慢慢地动了动，不知道是不是还是湿的，粉白色的"花朵"开开合合，是因为什么？因为雨一会儿下着，一会儿停了，所以开开合合的吗？很有可能。

——杭州市天长小学三年级　陈　郁

她哭了

她哭了，她哭了。

眼睛红了，鼻子堵了，泪水"嗒嗒"地落了下来，就像早上下的小雨。她声音也沙哑了，眉毛皱着，手握着拳，看似好委屈。她一边讲话，一边哭，声音也一抖一抖的，好似心爱的小动物丢了，又好似一只小鸟失去了妈妈……

她哭了。

——杭州市天长小学三年级　仲雨欣

落叶银行

小马老师

当你看不清回家的路时,有路灯为你指引;当你生病时,有妈妈给你无微不至的关爱;当你的手受伤时,有人给你创可贴;当你遇到困难时,有人向你伸出援助之手……生活中有很多事物,都是令你感动的,而且,有很多方式让你感动,比如落叶。

小马老师的专栏

落叶银行

不爱说话的北极熊在银杏叶上画了弯弯的眼睛、弯弯的小嘴,送给了小马老师。

小马老师看着这片微笑着的树叶,脸上笑开了一朵花。

树懒阳看在眼里,急在心上:"我也要去校园里找一找,找一片完美的落叶送给马老师。"

小蜜蜂、小白鸽听到了,也忽闪着翅膀,快活地左飞飞、右飞飞,找落叶去了。

小松鼠、高冷猫也一跃而出,撒开腿找落叶去了。

小鱼儿心里直冒泡泡:找落叶干什么? 落叶不到处都是吗?

……

不一会儿,猫咪涵手中握着一把金灿灿的树叶,轻快地奔了回来。

紧接着,小鱼儿游了回来,嘴上叼着一片十分小巧的落叶。

小松鼠、高冷猫、小蜜蜂、小白鸽……一拥而上,把小马老师团团围住。小马老师穿了件棕色的外衣,真的就像一棵立在秋风里的大树。

小马老师灵机一动:"孩子们,落叶是非常有用的宝贝,有很多作用哦! 我们建一个落叶银行吧!"

"好!""好极了!"大家欢呼起来。

小马老师拿出一个小纸盒,写上了"落叶银行"。大家一片接一片,小心翼翼地把落叶放进落叶银行。

小马老师知道,接下来,"落叶银行"可以变出缤纷的落叶画,还可以变出一首又一首秋天的诗!

微点评

落叶的用处可真多,真有趣!

一片一片又一片,排比着,把一片片落叶写进童话里!

小马老师把我们的动作描写得真有趣!

学生习作

秋去冬来,叶子枯黄、卷曲,从树上落下,随风飘舞。落叶一片片,是大自然的馈赠,让我们观察落叶,丰富联想,体验深秋,珍爱自然。

树叶一片片

金黄色的树叶从树上飘落下来,一阵风吹来,它们像在空中跳舞。

其中有一片树叶上飘着一只蚂蚁,树叶把蚂蚁带到了安全的地方;另一片树叶上飘着一只蜻蜓,树叶飞啊飞,蜻蜓在上面唱起了歌,所有的树叶都鼓起掌来。

所有的树叶飘啊飘,飘啊飘,每片树叶上都有昆虫,树叶带着它们飞,它们一起唱歌一起跳舞,期待明年的秋天再相聚。

——杭州市天长小学一年级　朱艺涵

秋叶一片片

树叶的生活很平凡,每天都在大树妈妈的怀抱里。它们想离开大树妈妈的怀抱去世界各地旅游。

它们的愿望被一个厉害的魔法师知道了,它就是秋风。秋风满怀欣喜地去找小树叶们。

小树叶们正在睡觉,被摇醒了。

"谁呀?"

"我是来满足你们的愿望,带你们去旅游的。"

小树叶们开心地说:"太好了!"

秋风一施魔法,小树叶们慢慢都换上了新的衣服,有的像火一样是红色,有的像柠檬一样是黄色,还有的像橙子一样是橘红色。

穿上新衣服的秋叶们,一片两片三四片,五片六片七八片……都从大树妈妈的怀抱里飘落下来。它们飘到公园里、花园里和小花、小草、小动物们做朋友,飘到农场和蔬菜水果做伴,飘到小河里给小蚂蚁们当起了小船,飘到地上给小虫子们当被子和床……

一群活泼可爱的小朋友跑过来,他们看见了这么多美丽的叶子,就一片一片从地上把它们捡起来,带回家做一幅幅美丽的树叶贴画。

大魔法师秋风带着一片片秋叶完成了一次愉快的旅行。

——杭州市天长小学一年级 罗雨荨

落叶一片片

叶子老了,它就要开始落了。

风一吹,还有我从他们中间用很快的速度跑过时,它们都会飞起来。

有时候看到前面有车开过,叶子也都会飞起来,它们像在玩耍和跳舞。

——杭州市天长小学一年级 钱子瑞

回忆落叶

秋天,在上学的路上能看到好多好多的落叶,特别是在中河中路的高架桥附近的一条小路上,两排有很多的大树,树上的叶子变黄了就会飘落下来,满地金黄,特别美。

突然,一片叶子顽皮地落在我的头顶,我记起一件特别好玩的事情:在幼儿园的时候,学校里也有一颗银杏树,韩老师和姜老师就经常带我们去捡银杏叶,捡到满手都是叶子拿不下的时候,就一下子全部扔到天上去,下起银杏雨来。大家在银杏雨下面玩得可开心了,我觉得特别美。小班、中班、大班每年都去,真的好好玩,可是毕业了就去不了了,我现在真的很想再约小朋友们找韩老师和姜老师去捡银杏叶,嗯,等我放假了就去!

这真是一片回忆落叶!你有多久没回忆了?你需要吗?

——杭州市天长小学一年级　王　睿

落叶一片片

秋天到了,树叶黄了,一片片的叶子从大树妈妈的怀抱里落了下来。

它们掉在马路上,掉在水池里,掉在草地上,掉在我妈妈的车上。环卫阿姨要把落叶扫掉,我舍不得,我就把漂亮的叶子捡起,放在我的书本里,做成一片片漂亮的书签。

——杭州市天长小学一年级　童韵晗

落叶一片片

微风吹,微风吹,小小叶片睡醒了。

小风吹,小风吹,小小叶片跳起舞来。

寒风吹,寒风吹,小小叶片缩了缩身子,一不小心,一片一片地飘落下来。

大风吹,大风吹,圆圆的胖树叶,长长的瘦树叶,大大的树叶王……给大地做了一件金黄色的衣服。

——杭州市天长小学一年级　李昳萱

掌　声

小马老师

掌声响起来，犹如船有了帆，给予我们前进的动力；掌声响起来，如醍醐灌顶，给予我们继续前行的信心；掌声响起来，犹如声声喝彩，给予我们不寻常的人生！

小马老师的专栏

那一阵掌声

尽管乐于且习惯了坐在一旁为他人鼓掌，但也总有那么些掌声给了我力量。

作为毕业生去温州就职，从学生角色转换为教师角色，需要克服对陌生的恐惧，接纳新的自己。终日忙忙碌碌，尝试着一切设计，如对班级的筹划，对教学的思量，却不知是否有价值，是否该坚持，如何更深入。或许，年轻的激情莽撞总带着惶惑不安。就在认识的、不认识人的打趣又认真地问"为什么你要来小学"时，我急切地需要找到支持的声音。小学一、二年级没有书面作业，那就让他们进行角色转换，每天给爸爸妈妈上一节课吧。设计教学内容、展示平台，收集评价反馈……开开心心做着，边做边思考着。对于一个蹒跚学步的新教师来说，给予她认同是多么宝贵啊！

那也是一次寒冬，学校以"做成一件事"为抓手广开言路，在会议室召开项目成果汇报会。我静静地听着前辈们的发言，有关于整理课的，有关于家校沟通的，有关于引导学生读书写作的，有关于爱心转化偏差生的，等等，都充满了教育教学实践智慧。我能说清楚自己的所思所想和所做所愿吗？我的理性数据式讲述值得听取吗？没准备讲稿，会不会太鲁莽？心中忐忑导致手心冒汗，眼睛也不知该仔细看报告还是自己的文件……就这样，在大家的目光中走上报告台,每人原本十分钟的讲述,我却讲了半个多小时,做报告爱超时的老毛病又犯了。讲的过程我已经淡忘了,但白校长微笑地点头却记得清晰,讲完后,大家投来一阵掌声,宛若沸腾的三伏天里的四川火锅,好不痛快,汗水也顺着声音肆意流淌,那是冬日里潺潺的溪流。我一本正经的状态这才放松了下来,心跳也正常了,手脚也自如了,脸也不由自主地绯红了:这还是教师角色中第一次真正意义上获得同伴认同。

白校长、黄校长在点评中肯定我做事的方式与意义,这成为我将此研究坚持至今的动力。坚持做一件事,唯其一心一意,心无旁骛,才能戒除浮躁,抵制诱惑,享受执着与寂寞带来的幸福与快乐!把这次经历从记忆的长河里拿出来和孩子们分享,也获得了他们的掌声,勾起了他们短短生命长河里的掌声记忆,也算是一阵掌声触发一片掌声吧。

🍂 微点评

嘻嘻,谁说我只会吃不会学,我发现可以从大场面入手,对小掌声进行描写哦!

掌声虽微弱,却能激发人们的斗志,我们要多多鼓励别人!

小马老师,原来掌声可以改变人的一生!

🍂 学生习作

一阵掌声能鼓舞人心,小手掌拍起来,记录下让你印象深刻的一次掌声吧!

掌 声

不知道什么时候,我当上了升旗手!当时的场景是多么欢快啊!

这天,我们隆重的升旗手选拔赛开始了,上来的只有3个同学,我、斯梵、陈曦,当时马老师惊呆了:只有3个升旗手!不管怎么样,大家给我、斯梵、陈曦鼓掌了!教室里立刻就像球充满了气一样,从沉默到炸开了锅!我的心里有一股暖流像大浪一样冲了过来,我好自豪!

——杭州市天长小学三年级　曹　众

那一次掌声

我记得,弹琵琶的时候,我的手心冒出了一滴一滴的汗水。但一开始就弹错了,结果来了一个漂亮的拉音。我吓得差点叫起来,最想不到的是,一个人叫起来:"太棒了!"然后是一阵鼓掌声。那个人还挂了一个手写横幅:"加油,加油!"我害羞得要命,脸红红的。这时,我已经不知不觉地弹到了结尾。"啪啪,啪啪啪,啪啪啪啪,啪啪!"掌声响起,很热烈! 我激动得快哭了。

观众们来后台给了我更持久的掌声。

——杭州市天长小学三年级　章佳人

那一次掌声

那一次掌声来自于四岁时的一天。

那一天,我才四岁,对小区边的路已经很熟了,妈妈也常常叫我去买东西。可就是那一天不同,那天妈妈叫我去买西瓜!

我走到水果店前,看见一个个大大的西瓜,我倒吸了一口凉气。店里的阿姨给我挑了一个又大又圆的。

我用了全身的力气向前走了一步就又把西瓜放到了地上。这时一位老爷爷走了过来,说:"香香,要不要我来拿呀?""好的!"我开心极了! 爷爷把我送上了电梯,我回了家,妈妈边叫边鼓掌,脸上乐开了花!

——杭州市天长小学三年级　陈沐赟

电　　影

暑假让孩子们有了更多的机会去影院享受一场视觉盛宴,当然也收获满满,让我们一起来看看孩子们的电影观后感吧。

小马老师的专栏

电影《风之谷》

今儿又雾霾黄色预警了,到处是"双十二"五折优惠的活动,大街上熙熙攘攘,待家中观影是不错的选择。看什么?打开电脑中的"存货",《风之谷》还未删除,那就再看一次吧。还翻出了两年前写的观影小记,较之前观,又有新感。

重温儿时的快乐,该是多么甜蜜的事情。尽管这部电影中充满了宫崎骏式的隐喻,但还是那宽容和隐忍的崇拜,还是那超人的英雄主义,还是那唯美的画面,还是那躲不开的环境危机,正如他曾经说的:"我希望再活 30 年。我想看到大海淹没东京,NTV 的电视塔成为孤岛。我想看到曼哈顿成为水下之城……我对这一切感到兴奋。金钱和欲望,所有这一切将会走向崩溃,所有这一切将被绿色的杂草接管。"

工业文明的高度发展,却最终带来灾难,虫族毁灭战争摧毁了人类文明。一千年后,出现一个唯美却充满瘴气的世界,一个庞大凶狠的王虫世界,一个偏安一隅的小王国"风之谷",一个霸权强国特洛梅……这个动漫世界看似简单,却又不简单,一开始我以为王虫世界是凶残的恶势力,后来才跟着娜乌西卡慢慢发现这个世界的伟大,王虫是伟大的,破坏一个愚蠢自大的文明后力竭而死。然后用自己的身体作为苗床,成为树林也就是腐海,一切都是为了净化大地。净化之后的大地,虫群是不会占领的,它们的尸体会和树林一起变成细沙,回归地球母亲。一开始,我认为强国特洛梅是在进行领土扩张,以欢迎原始恶人来控制全世界,后来发现所有人的目的都是好的,都想拯救这个日益腐朽的世界,但各自的做法不同。有一群人的做法是把这个世界完全毁灭,而再重新建设一个新世界,这是一群相当强大的科学家,掌握着高超的生物技术,是他们制造了昆虫和有瘴气的森林;但娜乌西卡却选择了另一条路——宽容,让这个世界自由地发展。无疑,娜乌西卡就是老婆婆眼中壁毯上的那个传奇英雄,一生在为世界和平而奔波,尽管她是一个公主,却拥有化解戾气的能力,宽容、勇敢、坚强、能屈能伸、有勇有谋,简直就是一个完美的英雄形象。而这个英雄,又是极其唯美、小清新的,那儿时的回忆,那被王虫触角触摸的金色世界,都那么让人陶醉。不沉溺于复仇,不为世俗视野所束缚,她是了解王虫的第一人,也是了解自然法则的第一人:就让世界自然发展吧!

虽然是 80 年代的影片,现在看,画面不够有质感,却充满了温情。每个人都有英雄情结,胸怀世界,想拯救众生,这需要的不仅是力量,更需要有眼界以及格局!小时候喜欢港片里的英雄,他们讲义气,够朋友,一诺千金,敢打敢拼;现在喜欢安安静静的平民英雄,兰生幽谷,心有沉香。这,或许就是成长拔节的回音。

微点评

小马老师,你也喜欢看动画片呀!我们是英雄所见略同!

嘻嘻,《风之谷》的情节描写很有意思!

一部电影虽短,却藏着大道理,真是受益匪浅!

学生习作

看完电影,你一定有很多的感悟,赶紧和小伙伴分享你的观影体会吧!

电影《小王子》

在一个房间里,有一个女孩,她正要去面试。她走进了一个黑黑的房间里,那里面只有六个评委和她的妈妈,她紧张得一下子就倒在地上。她妈妈给了她一个新的暑假计划。第一天,她妈妈去上班了,因为第一天还没有暑假计划,所以她在家里走着,忽然一架飞机飞了进去,于是她打电话给警察了。但后来她和邻居成了朋友,只要有空就去他家玩。他是个飞行员,他给她说了一个关于小王子的故事,于是她去找小王子。小王子已忘记自己的故事,在她临死时小王子想了起来,还把星星放了出去,天上一下子亮了起来。

对于这部电影来说,我最喜欢的地方是星星放飞的场景。在一个大大的罩子里装满了星星,小女孩的宝剑先戳破一个小小的洞,只放飞了一两颗星星,后来洞慢慢变大了,最后星星一拥而上,把她抬了起来。她一会儿从这颗跳到那颗,一会儿又从那颗跳到另一颗。那么多的星星一下子飞上了天,挂在本来很黑的夜空中,天空本来一点也不美,但星星飘上了天,那可真的很美。在那时,我觉得我充满了希望。那一天,我一出电影院就发现天上的星星多了许多,难道在我看电影时那个星球上真的有一个好人把一个坏人的星星放走了?难道今天的星星又被坏人拿走了,在放《小王子》时又把它放飞了?我觉得这放飞的星星就像今天我把瓜子洒在了地上一样,东一颗西一颗,南一颗北一颗的,我看得眼睛都花了。

我看了这部电影后,有了很深的感受:我觉得小女孩很好,因为她想做的事一定可以做到,不管做的对不对,她也一定会把那一件事完成。因为这一点,她才这样坚持去找小王子,还坚持让小王子把忘了的东西记起来。我不像她,做不到想做的事一定会完成。但我想,每一个爸爸和妈妈都有一点像她,我们小孩一做错,他们就一定要我们改,不再犯。

——杭州市天长小学二年级　陈沐赟

电影《三只小猪与神灯》

今天,我在家里看了一部动画电影——《三只小猪与神灯》。

故事讲三只小猪发现了一张地图,并找到了神灯。此时,小狼和狼王打算去抢神灯。三只小猪想了许多妙计,把狼王赶走了,保护了神灯。这部电影很有趣。

我觉得小猪们非常聪明,遇到危险时,会动脑筋想办法。比如:一只小猪骑着滑板车把狼引到下水道,另一只小猪在下水道里准备防盗装置,第三只小猪把小狼抓进了下水道,装入火炮,然后发射了火炮。狼王吓得逃跑了。

这部电影告诉我们,不管碰到什么困难,我们都要齐心协力想办法去解决。

——杭州市天长小学二年级　章佳人

衣

每个人都有那么一件或几件衣服，喜欢穿，时常穿，每每关键时刻都首先想到它。你最喜欢的那件衣服是怎样的呢？是外套、裤子、裙子还是表演服？

![小马老师的专栏] **小马老师的专栏**

红色大衣

今天朋友新店试营业，我们前去捧场，一见民族风情的衣服我就眼睛发直。其中一件红大衣是我的心头好，几乎是一见钟情。这是一件挺括又不失柔软的外衣，不厚，却也不轻薄，长长的，没过膝盖。材质很特别，是紧密的针织？它不慌不忙，不闻不问，静悄悄地，却充满活力，对我"暗送秋波"，撩拨我心弦。

红色衣摆上还缀着一只孔雀，宝蓝色的身子，五彩缤纷的羽毛尾巴长长地拖着地，眼睛一眨一眨，分外得意。它是在雪地里觅食吗？雪地上飘落的一片杏叶，明黄亮眼，却不是雀之食。再看衣领处那一颗横盘扣，方寸之间，意境尽显。为什么喜欢红色？或许，冬天的衣服不是黑就是灰，真的觉得心情也暗淡了，红色可以温暖又简单地把你点亮。为什么喜欢红色长大衣？还记得《赌神2》中邱淑贞穿红色长风衣叼着一张牌的经典形象吗？侠女之风立显，俘获的不仅是男士芳心，更撩拨起了女孩的侠女梦想。在《辛德勒的名单》里，那个贴着墙根小心翼翼地行走，本能地躲闪着骚乱的人群和德军丧失理智的枪口的小女孩就穿着红色外衣，小女孩的红衣服是整部影片中唯一的彩色。红色代表热情、希望，也代表惨烈。第一次看见小女孩那一抹红色时，给人一种希望尚在的感觉，但看见那个红衣小女孩死了的时候，希望瞬间破灭，绝望和无奈袭来……

红色，希望、热烈、执着……再入手红色大衣，爱它，珍惜它，陪伴它，迎接温暖新年！

📝 微点评

嘻嘻,可以从外和内两方面来描写一件衣服!你们也要由内而外地看我!

小马老师,我很喜欢红色的衣服,喜气洋洋的!

一件衣服不仅能传递温暖,还能给人带来希望!小马老师,这就是借物抒情吗?还是托物说情?

📝 学生习作

赶紧打开自己的衣柜,找找自己最喜欢的衣服,用笔记录它的独特!

"两面穿"

我家里有一件可以两面穿的衣服,我很喜欢。它有两种不同的颜色,早上我穿着出门,中午再反穿一下,摇身一变,我变身啦!不知道老师和同学们会不会一下子反应不过来。

它一面绿,一面橙,绿的那面有密密麻麻的、厚实的毛,橙的那面是光滑的布料,上面的花纹是波浪线的。

一天,天气特别冷,我就把它脱下来,换个面穿,让毛茸茸的那面朝里边,穿上以后,立刻觉得暖和了很多。又有一天,天气很热,我又换了个面穿,光滑的那面朝里边,感觉就没那么热了。

还有一次,下雨了,我把橙色的那面露在外面,就成了一件"小雨衣"。在学校里,我把绿色那面露在外面,就成了一件"防弹衣"。

这件衣服既帅气,又实用。

——杭州市天长小学三年级 张汝成

条纹裙

我有一条条纹裙,它是黄白相间的,我喜欢它的原因其实很简单,它很朴素、舒适,穿在身上也不会使我发痒。

它的衣领是白色的,如果你只看衣领,就会觉得是一条芭蕾裙。

它有着白色和黄色的袖子,看上去像一条小蛇在游动,那条"小蛇"使劲不让自己动,可在我的操控下,它还是不得不左弯一下,右弯一下。

条纹裙有一个衣身,也是黄白相间的,很像一个大铜圈,一动也不动。

最有趣的是裙摆,如同一个跳舞的大胖子,我叫他停,可因为太胖,身体停下来了,肉还在动。

这就是一条我喜欢的、有趣的裙子。

——杭州市天长小学三年级　严梓赵

我最喜欢的连衣裙

我有一条连衣裙,我非常喜欢它。它有着淡绿色再加一点点黄色的百合花,看起来很文静。它的腰带也是绿色加黄色的,上面还有两个小三角。下摆上有着一层细纱,让人感觉很舒服,好像在沙滩上一样。细纱的下方,有着软绵绵的裙摆,上面有温暖的小图案,看起来就像在家里一样。裙子的最下方,有波浪一样的花纹,那花纹甚至比波浪还美,左拐,右弯,好像一个调皮的小孩在玩游戏!

这条裙子从小就陪伴着我,直到现在,它还是我最喜欢的。

——杭州市天长小学三年级　叶恬恬

圣 诞 节

小马老师

圣诞节（Christmas）又称耶诞节，译名为"基督弥撒"，是西方传统节日，时间是每年的 12 月 25 日。这个节日带着想法，来到了人间！

小马老师的专栏

圣诞　平安

当收到那个印着"平安"二字的苹果时，一整个平安夜就都亮起来了。

我其实是不过圣诞节的，终究没什么感情，在这个日子若正好想与老友聚一聚，当个由头是不错的，但直接一句"姐们，想你了，今晚聚一下？"不是更应景更妥帖么？当然，就着国人的含蓄，断不能这么直白地说！于是乎，不仅平安夜、圣诞节，就连"圣家节"（12 月 26 日）都成了家喻户晓的日子，成了商家促销的契机，成了孩子们要礼物的"big day"，甚至比土生土长的传统佳节更盛。但从教育的视角，什么节都能成为教育的契机不是吗？当孩子们在期待圣诞老人的礼物时，"伙伴节"也即将来临，该铺陈启动啦！何不将两者合而为一！

如何交往，如何合作？话题老旧，骨头难啃。今年，三年级的主题是种子拼贴画与小组大闯关。怎样确定主题：各抒己见后如何吸纳融合成一个共同的主题？怎样分工：如何避免"凑数"岗位？怎样选材：如何既省钱又丰富多彩？怎样调控准备时间：按阶段小组成员汇报进程，组长调配？这一切，都在绘本《圣诞老人的王国》里有所体现。今天，就再一次送给孩子们这个故事吧！不要以为送礼物是简单的事情！相信你我都曾为礼物犯过愁！瞧，圣诞老人们从 1 月开始一直到 12 月，都在为小朋友们的圣诞礼物忙碌着：从抓住时机播撒玩具的种子到有计划地训练驯鹿，从体检到打理雪橇，从寻找乖孩子到过暑假，从齐心合力收获玩具到预分配礼物，再从出发前的准备分工到派送礼物……世界这么大,孩子那么多,圣诞老人们井然有序地在圣诞祖爷爷的带领下周而复始、一年一年地准备着! 这就是管理学的奥妙! 组长们要学习祖爷爷的张弛有度,有劳作也有度假时间! 队员们要学习圣诞老人们,有商量、有计划地准备、沟通、合作……怎么准备种子? 白米、黑米、红米、绿豆、红豆、蚕豆等各种种子该如何利用? 孩子们,汇聚伙伴的力量,脑洞大开吧! 外望,列车飞驰,夜幕降临啦!

愿圣诞老人跑遍世界各地——城市、沙漠、草原、海边,为各种肤色的小朋友们送去礼物。我也会是那个被他们考核为努力、善良,充满了阳光与活力的小孩吗?

微点评

小马老师,我很喜欢圣诞爷爷的礼物!

圣诞节的时候,我只想着礼物! 我以后要珍惜节日中每一个快乐的瞬间!

原来,圣诞节写写圣诞的由来,说说有关圣诞的书,也能成为一篇文章,我又学会了一招!

学生习作

圣诞老人来到人间,给我们带来礼物和有趣的故事! 赶紧记录这有趣的圣诞节吧!

我眼中的圣诞节

每一年的圣诞节,我们家都会装点一棵圣诞树放在客厅里,庆祝圣诞节。今年也不例外,在平安夜的那天晚上,我和妈妈一回到家就拆开了圣诞树的包装,圣诞树虽然很普通,但装上挂件后就显得有别样的氛围。

终于,我们组装好了,我马上回到床上睡觉,等待圣诞老人发礼物。这天晚上直到半夜,我都还没睡着。我一直在想:圣诞老人是长什么样子的呢?

是像书里那样白胡子黑头发、穿着红衣戴着红帽？还是会有其他的装扮？这个问题困扰了我一个晚上。

第二天一大清早我就醒了，飞奔到圣诞树下，发现我用来装圣诞礼物的袜子变得鼓囊囊的。从里面我抽出来一个足球和一个兔子娃娃，还有2000元人民币。我一边为收到礼物兴奋不已，一边又在纳闷圣诞老人为什么会给我2000元。这时，边上的老妈像看穿了我的心思，她告诉我说："这一定是圣诞老人给你让你买球衣用的呢！他知道你最喜欢的就是球衣啦！"我立刻恍然大悟，哈哈，圣诞老人真是太了解我了，我一边打着自己的小算盘——买什么样的球衣，一边蹦蹦跳跳地吃饭去了。

这个圣诞节，虽然我没有在晚上亲眼见到"圣诞老人"，但是收到了他的礼物和心意，我非常开心，希望下一个圣诞节也会这样圆满梦幻！

——杭州市天长小学三年级　杜启赫

校　　园

在我们的成长过程中，很多时间都在校园里度过。校园是纯洁的城堡，是智慧的象牙塔，是知识的海洋……在小马老师心中，她的母校是怎样的呢？在孩子们眼中，这座杭城最美小学又是怎样的呢？我们的校园蓝紫色的外立面像个城堡，超级梦幻，整个校园是蓝色系，有地中海风格的教学楼、高高的树网，蓝色的飞马、大象椅子，还有哆啦A梦和Hello Kitty……天长，是我们美丽的家，这里处处藏着童话。

🧑 小马老师的专栏

母校北师

到京出差，傍晚有些空闲，就到母校北京师范大学看看。

走出积水潭地铁站，再走一千米左右，被小西天、铁狮子坟、北太平庄包围的北师大就出现在眼前了。标志性建筑——京师大厦，我来也！过马路时，一群乌鸦铺天盖地飞过，我下意识地快走几步，怕乌鸦"嗯嗯"到头上，红衣服上沾了白点点可是会非常明显的！北师大的"校鸟"是乌鸦，一到冬天，枯树枝上密密麻麻的都是乌鸦，夜幕降临时漫天的乌鸦遮住天空，太霸气了！听说为了让乌鸦少祸害北师人，有学弟学妹专门在广播中放猫狗叫声吓乌鸦，企图把乌鸦吓到旁边的北京邮电大学，可惜无果；关于乌鸦，还有一个特别经典的段子：白天两千人，晚上两万人。乌鸦对北师大的喜爱可见一斑。

十年前，刚进北师大校门的第一天，我就意识到这肯定是我生命中最美好的四年。在我眼中，北师大校园虽然不大，却是北京最美的校园之一：一排排传统的古朴建筑，高大粗壮的法国梧桐，秋天的时候黄叶婆娑，景色非常优美；校园西北角有几栋小红楼，这不起眼的小楼上曾经住过许多著名的人士,如启功、钟敬文、钱锺书和杨绛夫妇,以及杨沫的丈夫、原北师大党委书记马健民……毕业前北京举办奥运会,校园整改翻新,变化不小,当时对部分旧楼的改造就引发了不小争议。近年来,学校明显加快了校园现代化进程,改建和拆除了一些传统建筑,代之以几座雄伟壮观的现代化巨型建筑,北师大别致优雅、古色古香的校园逐渐变得现代化十足,这样真的好吗?可怕的是英东楼焕然一新,直接成了现代感十足的教育学部楼,西南、西北楼前也面目全非,不见当年四合院的一点痕迹,唯有鲁迅雕像还在,聊以慰藉。从使用角度讲,现代化的楼应该是更受学弟学妹们欢迎的吧,要知道十年前的北师大寝室楼属于特别唬人的那种,外面红墙白瓦,略有小洋房之感,实则条件艰苦,水泥地面尘土飞扬。现在,西南、西北楼前建起了一栋高楼,且落地窗户面砖裹壁,广阔的草坪早已不见,空留烈士纪念碑在中央,孤零零地提醒我这是当年散步数星之处。学子超市前人声鼎沸,但这个位置以前不是学生五食堂吗?北邮南门小吃街已被强拆,再无当年熙熙攘攘吃喝玩乐的热闹景象。还好,校园里的法国梧桐都还在,小径依然美丽,在路灯下静静等待我的归来。

感恩当年的母校,打开理想之门,这图书馆的灯光里闪烁着当年多少的记忆!只怪此行匆匆,回忆零零落落,唯有那些老照片,让人充满期许。

🍃 微点评

看着小马老师的校园,感觉自己的校园更美了!

小马老师,原来你的母校变化这么大!小马老师用上对比,真赞!

小马老师写出了校园的"现代"和"古色"两个特点,真妙!

🍃 学生习作

我们在杭城最美的校园学,它可藏着许多微童话!我们赶紧写下来!

校园里藏着的微童话

天长小学像一个游乐园，我最喜欢阅览室，因为这里面有一张小蛇椅子。我一骑上它，就会开始幻想：它带我去原始森林看恐龙，有吃草的恐龙，冬眠的熊、狮子、老虎，还有还有可怕的食人族……突然"蛇"不动了，原来，上课铃声响了。上课了，我只好从小蛇椅子上下来。在回教室的路上，我还在想：以后，它会不会带我去非洲大草原、亚马孙河流、冰天雪地的北极呢？

——杭州市天长小学三年级　张雅淇

滑　道

校园的楼梯扶手犹如一条弯弯曲曲的蓝色滑道，每当小朋友的手臂抱紧"滑道"，就会像断了线的缆车一样，飞快下滑，直到滑到了头，然后"嗖"的一下，飞了出去。

它也很像一条柏油马路，小朋友的手放在上面奔跑时，犹如一辆辆汽车，在上面飞驰。这就是我们校园的楼梯扶手。

——杭州市天长小学三年级　严梓赵

四瓣花

我们校园的圆圆椅变成了一个小姑娘，一位老妈妈收养了她，并取名为紫瓣。一天，紫瓣看见一条蛇正在捉一只小白兔，好心救了小白兔。晚上，她梦见那只小白兔对她说："姑娘，你救了我，我送你一个能看见未来的一个水晶球报答你，但是你要记住，如果把这个秘密告诉别人，你将会死去。"说完就不见了。紫瓣惊醒过来，发现手上有一个水晶球，往里一看，发现村里发了洪水，她马上告诉了村长，可村长不相信她。紫瓣很害怕，告诉了村长水晶球的事，村长听了，半信半疑，但还是叫村民们搬离了村子。第二天，村长站在高坡上看，一大股洪水冲过来把村子淹没了。紫瓣因为透露了水晶球的事情牺牲了自己，村民们把她埋了起来。在埋她的地方开出了紫色的小花，因为开出的花有四瓣，所以人们叫它四瓣花，也有人称它为紫瓣花。

——杭州市天长小学三年级　张乐涵

2015 年的第一场雪

小马老师

盼望着,盼望着,冬天的使者——洁白晶莹的雪花终于飘然而至了。这是杭州今冬的第一场雪,没有天气预报,没有任何预兆,开始下雪时还伴着小雨,不久就只见鹅毛般的雪花,从乌云密布的天空中飘落下来,地上一会儿就白了……

小马老师的专栏

2015 年的第一场雪

还记得那年大街小巷都唱着《2002 年的第一场雪》吗?大雪初霁,雪后的天地格外安静。一大早便听到中央草坪里孩子们的嬉戏,他们正上演着打雪仗的闹剧。糟糕!说好要早早起床看断桥残雪的,都八点了,估计雪早就被人踩化了!"哗啦——哗啦——"不好!小区物业的大哥小弟们正拿着长杆打树上的雪,估计是怕积雪压坏小树吧!还是赶紧踏踏小区里的雪吧!这还是第一次这么细致地看自己日日生活的环境:枫叶盖着棉被正睡觉,露出红色的小脚丫,也不怕感冒!长椅上垫着雪白的棉垫子,坐上去就不怕铁凳硌屁股了!怎么会有这么多酒瓶子悬在半空,肯定是雪神滕六天冷贪杯,结果醉酒闹事大降瑞雪!明晃晃的天空下,软绵绵的雪像棉花糖,热乎乎的小手一碰,她若含羞草一般缩了缩身子,含羞一笑。随意地行走,踩出什么样的形状都那么有姿态,那么有诗意。大喊一声:我喜欢这晶莹的世界!"吧嗒——"不好!头上冰凉的一滴,是雪的眼泪!

太阳出来了,雪花被时间洪流推着发生变化,化为污水……心疼这美丽的倏然而逝。冰凉雪水让我突然想起埃克哈特·托利的《当下的力量》:不应扼腕叹息,应享受当下,初雪,怎能不去走走,看遍杭州的雪景?只能和时间赛跑了!飞奔吴山广场,远远地便看到城隍阁顶白雪皑皑,在阳光的照射下熠熠生辉,秀出云表,巍然壮观。行至柳岸闻莺,柳树的枝丫上勾勒着一条条白边,简

152

直是双色水墨画。刹那间步道仿佛变成了涓涓细流,欢快的雪水们肆意地流动,小叶子们在扑腾着到处远行。池中的倒影和水草上的积雪相映成趣,就像摩天轮一样旋转着。再转转茅家埠,步行街被雪水冲刷得特别干净,树木也精神了许多,向阳的地方早已不见积雪,只有那些阳光照不到的角落还会有小块零星的积雪。吃碗热乎乎的片儿川,马不停蹄地赶去灵隐寺。白雪非但未浇灭枫叶的火炬,反而让这红色燃烧得更旺!那温暖的阳光照亮了冬天的眼睛,屋檐下是一幕幕的雨帘,滴滴答答,交响乐般动听,恰逢了这"福田花语"。屋顶的积雪慢慢融化了,露出雪洗的黛青砖瓦,轮廓分明。拾级北高峰,一路雪团从天而降,惹得人们左抵右挡,乐趣横生,欢笑连连! 登至峰顶,视野瞬间开阔,雪后的天空那么干净! 放眼望去,到处都是亮堂堂的,仿佛有无数盏灯在照亮山林;此时望见的西湖,碧波万顷,波光粼粼,沁人心脾。归途,午后暖阳下,公园的地面竟已全干,那么干净,那么光滑,似青蛇换了一身新皮;人们的脸上都红扑扑的,是化雪的冷撞上了玩雪的热情而产生的这自然而然的妙效吧!

雪,今年的你,来得真是奇怪,不说一声你好,潇潇洒洒,好不痛快。

雪,今年的你,去得真是迅速,不说一声再见,匆匆忙忙,好不过瘾。

你让三岁的当当第一次体验到堆雪人的快乐;你让五岁的琳琳第一次体验打雪仗的刺激;你勾起了九岁的雨欣和子正的写作热情,也让盲目生活的我好好观察了自己的居住环境;当然,你引发了南国孩子的无数欢笑,也让林业管理员繁忙地整理枯枝败叶……你就是雪,我必须允许我所观察的物体客观存在着,所以,走就走吧,欢迎再次来临!

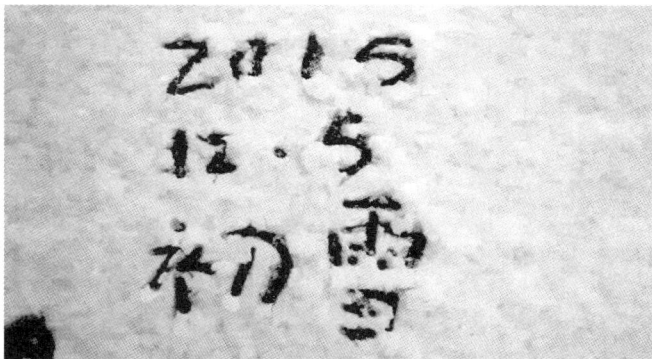

2015 年的第一场雪

微点评

小马老师,你堆的雪人真可爱! 下雪真快乐!

枫叶盖棉被! 真有想象力,赞!

小马老师真爱雪,一天能跑这么多地方! 移步换景!

学生习作

我是在车窗里发现下雪的! 这可是我第一次堆雪人! 我们与第一场雪有说不完的事儿!

2015 年的第一场雪

"冬日严寒,木叶尽脱,阴云四布,弥漫天空,飞鸦千百成群,未暮归林。夜半,北风起,大雪飞。清晨,登楼远望,山林屋宇,一白无际,顿为银世界,真奇观也。"这段话出自于《小学生小古文 100 课》中的一篇叫《雪》的古文。正好昨晚也下雪,而且下得很大,碰巧昨晚是李孺蕃的生日,算不算"双喜临门"呢?

昨天我们的生日派对是去滑冰,滑冰的时候我们还在说:"不知道什么时候下雪?"是雪神听到我们的期待了吗? 回家路上我妈妈发现路边的一辆警车玻璃上全是雪,还以为眼花了! 一开车窗,几片调皮的"羽毛"就跑进了我的衣领,真凉! 真下雪啦! 我想:来的时候下着大雨,像小柱子一样落下来,可现在怎么成了鹅毛大雪的世界了呢? 我回头一看,发现李孺蕃家的车后面的玻璃上也盖着一层用雪做成的"毯子",无论车子怎么"抖",它就是不"掉"下来。原来,雪公公就这样来到人间天堂了! 我一下子从人造的滑冰世界来到了大自然奉献给我们的冰雪世界,真爽啊! 一晚上我都在做打雪仗的梦! 我是雪弹超人!

今天早上,我一起床穿好衣服就飞奔楼上花园(最顶层)去玩,刚走完最后一个台阶,我顿时傻眼了!眼前的一幕让我大吃一惊,地上到处是雪,树上挂着一些雪,就连栏杆上也铺上了一层用雪做成的"保护膜"!我走上前,摸了一下,啊!雪是多么的柔软,是多么的冰凉!我退了几步,又发现只要雪不在草上,它就会很洁白,很干净。

这一场大雪把冬天的大门给打开了,正热情欢迎我们走进冬天的世界!

——杭州市天长小学三年级　管子正

下雪了

下雪啦!我在漫天飞舞的雪花里欢快地转圈圈。

在回家的路上,我看见车窗外下起了鹅毛大雪,那么白,那么多,眼睛都看花了。世界一下子都不同啦!屋顶上全抹上了粉底,白白的,连不完美的垃圾都不见了!咦,路边是什么在动?定睛一看,路边的一位叔叔正撑着一把特别的伞,毛茸茸的,亮晶晶的。再仔细端详一番,哇,太神奇了,原来叔叔撑的是一把透明的普通伞,只不过有了雪花的帮忙,才显得那么与众不同。瞧,雪越下越大,雪花欢快地降落在伞面上,一朵、两朵、三朵……成千上万朵。雪花们你挤着我,我挤着你,叠起了罗汉,叠了一层又一层,一下子就把伞点缀成了一把可爱的雪花伞了!

——杭州市天长小学三年级　张雅淇

下雪了

今天是一个有趣的日子。下午,我正在整理鞋子时,妈妈惊讶地说:"快看,下雪了!"我听了感到十分奇怪,心里想:怎么可能下雪呢?可是,我还是很好奇,跑到阳台上一看,哇!真的下雪了!

那雪真像芦花,也像调皮的小巫婆,还像鹅羽毛,真想拿一根在手里玩呢。我还许了一个愿望,希望能实现哦。

过了一会儿,雪下得大起来了,可我一点也不冷。妈妈却很冷,她说:"下雪天,好冷啊!好想睡觉啊!"其实我妈妈是想让我和弟弟去睡觉了。因为那时我妈妈怕我和弟弟生病,据说多睡觉可以不生病。

那时弟弟是开心的,因为他好像八百年没看过雪似的,急着想看看雪是什么样子的。你瞧,他急着要爬上他那玩具桌呢! 搞笑吧? 爸爸这时还打来电话,让我妈妈给我和弟弟多穿衣呢!

那时我是快乐的,因为明天我可以打雪仗了! 我希望下雪天每个人都是快乐的!

——杭州市天长小学三年级　方怡笑

杭　　州

小马老师

杭州美在哪？这个问题很简单却也可以说很难回答。杭州不单单有风景，还有厚重的历史积累，无论是苏堤的杨柳青青还是灵隐寺的幽静闲适，无论是岳飞的风骨还是于谦的丰功，这一切都可能成为你心中的"美"。很少有一座城能像杭州这样，让你栖息。最忆是杭州，如果你计划要去，或者就住在这，它值得你仔细体味哦。

小马老师的专栏

杭州的格调

每每被问到为何来杭州，我就语滞，只是笑而不答。

从家乡到北京，从北京到上海，从上海到温州，从温州到杭州，不长不短的生命旅程中，在城市间兜兜转转，也算折腾了。虽然之前来过杭州数次，对杭州的印象，也只是浮光掠影而已。真正来杭州工作，成为一个新杭州人，不再是匆匆的旅客，心境和看到的、感受到的自然生了差别。驻足欣赏，与这里的人事交往，就变成了城市鲜活的一部分，成了它的格调。

杭州的格调是什么？踏实！曾经在朋友圈写过，西湖自然有她的美，但西湖也只是杭州旖旎景致中比较讨巧的一角而已，有名，繁华，资历深，却实实在在，平易近人，无遮拦，无门票，无时空限制，充盈着婉约的味道。你看那南山路，整日的熙熙攘攘、行人如织，大气地包容任何一个亲近它的人。杭州的美在于转角总能遇到惊喜，一些幽静的小路少有游客光顾，或绿叶婆娑，或黄叶迤逦，一掬手便是一捧柔软慵懒的光阴，一低头便是一眼繁华落尽的柔情。下班后游走西湖，是生活在杭州最惬意又最奢侈的幸福，我很喜欢趁人少的时候去西湖边，骑自行车，很舒服。一次下雨，西湖边空无一人，我就撑着伞看湖边的鸭子淋着暴雨,爽翻了。周末泛舟游西湖,毅行北高峰,拜佛灵隐寺,悠走云栖竹径,骑行钱塘江畔,踱步拱宸桥,闲逛河坊街,泛舟湿地里……这西湖的柔和钱塘江的刚便完美融合,选择太多太多。再者,杭州的格调除了踏实,就属创新了。杭州市政府推出过不少举措,比如普及公共自行车,推行车辆礼让行人,还推出过运河上的巴士、免费的图书馆等,对于诸多老百姓切身的事情,政府还是比较关注的。在杭州这样一个传统与现代相结合的城市,不仅有小桥流水的婉约,也有高大建筑的气势磅礴:市民中心、杭州大厦、奥体中心……这座城市紧跟时代脉搏,正被打上"互联网创业"的烙印:阿里巴巴上市,中国互联网大会顺利召开,G20峰会举办……在杭州,看世界!

🍃 微点评

小马老师,原来你也是新杭州人啊!文中用上了我们刚学的过渡句!赞!

读着小马老师写的杭州,感觉自己生活在杭州真幸福!

小马老师写了杭州的"踏实"和"创新"两个特点哦!很贴切!

🍃 学生习作

我们就生活在杭州,它的特点可多啦!我们赶紧写起来吧!

杭 州

当你来杭州时,一定要抓住好季节,去好的地方游览。

春天就要去太子湾公园,在那里你可以闻到郁金香的香味,浓浓的。夏天去曲苑风荷赏荷花,一片白色、一片红色,真像五彩缤纷的荷花池。秋天北山路是很美的,有枫树、银杏树等,树叶色彩斑斓。冬天当然是去断桥看雪景,洁白的雪花带来冬的气息,断桥残雪美不胜收。

杭州不但是旅游胜地,而且还是美食天堂。著名的西湖醋鱼、龙井虾仁、叫花童子鸡、东坡肉等都在这里聚集。其中我最喜爱吃东坡肉了,它的肥肉有点弹牙,像一个"蹦蹦床"一样,而且一点也不油,瘦肉很酥,吃起来真是美味极了!这些美食可以让游客美美地享受了。

羡慕吧,我就生活在杭州哦!

——杭州市天长小学三年级　陈　曦

杭　州

如果你假期里不知道去哪里玩,那你就来杭州吧,杭州可好玩啦!

春天的太子湾公园里开满了郁金香,和小吃店里食物的味道比起来,花香味必胜;夏天荷叶田田,挨挨挤挤,正像古人说的"池中种荷,夏日开花",有趣极了;秋天,西湖北山路上铺上了枫树和银杏为大家准备的地毯;冬天,断桥残雪被日光"劈断",可为什么没塌呢?倒影为什么没碎呢?

杭州不但美丽,而且是"吃货"的天堂!龙井虾仁新鲜出炉,杭州醋鱼可好吃了,宋嫂鱼羹香甜可口!汤汁使劲摇头晃脑,等大家喝呢!东坡肉挺着大肚子,一个劲地往前走。所有美食一应俱全,大家可以大饱口福。

无论你是文青还是"吃货",杭州都会满足你哦!

——杭州市天长小学三年级　管子正

杭　州

我住在西湖边,我爱西湖!

春天有"苏堤春晓","苏堤春晓"是西湖十景之首,苏堤上遍种桃柳。桃花盛开的时候,粉红色的桃花像是给西湖戴上了一个美丽的花环,湖边随风飘荡的柳条像是小姑娘的一头长发,画面真是美极了。

夏天有"曲院风荷",成片的荷叶真是"接天莲叶无穷碧",还有很多的鱼儿在莲叶间嬉戏。成年人可以在那边饮酒作乐,也可以叫上几个朋友在那里野餐。

秋天有"平湖秋月",农历八月十五是赏月的最佳日子,在秋高气爽的日子里,我们可以到西湖边赏月,看看西湖美丽的夜景。

冬天有"断桥残雪",断桥是一座石拱桥,是《白蛇传》中许仙与白娘子相会定情的地方,等到冬天桥面的部分积雪融化的时候,我们就可以看到桥像是断了一样的神奇现象。

——杭州市天长小学三年级　张汝成

我

小马老师

每个人都有眼中与众不同的"我"，或古灵精怪，或能歌善舞，或活泼可爱……让我们来看看普通人眼中的自己！

小马老师的专栏

我

"我"是谁？我是说者，是作者，是感性的代词，是"上帝视角"，充满了代入感。

如何更清晰地认识自己？今天和孩子们学习了《好汉查理》，运用了主角转换的方法，把文章由"查理中心"转换为"杰西中心"，再转换为"罗伯特中心"，故事情节未变，但人物的心理与成长脉络清晰明了，孩子们大呼精彩！是啊，第三人称的视角总是有客观事实叙述质感！试着用他人的视角来写自己怎么样？我又说起了自己的往事：小学的时候，"马老爷"很有性格，现在和发小们聊起来，她们还会抖落"马老爷"一席的故事，一下课总是冲进学校小卖部；妈妈来开家长会，发现抽屉里全是瓜子壳……

那个时候"马老爷"的确是滑稽得可笑，经常穿一身黄格子背带裤，摇头晃脑，很有"老爷"派头。犹记得那个时候她妈妈每天早上给她和妹妹各一两块钱作为早餐费，她们会打着小算盘买一个包子、一根油条等，往往能余下三角五毛，这就派上大用场了！果丹皮一毛一个，可以买好几个；瓜子两毛一包，可以买一大堆；酸梅粉一毛一包，可以买一大包……就这样，把钱揣在兜里，捂在手心里，上课的时候心心念念，下课的时候对三五好友使使眼色，大家马上心领神会地聚集在"马老爷"的座位旁边，偷偷摸摸开始分享大会！于是，这"马老爷"的大名也就在小小的"江湖"里传开了！幸亏当时民风单纯,还没什么勒索之事,否则她这小小的"地头蛇"就要遭殃了! 当然,一旦她有事情,这些小伙伴们也会义不容辞地向她伸出援助之手。那个时候学校经常要出黑板报。她和一个叫苏思敏的女孩经常轮班出黑板报,要画画、要写字,还要用白线弹格子……小伙伴们就各出奇招,画画的画画,写字的写字,陪她一起有说有笑地将黑板报出完! 想来现在她写字不行,画画不行,都是这"马老爷"的老爷做派惹的祸!

🍃 微点评

小马老师写了自己的滑稽可爱的特点,真是出神入化!

小马老师,你的趣事真多! 用第三人称描述自己,真棒!

看着小马老师的特点描述,我也迫不及待地想写自己的昵称来由了!

🍃 学生习作

你认识你自己吗? "我"的与众不同可多了,赶紧用笔记录"我"吧!

勇气小香

小香很爱画画,特别是人像。她想画许多不一样的人,但没有那么多人,怎么办?

一天,她和妈妈在西湖边画画,她们边走边画,慢慢地就走到了一个亭子边,亭子里有许多老人在画画,都是画人像的。小香高兴极了,拿出画本跟老人们一起画,还跟他们交了朋友。就这样,小香每个星期天的早晨都去那儿画画。

有一个星期天的早晨,小香画得不是很好,在一旁看的大哥哥大姐姐都嘲笑小香。小香很生气,画完了马上走人。

小香在车上跟妈妈说了很久,但是最后,小香想:要不管不知艺术、不看像只看特征的人!

小香再也不怕别人笑自己了。

——杭州市天长小学三年级　陈沐赟

"吃货张"

从前，我基本只吃肉，不吃菜，但有一件事让我发生了改变。

十一月底，我们家正在吃饭，我妈对我说："冬天吃青菜对人体有好处。"于是我尝了尝，感觉味道还不错，于是又吃了一点，最后把青菜一扫而光。"啊！好好吃的青菜呀！"我感叹道。

这就是我现在不挑食的原因。你在我很饿的时候给我一袋吃的，我一两分钟就能吃掉一大袋。中午吃饭时我也经常吃得只剩下一点点。

因为我吃得很多，同学们就把我的姓和"吃货"连在了一起，所以我的外号叫"吃货张"。

——杭州市天长小学三年级　张汝成

张花仙

张花仙是我们镇上最爱花的人，不过她有一个不好的地方，就是她太爱花了，常常去别人家摘花，可她就是改不掉这个坏习惯。

一次，张花仙去了张千西、张千和双胞胎的家，她们家很大，有一个大院子，院子里面种了好多花，有茶花、桃花、含笑花、绣球花……张花仙想去摘含笑花时，有个声音从背后传来："你想摘'香味之王'吗？"张花仙回头一看，原来是张千和！于是便解释道："不会的，'香味之王'是应该受保护的。"张千和说："我可以送你一些花种。"张花仙从此再也不会去摘花了，因为她有了"香味之王"。

——杭州市天长小学三年级　张乐涵

"大方客"

昊昊是个很大方的人。一天，昊昊在回家的路上看到一个小朋友呆呆地站在书店门口。昊昊问："你怎么了？"她说："我东西没带，妈妈说我再丢东西的话，就要自己去新华书店买了。""那我陪你去拿吧。""不行，我们班在开会。"

"那我们去书店买吧。""那会浪费你的时间的。""没事的。"说完，昊昊拉着她走到了书店，昊昊让她在门口等着，自己上楼去买。书买来了，却花了昊昊一个月的零花钱，可昊昊一点也不在乎，于是她给昊天起了一个名字：大方客。

——杭州市天长小学三年级　陈文昊

溪　哥

不知道为什么，马老师和别人都爱叫我溪哥，可能是我乐于助人吧，像小溪一样滋润大地。

记得二年级的时候，我帮过陈天昊发他们班的班报，我很开心，因为我最爱帮别人了。

我不但帮过陈天昊，我还用电脑打字，帮妈妈打了三条小贴示。

我还给弟弟买过玩具，欠了168元。

帮别人真开心。

——杭州市天长小学三年级　张峻熙

"小书王"

我是一个爱看书的人，只要可以，让我在图书馆待上5个小时都没有问题。有一次，我爸带我到图书馆，说有事要出去一下，让我在图书馆看书。我想这可是好机会，我有足够的时间看我喜欢看的书了。于是我就去拿书看，一本接着一本，我看得津津有味，不知不觉5个小时就过去了。外面天黑了，我都没有察觉，我觉得还没有看够，就继续沉浸在我的书海中。那天我的心情很好，因为终于可以安静地好好看一天书了，估计看了差不多15本书。那天真是太爽了！

——杭州市天长小学三年级　陈　曦

她·他

小马老师

观察儿童是每个老师的必修课。班级里的孩子们各具特色,小马老师也在观察着,陪伴着,引导着……孩子们眼中的自己,最大的特点又是什么呢?对于一组一组的"互文",读着读着,也是一种成人视角和儿童视角的碰撞,真有意思,真是令人深思!

小马老师的专栏

那个总是"呵呵"的呵呵

"呵呵呵呵……"呵呵嘴里总是冒出一串一串泡泡,每个泡泡都飘浮在空中不断膨胀、碰撞,最后破裂,成为柔和空气的"007"。笑本是人类表达喜悦心情的方式,然而并不是所有的笑都意味着心情愉快,在笑容背后有时也隐藏着一些值得深思的问题。

呵呵最喜欢笑,笑的频率最高,方式最多,时间最长,也最忘情、投入。而且,他常傻傻地笑,甚至充满挑衅,让人摸不着头脑,让人发毛。呵呵的笑总表现为特殊的憨笑,那是没来由的、没笑点的、没时空限制的。在他面前,人人都变成了郭德纲、宋丹丹……今天上品德与生活课,说到了"家庭树",我画了棵大树在黑板上,紧接着大家开始讨论上面的树叶该怎样标识,我举例将外婆那极普通的名字写在上面,"呵呵呵呵——"笑声出来,大家都很奇怪地看着呵呵,只见他一开始还捂着嘴巴,但眼睛早已经眯成了缝,没忍三秒钟,终于,他白白的脸上浮起了一阵粉红,笑声像洪水冲开闸门似的,"哗——"的一声大笑起来。"讨厌,有什么好笑的!"西瓜头朝他翻了个白眼,大家莫名其妙又稍带嫌弃地看了他几秒钟。我继续上课,大家继续听课,呵呵还在自顾自乐着,小拳头握着,头微微晃着,肩膀有规律地抖动着,

164

忍俊不禁。对于呵呵来说,这种场面已经司空见惯了,如果人体真有笑穴,我敢打包票,他的笑穴绝对处处都有!"刚刚走队不够安静,六个男生排成一行重走!"路队长话音刚落,"呵呵呵——"不用说,又是呵呵,这回他双脚内八字地站着,双腿不停抖动,胖乎乎的手指一伸一缩,像十根正翻土的蚯蚓。脸上肉嘟嘟的,不停颤动着,眼睛又被挤得没处放了,只好眯着。上嘴唇咬着下嘴唇,露出两颗大门牙。他这状态,不熟悉的人总会怀疑他是憋不住要上大号了。但不是,他只是又不知不觉被点中笑穴了!"你不服气吗?"这种状况下的这种表情能不让人误会吗?"呵呵呵呵——"他笑得如疾风中的柳枝,左摇右摆了!

唉!呵呵,你总是控制不住自己的笑,怎么办呢?

🍃 微点评

小马老师,原来你每天都在观察我们呀!好想知道你眼中的我哦!

小马老师写了呵呵同学的典型事件,我们可以尝试写其他同学,或者我们自己!

我要多观察身边的同学,学习观察很重要哦!

🖋 师生习作

我们要学会观察哦!不同的视角也会有不同的想法,赶紧用笔记录这奇妙的视角吧!

OO

文/小马老师

OO是班里一位高高瘦瘦的女孩,很负责任。瞧,中午她一边吃饭一边抬眼看着大家,这是因为她是卫生管理员呢!大家吃完了饭会马不停蹄地搞卫生,搞完卫生就会举起小手让她检查。如果她吃饭迟了,其他的人就会不耐烦,就会在座位上讲话,甚至没弄好个人卫生就一溜烟地跑得无影无踪了。她的心中总是装着事儿，所以显得那么沉静，那么严肃。她的嘴在细细地咀嚼着，她吃饭很慢，所以她总是瘦瘦的，大家给她取了个形象的昵称：麻秆。她的爸爸妈妈也这样叫，她倒也是十分乐意，甚至有时会抿着嘴笑："我也想胖一点啊！"然后又开始迈着细细的大长腿走起路来。

OO走路的姿势也是与众不同的，有点腿太长了拖不动的感觉，所以她走路和跑步也都是慢慢的。一到运动会，大家就会期待着这些拥有天然优势的小朋友"小宇宙"爆发，但她的"小宇宙"有点能量不足，于是也就笑笑地期待着其他小朋友的表现，自己在旁边默默地鼓掌。

中午，我正在讲台上狼吞虎咽，OO不知道什么时候凑到我的面前：

"老师，我觉得我们班的小朋友最近很不努力，地越来越脏，有的小朋友还把自己的垃圾藏起来，有的藏在椅子底下，有的藏在两个桌子的缝里面……"我听完后也一脸焦急地看着她。

"是啊，怎么办呢？"

小家伙一本正经地看着我，满眼都是焦急："我觉得应该跟他们好好说一说，这样推卸责任是不对的，教室是大家的，你这样把垃圾推给其他小朋友，垃圾不是还在教室里吗？"

她的厚厚的眼镜片后面藏着的是多么可贵的认真。

"对的，这件事情必须由你来说，中午静校铃声一响你就上来和大家说一说，好吗？"

"好的，谢谢老师！"

中午还没静校，我的身边又多了个瘦长的身影："OO，你等会就说自己的感受？"

"好的。"我看见她的手已经握成了小拳头，是在给自己力量吗？

马上，铃声这么应景就响起来了。同学们陆陆续续地进教室，一个个兴奋极了。"嗯——"OO拉长了声音，"我有件事情想和你们说一说。"

同学们逐渐安静下来，但还是有几个"刺头"在忙着自己的事情。

"请还没坐下的小朋友坐下来，我现在要说一件非常重要的事情！"OO的嘴抿得紧紧的，脸也绷得通红，小手中的拳头缩得更小了。

"你快点说——"急躁的"火神炮"开始双目圆瞪。

"就是关于最近我们的班级卫生的问题。你们觉不觉得最近我们班级的教室又开始乱糟糟了？尽管有一些同学已经有进步了，但还有一些同学在退步，甚至把自己的垃圾藏起来！"OO毫不胆怯。

"哦——""火神炮"这会安静了。

"我希望我们都能够更负责任一点！比如中午的时候多花一分钟把地扫干净。还有刷地的时候能把缝隙里的垃圾清理干净，否则夏天我们会被蚊子吃掉的！"她那认真的表情让我相信这个春天是多么美好。

管家"麻秆"

文/李雨凡

我很瘦，简直是皮包骨头，妈妈爸爸从小就叫我"麻秆"。

我又很爱管事，在家里，我会管着爸爸不要晚睡以免没精神，管着妈妈不要吃得太多以免发胖，管着奶奶不要唠唠叨叨免得生气……不仅如此，在学校里我还是卫生管理员，管着全班同学的地面！

所以，我应该是个名副其实的管家"麻秆"吧！

"慢吞吞的急躁豆"

文/小马老师

进入复习阶段，孩子们总容易浮躁：面对学过的内容本就容易失去耐心，更何况是尚未懂事的儿童呢？

"慢吞吞"一到复习期就更手忙脚乱了，谁让他速度慢呢？这不，中午饭吃着吃着就去隔壁班补数学去了，阿姨来打扫饭盒寻不着人影，还是我帮他清理整顿的。慢分很多种，有行动慢、思维慢、情绪慢，他的身上汇集着行动慢、思维慢，却有不协调的情绪快，所以，就成了"慢吞吞的急躁豆"了！"慢吞吞的急躁豆"是一个矛盾体，不可捉摸。瞧，大半天后，他拿着数学作业回来了，又开始订正英语作业了。老师们要清查作业时，必然有他的名字。叫到他，只见他慢吞吞地抬起头，慢吞吞地起身，接过作业本，再慢吞吞地转过身子，慢吞吞地抬起右脚。他这个时候走路，总是不连贯的，抬脚走一步，又停下来；走一步，又停下来，真奇怪。"慢吞吞的急躁豆，你快一点可以吗？

这个时候老师就等你了,你可要抓紧时间哦!""哦,老师,我会快一点的!"他的语速是加快了的,眼中却毫无紧张神色可言,手脚也还僵在那里,这可怎么办呢?他对学习似乎提不起任何兴趣,除了爱看课外书,还真看不出他在学习中有兴奋劲。

哦,对了,在"谁是领读王"中,他还是有激动神色的,不叫他的话,他就会立即摆出一副不乐意的样子,撅起小嘴巴。

这"慢吞吞的急躁豆"却绝对是个有爱的家伙,感情是慢慢积累,慢慢释放的。瞧,外婆来接他了,给他带了一小罐子的小番茄,他会迫不及待地打开盖子,走过来和我一起分享。拿了一颗,不行,还不够,不走,举着罐子,小嘴嘀咕着:"再拿一颗,再拿一颗……"像极了西游里的唐僧,真有意思!

这"慢吞吞的急躁豆",怎么帮他变劣势为优势呢?

吴俊岙之"无信号"
文/吴俊岙

在游泳队游泳的时候,大家都喜欢叫我"无信号"。因为他们每次带手机时,都在游泳馆没信号,等我走了才有信号。他们就怀疑是我的缘故,所以都叫我"无信号"。

我在学习上有时候也"无信号",因为我慢吞吞的,尤其是写作业。

对了,我还有个外号叫"奥利奥",我可是个大"吃货",一顿能吃很多很多东西,我曾经一顿吃了两碗片儿川,厉害吧!

"小汤圆"
文/小马老师

不知不觉,"钢炮弹"渐渐膨胀起来,变成了"小汤圆",妈妈也担心地说:"马老师,汤圆怎么光长肚子不长个儿,脸上的眼睛都也被挤得越来越小了!"

上周三中午吃肉丸子,大家正安安静静地吃着,只见汤圆又缩着手弹来弹去,滚来滚去,肉感十足。他在教室里轻松自如地弹跳穿梭着,窃窃私语着,悄然进行,左右逢源。他以为自己像克拉森的《这不是我的帽子》里偷帽子的小鱼,可以神不知鬼不觉,其实他的一举一动早就被我看得一清二楚。待他回到自己的座位,餐盒里已经堆积了好多肉丸子,只见他一边将一个白白的肉丸塞进嘴里,一边左顾右盼,眼神里流露出满足的光芒,仿佛凯旋的猎人。

我一看,这人证物证俱在,正好说说他超重的问题。我轻轻走到他面前,惊讶地问:"汤圆,这么多肉丸子,厨师太偏心了吧!"他耷拉下脑袋,瞅了瞅同桌云云,只见云云菜盒才两个丸子,顿感不妙,要东窗事发。"又不是我要吃的,是他们硬要给我的……"在汤圆嘟嘟囔囔中,我偷瞄了周围几个人的饭盒,估摸着又是几个或挑食或瘦瘦的孩子不愿吃肉丸想出来的主意,其中有竹竿,有小雨,还有文文等。这几个,要么身材苗条,要么挑食偏食,正好借此机会教育一下。

"他们是谁?"

汤圆不吱声,还挺仗义! 真是三国里的张飞模样,虽低头不语,眼睛却盯着小雨。"是哪些孩子这么好心,知道汤圆爱吃肉,就堆着让他吃。但这种行为真是好心办坏事,害人害己了! 首先,汤圆体重已经超标,再多吃、猛吃,会加重身体负荷,说不定还会闹个'三高'出来,那就不得了了! 其次,你们不吃这些食物,营养不均衡,会影响自身身体的新陈代谢……"话音未落,小雨就站了起来:"马老师,我知道错了,我不应该挑食不吃肉丸,还把肉丸全给了汤圆!"小雨认真的表情让我忍不住心疼起来:"孩子,你看你,瘦瘦小小,真该为自己的身体做规划了!"小雨很真诚,她已经知道这种分享不是真分享,以后会更注意做事前要思考……说着说着,以汤圆为中心,四周都站起了知错的小屁孩们。"竹竿"红着脸,眼睛都不敢看我:她可是比较自觉的孩子呀! 或许,我们总难免会高估他们的儿童本性。

"你们五个拿回自己的丸子,想想以后该怎样对待自己的午餐,怎样对待自己的同学,下课写个'督促自我健壮,监督汤圆减肥'的方案,可千万不能让汤圆将来变成圆滚滚的皮球!"同学们"扑哧"笑出声来,汤圆自己也忍不住笑了,满脸的肉挤得眼睛眯成了一条缝! 在收到的"方案"里,果然有表决心要吃完饭菜决不"乱分享"的,也有计划陪着汤圆多跑步、做仰卧起坐的,还有建议下课和他比赛"青蛙跳"的,哈哈,真是小主意层出不穷! 那就各自行动,将功补过吧!

今天再偷偷观察,发现汤圆果然没有再四处"扫荡",而是老老实实地吃着碗里的饭菜，其他那几个也努力地吃着。

或许，小人儿就是难养，就算再懂道理，行动力也总会不足！把道德知识内化为道德自律，再外化为道德行为，路漫漫其修远兮！

暴脾气翰翰

文/吴政翰

我的小名叫翰翰。

我的脾气有点暴，所以别人又叫我"小钢炮"。我的身体很强壮，跑起来又很快，所以我这枚"小钢炮"的杀伤力非常强。我闯了不少祸，不过，我都改正了！

我发脾气的时候就像一只小老虎，会不自觉地踢桌子，这很不好，我会改正的！

这个学期我又肥了不少，圆滚滚白胖胖，小马老师说我像颗"小汤圆"，真该减肥了！

"黑侠客"

文/小马老师

美术课上，"黑侠客"听得非常认真，因为他心中已经有主张。瞧，他飞快地剪着纸，一条一条，红黄绿、红黄绿。不到几分钟，一个小黄色的圆圈已经套在了绿色的圆圈了。

铃声一响，只见一个黑色的大侠扑棱着双手，手中拎着两串漂亮的彩带花环，向办公室飞来。

旁边班级的赵老师正风风火火地往班级走，和他打了个照面，眼看就要撞上了，他立即急刹车，一个轻巧的"凌波微步"，闪了过去。赵老师心中一咯噔：这孩子，冒冒失失地，干吗呢？

"马老师——"这中气十足的声音穿越寒冬的封锁，直接进入正在办公室马不停蹄批改作业的马老师耳中。

"我做了两串彩带，看——"两只铜铃般的眼睛里全是亮光。

"颜色搭配得真好！太美啦！"马老师的脸上已经绽开了花。她停下手中的笔，轻轻地抚摸着这串纸铃铛。

"我最先做好了！给你挂起来吧！"

"太好了，我的办公室又要变美丽啦！挂哪里呢？"

"就这串树叶上！"

"好！看你的了。"

这串塑料树叶顺着墙爬到了高高的窗台。"黑侠客"够不着，正在想办法呢。

只见他飞快地挪过旁边的小桌子，努力地踮着左脚，右脚架到了桌面上。他粗壮的胳膊还裹着厚厚的棉衣，足足像只小黑熊。

哈哈哈，"小黑熊"尝试了两次，还是爬不上去！

"嗯，今天衣服穿厚了，看我的——"他猛地一蹦，双膝竟然上了桌子，两手一抱，抱住了墙上的饮水机，再双手一伸，一勾，花环已经妥妥地挂在叶子上了。

这次他不跳了，他知道，跳可不是英勇的表现，会让老师担心的。

我喜欢李孺蕃

文/张汝成

我喜欢李孺蕃，因为他很强壮，只要成为他的朋友，那谁也不敢来欺负我了。

他的体育特别好，跑步特别快，力气也特别大，班上几乎所有的力气活都归他干。这可是真的！有的时候他发怒了，还能举起一张装满了东西的课桌呢！

他的语文和数学考试分数大部分接近一个数，那就是 89 分。他要么考 89.5 分，要么考 89 分，要么考 88.5 分。

他的电脑用得特别好，尤其是打字，他一年级时就成了老师的打字小助手！有一次，我偷偷地去看他打字，啊！我看他的手指那么灵活，飞快地打着字。他告诉我："我现在能一分钟打 30 个字了！"我一算，我的天！他竟然 2 秒钟就能打一个字，真是神了！

他的科学也不错，只不过他的脾气不太好，你要是说他很傻，那你就得准备赶快闪，不然，"嘣"的一声，你的脑袋就开花喽！

我太喜欢李孺蕃了！

"及时雨"

文/小马老师

"及时雨"虽然个子小小的,声音却不小,清脆悦耳,一张小嘴不停地嘀嘀咕咕,幸亏"及时雨"说的不都是废话,有时甚至能说出石破天惊的话来。

一次,上课中,孩子们就锦鸡是兽类还是鸟类争论不休,这样热闹的场面中"及时雨"反而异常安静。我努力地听取着大家的意见,场面渐渐混乱,没等我发声,"及时雨"已经站起来,狠狠击掌三下,把大家都镇住了:"你们别吵了,没看到课文中写着'孔雀锦鸡是一家吗'?"她突然停顿了一下,我点点头,她眯着眼睛,环顾了四周,继续解说:"既然它们是一家,我们只要搞清楚孔雀是鸟类还是兽类就可以了! 刚刚老师让我们认识了麻雀、灰雀,这孔雀也是雀类,肯定是鸟类,那锦鸡是它的朋友,肯定就是鸟类了!"哇,不得不佩服她的逻辑。她说完后,大家都鼓掌了。

但是,"及时雨"也不是总能把事情说清楚,有时说不清楚,她就会用一大堆自己看到的、听到的、想象到的例子滔滔不绝地进行语言堆砌。好吧,她较真的模样绝对是你喜欢的。

"及时雨"的自白

文/仲雨欣

我觉得我是一个调皮、马虎的人,就说说我的调皮吧!

我很调皮,是个很不安分的人,一会儿落东西,一会儿摔一跤。总之,我很不安分。

但有时,调皮也是一件好事。一天中午,我想去跳长绳,结果稀里糊涂地被拉进另一个队了。我既兴奋又激动,因为这个队伍可是要去比赛的!

调皮有好有坏。

赫赫——生活在时间恐吓里的孩子

文/小马老师

赫赫是一个高大的小孩,不到 7 岁,已经是 1.4 米的个头,大大的眼睛,一笑便成了弯弯的月牙,大大的门牙充满了"流氓兔"的喜感。他喜欢做"风一样的男子",每天最快乐的事便是疯跑。在同龄人之中,他已经是相当自律的了,甚至有一次听写,他知道自己错了一个字,一下课就追着我把作业本还给他订正,由于我急着开会,端着的本子还未批改,就随口说了句"等会再给你吧",他竟然跟着我一路到开会的四楼,等着我批改后给他。但是,我又明显感觉到他的在乎。每回答一个问题,他会耐心等待甚至观察大家的反应。有的时候,他的某一件事情没有做到位,譬如座位没有整理干净,被我提醒的时候,他的眼睛会怔在那里,流露着一丝担忧。于是我就不忍心再说他了,只是耐心地安慰他"人无完人",细心地教他怎样分类整理,怎样把琐碎的东西分门别类地放入三个整理袋中,这个时候,他又会嘻嘻哈哈地和我一起整理起来,整个人都放松起来。

因为上课认真,做作业及时,他可算是班级里玩得最多的孩子了。瞧,中午他又是第一个将饭菜吃光光出去玩的"常胜将军"。只见他的大嘴向上一扬,眼光便照进了我的眼睛:"老师,我又吃完了,座位已经打扫干净了,我能下去玩了吗?""当然可以! 今天天气不错!"我早已经被他的笑容秒杀了。"那,我还能玩多长时间?"由于身高优势,他大多时候会搂着我的脖子问这个每天必问的问题。他吹出来的气息痒痒的,这孩子就是这样傻傻的,又很天真。"还有35分钟可以玩!""噢耶,还有半个多小时! 我走也——"就像一阵清风,他撒开长腿就消失在门口,留下其他孩子艳羡的目光。

可是,不到10分钟,他又会出现在我的面前,就算我在办公室,或者走廊里——总之,他对我中午的去向了如指掌,无论我站在哪个角落,他都会气喘吁吁地跑过来,问:"老师,还有多少时间静校?""还有20分钟,怎么了?"我抬起胳膊看看手表,小家伙也会凑过来,脸蛋贴在我的手腕。"没什么,我再去玩一会儿,刚刚还没有玩够呢!"但是,无论他怎么玩,总会在静校之前回到教室,全然不像其他孩子,必然等到铃声响了才恋恋不舍地追追打打着回到教室。

他对时间十分敏感。

他十分守时,这毋庸置疑。但是没想到,他对时间还藏着一种深深的恐惧。

做"大闯关",计时20分钟,他会激动地抓过试卷便开始写起来,结果字迹并不让人十分满意;口算,他握笔的手都在微微发抖,双腿更是抖个不停。事实上,不到两三分钟,100道题他定会轻易拿下,但那种手心冒汗的紧张让人不禁担心。春游,我跟大家说,还有 5 分钟就要出发了,大家赶紧去上厕所吧!他一定是肖然不动的,为什么呢?害怕自己时间不够。这傻小子!

其实,和他妈妈聊过天后,我才知道他从小就对时间非常敏感,"有一次,大概是他五岁左右,我们夜晚去超市大卖场,超市广播提醒我们还有半小时将要关闭,他特别紧张,拉着我的手就往外走,我感受到他的手都在发抖。我跟他说,没关系的,还有半小时,来得及的。超市会服务到最后一位顾客消费完的。但是他还是非常紧张,害怕我们被关在里面。所以从那个时候开始,我也就发现他对时间特别敏感,对有时间限定的事情都非常紧张……"

听完赫赫妈妈的讲述,我觉得赫赫的一切行为都可以解释了。他为什么那么喜欢玩却一遍又一遍地来找我问时间,他为什么明明已经很快做完还是很怕口算……这一切都源于他害怕时间,他害怕框定的那个时间限值的到来。那么他小时候是否受过时间的刺激?但是再深究,她的妈妈也说不出来了。

怎么办呢?这也算是心理上的顽疾。一旦人对某些东西产生病态依赖或者恐惧,就极难改变。如何舒缓他对时间的这种紧张感,不让他有时间压迫感?不告知时间限值?这都只是改变外力,更何况外力大多数时候不可能因为他一个人而变。怎么办呢?只能用最柔软的东西在潜移默化中影响他了。绘本故事库中,《金爷爷买钟》《小牛的春天》《时间的故事》《一片叶子落下来》等都是讲述时间流逝但并不可怕的温情故事。一些有趣的有关时间的儿童诗或许能让他对时间产生一些柔软的情愫。慢慢地,或许他会对时间有所理解,对把握时间有更多自信。

孩子,我们拥有时间,使用时间,共度时间,但不应该惧怕时间。这时间,或许在他心中,是制度,是规矩,是规则……无论如何,都不必惧怕。

蛋蛋的自画像
文/杜启赫

大家好!我是来自天长小学的阳光男孩杜启赫。

平日里我喜欢和小伙伴一起踢足球和打篮球,一个人的时候我也会玩滑板或者游泳,我还一直和教练学习跆拳道,除了这些,我还喜欢唱歌和跳舞,自由发挥的那种哦,大家都叫我"情歌小王子"。我可不只是个动感小子,学校里的我是个品学兼优的好学生。安静时,我最喜欢看书,各种书我都会去看,老师推荐给我的曹文轩伯伯的系列书,我已经快看完了! 回到家里安静时的我喜欢弹弹钢琴,我喜欢弹奏各种自己欣赏的音乐家和歌星的曲子,在弹奏时加入自己的感觉,虽然快乐和不开心时弹出的感觉不一样,但是……真的,那种感觉真叫棒! 一到进行枯燥的指法练习时,我就会发小脾气,还会哭鼻子,这就不多提了,毕竟,我是男子汉! 总之,学习的道路都是会有酸甜苦辣的,这样在收获成果时才会格外珍惜!

希望大家会喜欢我! 我的故事很长很长,有机会还要给大家讲一讲!

我想有棵树

小马老师

植树节的正确"打开方式"一定是在正确的时候，在正确的地点，悉心地种下能存活的树！不一定是在 3 月 12 日扎堆植树，只要有植树的心境和时间，在任何时候，植树都是令人愉快的事情。

小马老师的专栏

我想有棵树

昨日，在莫干山上，与搭档雨凡亲手种下一棵树。

细细的根、细细的干、细细的枝，我们用力挖坑，小心放树，细致扶植，慢慢培土，最后缓缓浇水，送出心中的名字：迎雨。

它仿佛是一个新生命的开始，从卧倒在地至风中伫立，多么神奇！当挂上许愿牌的那一瞬间，简直有些莫名感动：我们如此诚心地种树，坑挖得深点再深点，土培得多点再多点……我们是真心希望自己能和它一起长，树长，我们也长，长成一棵苗壮的树，屹立于天地间。

我想有一棵树，站成永恒，没有悲欢，一半在土里安详，一半在风中飞扬。

春天，我给它培土，它没拥抱我，只是抽出嫩绿的新芽。

夏天，我给它浇水，它没拥抱我，只是撑起翠绿的大伞。

秋天，我给它施肥，它没拥抱我，只是寄来金黄的书签。

冬天，我给它裹衣，它没拥抱我，只是捎来赤裸的祝福。

一季又一季，一年又一年。

我想有一棵树，我轻轻地说，它静静地听。

我默默地做事，它默默地欣赏。

它长，我也长，长成一棵坚强的树，屹立于天地间，无论现实怎样！

🍃 微点评

小马老师,我也种下了一棵小树苗,取了个名字,叫"小阿力"!

我也是按挖洞、植树、培土、浇水这个顺序种树的!

我还对我种的小树说了很多悄悄话!既然是悄悄话,我就不告诉你们了!

🍃 学生习作

你与树亲密接触过吗?树有没有带你走入某种联想秘境?

我想有棵树

我们小心地穿过一条又一条的石板小路,来到一块宽大的泥地上;细心寻找肥沃而平坦的土地;用小锄头认真地挖一个不大不小、不深不浅的坑,缓慢地把一棵小树放入坑中,再把边上的土填回坑里;我急忙去水桶边舀了一小勺水,小树用狭小的叶子向我招手,仿佛我跑 100 米快要胜利而为我欢呼,勺中的水珠滴答滴答地从小树的顶端而下,对小树来说,像下了场毛毛雨似的,它吮吸着从天而降的水珠。在写"心愿卡"的时候,我仔细地挑选了一支淡绿色水彩笔,写下"美化空气"四个字。我相信到了 G20 峰会的时候,这棵树会让更多的人喜欢上这儿——空气甜润的杭州!这棵小树会带给我们小伞、书签等。以后,它得叫"甜润树",以树为名……

我的植树心愿终于实现!

——杭州市天长小学三年级 陈 郁

我想有棵树

我家门口有四五棵高大粗壮的树。我走下楼,就闻到一阵清香。我立马跑到树前,花开了不少,有的才开了两三片花瓣,有的全开了,露出了雪白雪白的东西。

一棵树上的花，一朵有一朵的姿势，看看这一朵很美，看看那一朵也很美。要是把眼前的树看作一幅画，那画家的本领可真不小。

我仿佛就是一棵树。我披着一件衬衫，小甲虫爬上来说："我的好梦。"蝴蝶飞来说："中午飞行快乐。"

我才知道我不是一棵树，我只是在看树呢！

——杭州市天长小学三年级　吴政翰

童　话

小马老师

　　日常生活中,童话的元素处处闪耀。一草一木,一个物件,一个微笑……只要你留心观察,放飞想象,童话就出来啦!

小马老师的专栏

雪　花

　　小企鹅趴在窗沿上,眼巴巴地望着窗外。

　　北极熊趴在桌子上,眼巴巴地望着窗外。

　　倒霉熊打了个哈欠,眼巴巴地望着窗外。

　　"小马老师,天气预报不是说今天最低温度零摄氏度吗?为什么还不下雪呢?"小松鼠忍不住仰着头问。

　　"是啊,真想像《雪花人》里的威利一样,仔细看看雪花的样子呢!"小银狐的眼睛瞪得溜圆,银色的长睫毛忽闪忽闪,就像半空中下起了雪豆子。

　　"才不要,下雪太冻了!我的手会冻成冰棍的!"小狮子摇了摇手,撇了撇嘴。

　　"不要不要,下雪太冷了,我没那么长的围巾!"长颈鹿摇了摇头,缩了缩脖子。

　　"绝对不要,下雪太冰了,我没那么多双鞋子!"毛毛虫手舞足蹈,十分激动。

　　"下雪啦,下雪啦!"突然,小鱼儿游了过来,带来了一串漂亮的小雪花。这串小雪花有各种各样的颜色,美丽极了!仔细一看,小雪花上还有六个尖尖的小角,可爱极了!

　　"要下雪还不简单!我们自己来做雪花不就得了!"小黄牛嘟囔着,已经掏出了彩色纸片。

"没错,我们下场五彩缤纷雪怎么样?"小白兔兴奋得耳朵竖得老高。

小企鹅、北极熊、倒霉熊一下子都打起了精神,纷纷加入制作雪花的队伍。

当小马老师再次走进教室时,空中飘起了不落地的雪花,纷纷扬扬,飘飘洒洒。

✒ 微点评

哇,我们的手工雪花里都藏着美妙的童话呀!

这是校园生活童话! 我也要学学,把生活中的一点一滴编成童话!

嗯,童话里的人物形象塑造太重要了! 我喜欢小鱼儿的聪明机灵,

他是故事的灵魂人物!

✒ 学生习作

一件手工作品、一张照片,一面墙,一棵树,一朵花……生活里处处有童话!

照　片

啊!

一声尖叫声从照片嘴里传来。

"你是谁? 怎么这么丑? 怎么在我家里?"照片说。

照片上那个人没有回答。

"好吧,你可以在我这住,不过要保持点距离!"照片严肃地说。

晚上,大风吹着,外面,还有人打架! 照片好害怕哦!

照片想:又不是我一个人在害怕,旁边那人也在害怕。

第二天夜里,照片又冷又害怕,于是就和那个人抱在了一起……照片不冷了,也不害怕了。

——杭州市天长小学三年级　谢仲阳

一棵不肯开花的树

小松鼠在冬天看到了梅花树,它打算等到春天和伙伴们一起来看。

春天,动物们来看这棵树,可是花凋谢了,小松鼠以为是来的动物太多,梅花树害羞了。

夏天,小松鼠和小刺猬一起来看,可是花还是没有,它们垂头丧气地走了。

秋天,老虎一家也来了,小老虎看不到梅花很生气,使劲地摇晃起树枝,结果把树给折断了,于是就种上了柳树。

第二年春天,动物们又来了,看到了冒着尖尖嫩芽的柳树,嫩绿的细芽非常漂亮,大家都以为是梅花树,于是又种上了许多,大家都称这是梅林。

——杭州市天长小学三年级　任俊璐

等

等,他在等,大树在等。等什么呢? 等小猴来荡秋千? 等鸟来唱歌? 不对,都不对。他在等花开。蜗牛来了,它用黏液在树叶上画花。蝴蝶摘了一朵桃花,放在了树枝上。蜜蜂把郁金香一朵一朵地插上树枝。牵牛花使出吃奶的劲慢慢爬上树干,在树枝上开花。

现在,这棵大树变成了什么花都开的大树。

——杭州市天长小学三年级　徐昊田

棉鞋和鹅卵石

冬天的晚上,一只棉鞋孤孤单单地躺在地上,想念他的伙伴。天上的一颗颗星星吹着寒冷的风,棉鞋瑟瑟发抖。

"棉鞋,棉鞋。"棉鞋被吓了一跳。

"谁啊?"

"我……"一个微弱的声音从地面传来。

棉鞋俯下身子一看,在它的右边,有一块冻得僵硬的鹅卵石。

"我能到你的鞋子里去躲一躲吗?"

"当然可以，可怜的小家伙！"棉鞋回答。

过了一会儿，一颗流星落了下来。

"快看，流星！ 快许愿！"它们许起愿来。

第二天，鹅卵石有了一床棉被，棉鞋有了一个伙伴。

——杭州市天长小学三年级　陈文昊

安静行走

安静行走,独自地,安宁地,不被任何人打扰地行走下去。安静,是一种气息,似水般触手可及;安静,是一种情调,与温暖同在;安静,是一种真谛,去芜存菁,让心飞。

![小马老师头像] **小马老师的专栏**

安静行走

周末的下午,站在阳台上,阳光懒懒地洒在冰蓝的墙壁上,斑斑驳驳,像海上梭鱼在飞翔!

屋子有些冷,寒风从未闭严实的窗户缝隙里溜进来,冷峭峭的,直往衣服里钻,真冷!我打了寒战,站起身来,把窗户再关紧些。就在阳光爬到手背上的那一刻,我被"电"了一下,突然想到楼下去走走。

当走下楼的那一瞬间,阳光亲到了因发烧而惨白的面颊,亲到了因喝药而浮肿的眼皮,舒服至极!每一个毛孔都被阳光覆盖、包裹,时时吹来冬日寒风,暖阳又即刻抚摸安慰,对!就是这种冰与暖的双重感受,是行走在北京明光桥下的味道!那时候,我是多么喜欢在料峭寒风中行走于新街口外大街,任冬日暖阳在我年轻的身躯上肆意挥洒。是啊,隆冬的阳光没有春光的绚丽俏皮,也没有夏日阳光的热烈,更不似秋日阳光的明媚,却有它独特的温暖柔美,悠远绵长。冬阳往往是沉默的,在这沉默里蕴含着淡泊从容,深邃迷离。小区里的植被,因了不同的性子,在冬阳里展示自己:暗绿色的针叶林植物仗着耐寒,昂首挺胸,似乎并不介意暖阳的光顾;紫红色的叶子贪婪地在阳光里追逐沐浴;最热爱土地的小草则不慌不忙地任雪被子在暖阳里融化……暖暖的冬阳弥漫在树木、台阶、草地上,多么可爱!我也吃下了"太阳面包",腹中暖洋洋,心中暖洋洋！这次寒潮袭击，也终究会败在这冬日暖阳里！更何况是小小的病毒呢？不禁哼起了张宇的那首《小小的太阳》：你像一个小小的太阳，有一种温暖；总是让我将要冰冷的心，有地方取暖……

愿从此种下冬日暖阳，温暖自己也温暖他人！

微点评

我好像很少安静行走，现在就试试，看我能看到什么、听到什么、闻到什么、想到什么！

安静有一种神奇的魔力！能安静下来走一走，会发现更美好的世界哦！

小马老师把边走边看到的东西都写下来啦，这就是移步换景吗？

学生习作

有的时候，我们什么都不做，只是在安静中走一走，但是，我们会发现平时发现不了的美好！我们会看到一些东西，听到一些东西，想到一些东西……

安静行走

安静地，安静地，我们听到了同学上课的声音，看到了落叶飘下来，感觉到了一阵阵凉风吹过。

安静地，安静地，我们听到了像军人一样的整齐脚步声，看到了蝴蝶飞过来的美丽和动人，感觉到了火红火红的太阳照在脸上。

安静地，安静地，我们听到了同学唱歌的声音，看到了小花小草露出笑脸，感觉到了地球上的人很快乐。

安静地，安静地，我们安静行走。

——杭州市天长小学三年级　张佳铭

安静行走

秋风吹过,桂花盛开,迎面扑来一阵阵香香的味道,是什么呢? 对,一种桂花香,非常香。脚步轻轻地走,看见操场上其他班在跑步,感觉自己也跟着他们在跑步。走进办公室,看见了一沓沓整齐的书本,不禁想自己在收发本子。走过二楼、三楼,是弟弟妹妹们安静的课堂,老师们认真地上课,同学们认真地听讲。走了一半,在操场,我看见了金子似的落叶,我又闻了闻,本来心里一阵阵烦乱,但是现在安静了许多,本来沉重的脚步现在变成了轻松的脚步。

我学会了安静和烦乱的真正区别,比如,一个人如果心里非常乱,那这个人做事会又慢又不好;一个人如果心里非常安静,那这个人做事会又快又好。

——杭州市天长小学三年级 陈佳琪

安静行走

安静行走,

我们在安静地听着鸟儿欢唱。

安静行走,

我们在安静地闻着花香。

安静行走,

我们又安静地看着蝴蝶跳舞。

安静行走,

我们又不知不觉地返回了课堂。

安静行走

——

——杭州市天长小学三年级 曹 众

学校也是家

小马老师

　　家，是温暖的港湾，爸妈是家，学校也是家。它不在于有多大、有多奢华，只要处处有你用心的装扮，这个家就会透着温馨与雅致。

小马老师的专栏

学校也是家

　　教室里的书架乱了，高冷猫仔仔细细、一本一本地码整齐。

　　教室里的小刷子倒了，小海豚认认真真、一把一把地排整齐。

　　教室里的洗手池脏了，熊猫小小下课不出去玩也要一点一点地擦干净。

　　教室里的花草渴了，小狮子开始忙不迭地一滴一滴地浇水。

　　……

　　咦，教室里，怎么少了一个人？

　　嘘——

　　小马老师出差了！

　　小鱼儿和小海豚经常游到小马老师的办公室门口，偷瞄两眼，又失望地回到班级里。

　　小马老师出差了！

　　毛毛虫心里空空的：小马老师每天都要给我们讲一个故事，今天本来要讲的是什么故事啊？

　　小马老师出差了！

　　小蜜蜂和小蝴蝶聊着聊着，就不知不觉开始了漫长的拼读，

　　"xiǎo mǎ lǎo shī nǎ qù le？"

　　"xiǎo mǎ lǎo shī chū chāi le！"

"wǒ hǎo xiǎng niàn tā!"

"wǒ yě xiǎng niàn tā!"

小马老师也惦记着大家,就风尘仆仆、马不停蹄地提早回来了。大家看到小马老师走进教室,都张大嘴巴,傻眼了:小马老师,你回来了?

"是呀,想你们了呀!"

北极熊欢快地弹动着肉肉的屁股,粉嘟嘟的脸蛋笑开了花,眯眯眼都笑成了小月牙!

毛毛虫手舞足蹈:"有故事听啦! 有故事听啦!"

萤火虫点起了灯笼:"噢! 上语文课喽!"

爱学习的小松鼠已经迫不及待地把语文书摆上了桌面!

……

大家都热情高涨,原本开心的北极熊此时却露出了为难的表情。

小马老师开心地扫视着大家,看看小家伙们两天里有没有什么细微的变化。她的眼神在北极熊身上停住了:"怎么了? 北极熊,突然不舒服了吗?"

北极熊伸开手臂一摇一晃地跑过去,抱着小马老师的腿,眼眶湿湿的:"小马老师,我可想你了。可是,可是——"

"可是什么?"

"我的语文书忘记带了呢!"

"今天故事课,语文书可以放假一天!"

哈哈哈,大家都忍不住拍手笑起来。

✍ **微点评**

学校是我很爱很爱的家! 所以我要好好把垃圾桶管理好!

小马老师,我们被你夸得都不好意思了呢! 我们会更爱学校的!

校园到处都是快活的事。我爱学校!

🖋 **学生习作**

我们爱学校！我们每天都在学校里生活、学习，一起欢笑，一起成长！

新　家

这是我的新家，9月的时候我刚刚来到一(1)班，我非常喜欢这个家！

我喜欢我的好朋友们。下课的时候，我们都去操场上做游戏，有打打闹闹的，有开开心心的。对我来说，这个新家可是什么都有！我们就像认识很久的朋友一样，喜欢黏在一起。

放学后，我离开学校，等待第二天到来。

——杭州市天长小学一年级　高一诺

家的感觉

家就像一个玩具店，让我玩玩具。

家就像一个柜子，让我看书。

家就像一个排气工厂，让我发泄情绪。

家就像一艘大船，我可以自由自在地划。

这个神奇的家在哪啊？

来我们学校看看你就知道了！

——杭州市天长小学一年级　陈育祺

我有一个温暖的家

天长小学是一个温暖的家，因为校园像蓝色的海洋，是我喜欢的。

这里还有很多小朋友可以在一起玩，还有老师给我们讲课，讲故事，教我们学本领。

我们每次做值日的时候都一起劳动，很开心，

我们一起练习跳绳，锻炼身体，很幸福。

还有楼校长带全国各地的老师前来参观。

我觉得那一定是因为我们的学校很棒！

——杭州市天长小学一年级　任煜航

我很快乐

小马老师

快乐是一种很棒的情绪，能在我们心中播下一粒种子，让我们脸上盛开一朵鲜花。每个人对快乐的定义都不同，只要找到自己快乐的方式就好。你做什么事情很快乐呢？孩子们的快乐总是很简单，他们的要求也很简单，只要我们愿意去陪他们，他们都会回以灿烂的笑。

小马老师的专栏

快　　乐

小马老师笑眯眯地和小孔雀手拉手，究竟为什么？

小犀牛呼哧呼哧地笑得喘不过气来，究竟为什么？

小鱼儿不停地转着圈吐着泡泡，究竟为什么？

萤火虫不停地扑闪翅膀点着灯，究竟为什么？

……

秋风一阵一阵，今天真冷啊！但教室里却像一锅热气腾腾的"杂豆汤"。最开始，同桌之间一起炒！

炒，炒，炒黄豆，炒黄豆，噼里啪啦翻跟头。

炒，炒，炒红豆，炒红豆，噼里啪啦翻跟头。

炒，炒，炒绿豆，炒绿豆，噼里啪啦翻跟头。

……

小蜜蜂和小蝴蝶用细细的触角炒起了"红豆"，香喷喷！小麋鹿和金丝猴甩起长长的尾巴一起炒起了"黄豆"，热乎乎！小鼹鼠和小松鼠不想炒豆子，他们炒什么呢？当然是炒"栗子"啦！

大冷天，玩"炒豆豆"的游戏，能不快乐吗？

北极熊，你刚刚一定冬眠了，才问那么多为什么！

🍃 **微点评**

小马老师，我吃东西的时候最快乐！

小马老师，我真喜欢和大家一起玩游戏！

大家快乐的动作真有趣！

🍃 **学生习作**

我们的童年真快乐！跟我们分享一下你最喜欢做的事吧！或者，你觉得快乐是什么呢？

我是个快乐的小孩

我问："快乐是什么"？

妈妈说："快乐就是很高兴，做什么都高兴，遇见什么都高兴。"

我想了一下，跟妈妈说："上学很快乐，因为可以学到知识；和同学在一起很快乐，因为我们一起游戏；听马老师讲故事很快乐，因为我喜欢听故事；和妈妈一起旅行很快乐，因为我喜欢和妈妈在一起。"

"看见花开我很快乐，看见树叶黄了我也很快乐，晚上看演出我很快乐，新的一周开始了我也很快乐……"

"我的快乐怎么这么多呀？"

"因为你是个快乐的小孩！"妈妈笑眯眯地对我说。

——杭州市天长小学一年级　王辰毓

吃火锅的快乐

今天我本来要去游泳馆游泳的，妈妈回来跟我说，天气太冷，不去游泳了，晚上我们一起在家吃火锅！

哇！太棒啦！我们一起去超市采购吃的东西：羊肉卷、牛肉卷……好丰富哦！晚上我最开心的事情就是跟爸爸妈妈一起吃火锅！

——杭州市天长小学一年级　潘佳祺

我很快乐

今天是星期天，我来到少年儿童公园玩，我很快乐。

我还玩了钓鱼游戏，钓上来很多条鱼，足足有 16 条，不同颜色的，我很快乐。

我总共只钓了 16 分钟，平均 1 分钟就钓上一条鱼，怎么样？还算厉害吧，谁可以来挑战一下我呢？

总之，今天我很快乐。

——杭州市天长小学一年级　楼楠世家

我很快乐

每周五，爸爸都会给我借乐高积木，当他把乐高积木带回来的时候，我就非常开心，因为没有比拼积木让我更快乐的事了。

我把积木带回我的房间，关上门，就开始伟大的工程了。为了拼完后能够把零件拆开放回去，我会在拼之前，用妈妈的手机拍照，作为放回去的参照图，拍完照后，我就开始拼了。为了让我专心致志地拼，爸爸、妈妈都不会打搅我。每次我都要花两三个小时，经常会遇到拼不上去的情况，这时候，我就会认真看图纸，仔细思考，看看自己哪里拼错了。找到问题后，再重拼，直到最后完工。我经常累得头昏眼花，腰酸背痛，但是看到我拼好的作品，我就觉得很值得，快乐无比，因为自己的努力没有白费。

我的梦想是将来有一天能把我的作品变成真的：我住在自己建造的房子里，开着飞机在天空翱翔，开着汽车在草原奔驰！那种感觉一定爽歪歪，快乐极了！

——杭州市天长小学一年级　罗浩诚

我很快乐

我很快乐！

每天在小区里和小伙伴们一起骑滑板车，一起玩水枪，我很快乐；

最近跳绳我跳的越来越多，可以跳 168 个，我很快乐！

妈妈带我出去旅游，在沙漠骑骆驼，我很快乐！

在海边玩水挖沙子，我很快乐！

……

只要有人陪我玩，我就会很开心！

——杭州市天长小学一年级　朱元灏

班级里的那些事

小马老师

我们班是一个有趣的班级,每天发生的趣事如牛毛一般多,如春雨滋润人心。我们通过这些趣事相识、相知、相长……

小马老师的专栏

小犀牛收脚印

吃完午饭,小犀牛照例美滋滋地去工具区拿来自己的专属绿毛巾,蹲在水池边的地上,目不转睛地盯着地板。是的,他要开始收脚印了。

小白兔洗完手,地上出现了一片片梅花瓣。"小白兔,注意脚印!"小犀牛赶紧把梅花瓣脚印收掉。

梅花鹿洗完抹布,地上出现了两片分开的树叶。"梅花鹿,小心点!"小犀牛赶忙把树叶脚印收掉。

小花鸡洗完勺子,地上出现了两排小草。"小花鸡,轻轻走!"小犀牛顾不得擦汗,忙把小草脚印收掉。

大白鹅洗完餐布,地上出现了一把把小雨伞。"大白鹅,让一让!"小犀牛头也没抬,忙把雨伞脚印收掉。

一个影子像清风一般闪过。"咦,这团像火焰一样的脚印是谁的?"

"小马老师记得有本书,叫《动物的脚印》,说不定可以找到答案。"小犀牛轻轻点点头,小心翼翼地把火焰脚印收掉。

"我找到了,火焰脚印是仙鹤的脚印,仙鹤,是不是?"正在看书的仙鹤红着脸点了点头。

"中午最爱干净奖颁给小鱼儿,他走过的地方都没有脚印!"小犀牛一本正经地给小鱼儿加了三根光荣棒!

微点评

今天中午我也不小心踩出一串火焰脚印！我以后要小心一点啦！

大白鹅的脚印是一把把小雨伞，这种写法真有趣！

观察真仔细！我也观察到了一些小事，也想写童话！

学生习作

校园里处处有童话，通过关心周围的人和事，我们开发童话资源，把一件件寻常事写成温暖的校园童话，可有意思啦！校园童话还能滋养童心，帮助孩子们养成好习惯哦！

玩什么呢？

今天小马老师去老校区开会，小白兔没看见小马老师，很伤心。

小白兔一直趴在桌子上，一个人连出去玩都不敢，就待在教室里。

小企鹅怕小白兔没人陪，就过来找她一起玩。玩的是丢沙包，这个沙包是小马老师新买的。

才玩完三局，她们就不想玩了，去玩捉迷藏了。一对一地捉迷藏，小白兔来躲，小企鹅来找。

又玩完三局，她们想多找点人一起玩，所以她们找了鹦鹉奇、小燕子们一起来玩"小鱼游啊游"，玩得特别开心！

——杭州市天长小学一年级　罗雨荨

斜颈牛学乒乓

斜颈牛参加了学校的乒乓球培训班，表现不错，被总教练狮子项看中，率先让他练起了步伐移动。

哪知斜颈牛一骄傲，没了平时的机灵劲，动作僵硬，错误百出。狮子项的吼声一声高过一声，亲自拉着斜颈牛从东移到西，从西移到东。最后，还不忘叮嘱牛妈妈:"长腿溪她们已经有点会了,斜颈牛回家一定要多练练啊!"

回到家后,斜颈牛对妈妈说:"妈妈,你知道我为什么练不好吗? 因为狮子项一吼,我的腿已经吓软了。"

——杭州市天长小学一年级　许振翰

在一起

我是小松鼠,我和小鹿是同桌。我们经常一起掉笔一起捡笔,老会头碰头。小鹿声音小,也不常发言,小马老师在上语文课的时候说要同桌交流,小松鼠每次都把手举得高高的,可是小鹿却不举手。

一次,小松鼠终于忍不住了:"你为什么不举手啊?"小鹿说:"我不敢!""我们一起说,不用怕!"小松鼠拉着小鹿的手举了起来,她们一起朗读了第一自然段。小松鼠的声音大大的,小鹿的声音小小的,但混在一起,就像一首歌。

大课间的时候,小松鼠和小鹿说:"下次我们一起举手好吗? 争取一起做金牌同桌。"小鹿轻轻点了点头。

——杭州市天长小学一年级　童韵晗

倒霉熊回来了

这几天倒霉熊很不开心,因为他已经有两天没去学校了。

今天妈妈带他看完病,就回到了学校,在教室门口小熊就听见了班级里的同学叽叽喳喳的说话声,倒霉熊很是兴奋。倒霉熊穿着一身白色运动服,背着书包站在教室门口,他看见长颈鹿老师坐在办公桌那里。这时,小猴子和鹦鹉奇正在一起擦黑板,转头看见了倒霉熊,大声说:"倒霉熊回来啦!"所有的小动物都往倒霉熊身上瞧。倒霉熊急急忙忙地走到了座位上,整理书包,拿出书本开始阅读了,心里想着:能来上学真好,和同学一起真好,以后再也不想生病了。

——杭州市天长小学一年级　蓝天阳

小白兔买萝卜

一只小兔子蹦蹦跳跳地从家里出来去买好吃的胡萝卜,但是在路上碰到了一只大老虎,她害怕极了。旁边还有只狮子,她想狮子可能会救她,可是狮

195

子也是"嗷呜"一声,想把她吃了。小兔子跳得比袋鼠都要快,赶紧逃跑了。跑到卖胡萝卜的地方,买了她喜欢的胡萝卜蹦蹦跳跳地往家走,可是大老虎在回家的路上袭击了她,她飞快地跑回了家。哎,这次买胡萝卜的路上真是太可怕了,差点被大老虎吃了,下次要小心了。

——杭州市天长小学一年级　田熠欣

又迟到了

这天鹦鹉奇又迟到了,他进教室的时候,小朋友们都已经开始上课了,马老师停下来,帮他登记了一下。小黄牛看见了,就觉得很纳闷,问鹦鹉奇:"你今天咋又迟到了?"鹦鹉奇盯着天花板说:"我今天到树上去捉虫子吃啦,吃完虫子睡得可香了,就忘记上学了。"

——杭州市天长小学一年级　吴逸辰

欢乐运动会

欢乐运动会要开始了。

小羊报了足球赛,小马也报了足球赛,小鸡、小牛、小狗、小兔、小鸟……他们都报名了。足球赛里的七名运动员要准备了,比什么呢?比的是踢足球。

比赛开始后一小时就结束了,小羊队踢进小狗球门 12 次,小狗队踢进小羊队球门 10 次,小羊队获胜了,小狗队输了。小羊说:"不要紧,还有很多项目可以参加。"小狗说:"好吧,下次我们会赢你们的,这次就算了。"

运动会比赛还有赛跑、跳绳等很多项目。

——杭州市天长小学一年级　赵子峻

拿第二

我是一只小牛。有一次,学校召开了一场运动会:跑步比赛的时候,小猎豹总是拿第一;游泳比赛的时候,小鳄鱼总是拿第一;跳远比赛的时候,小羚羊总是拿第一;跳高比赛的时候,小袋鼠总是拿第一;我呢,因为力气大,所以在拔河比赛中总拿第二。第一谁拿的呢?有时是有力的小狮子,有时是高高的大象,有时是胖胖的倒霉熊……拿第二,我也很开心!

——杭州市天长小学一年级　管颢元

小孔雀想开春日派对

春日,阳光明媚,小孔雀想在草坪上开春日派对。她去散步,遇见了小马老师。小孔雀跟小马老师打了招呼,还邀请小马老师去参加春日派对,小马老师很高兴地答应了。小孔雀又去邀请了花花狗:"花花狗,你愿意来参加春日派对吗?""当然愿意啊! 朋友嘛,肯定是要去的。"小孔雀很开心,她又去邀请高冷猫:"高冷猫,你愿意来参加春日派对吗?"高冷猫点了点头。所有的动物朋友们都愿意来参加春日派对,他们都很快乐、很幸福。

——杭州市天长小学一年级　李若溪

大包子

有一天,小马老师去开会了。小马老师出去之前,布置了两份作业,说在中午12点半交上来。小企鹅速度有点慢,大家都在吃饭了,她还没写完作业,就不想吃饭。小熊也跟小企鹅想的一样,他们把作业写完了,却没饭吃了。

小马老师回来了,知道了小企鹅和小熊没吃饭。小马老师看到小企鹅和小熊扁扁的肚子,就马上给小企鹅和小熊买了大包子。小熊和小企鹅吃得很开心。小熊和小企鹅知道了要吃完饭再做作业,不能急着写,什么时间做什么事,不能一口气想着做完所有事,更不能不吃饭。

——杭州市天长小学一年级　朱艺涵

猛兽三结义

在学校森林里,有三只猛兽:狮子、老虎和豹子。它们经常以打架的方式一起玩耍,越打感情越好,互相都非常欣赏对方的勇猛,最终决定像刘备、关羽、张飞一样,结拜为异姓兄弟。由于其他小动物都不喜欢它们的特殊相处方式,它们有点孤单,所以决定改打架为主动帮助别人。慢慢地,小动物就愿意和它们玩了,它们也变得受人欢迎了。狮子、老虎和豹子除了平时经常在一起打打闹闹外,还有一个方式来加深它们之间的感情,那就是互相分享自己的小秘密。这些小秘密它们从来不和别人说,连爸爸妈妈都不知道。

——杭州市天长小学一年级　谢黄光远

我心中的美食

小马老师的开场白

美食，顾名思义，就是美味的食物，贵的有山珍海味，便宜的有街边小吃。但每个人的美食标准都是不一样的，美食不分贵贱，只要是自己喜欢的，就可以是美食。成人世界里，一块"石头饼"就是美食；儿童世界里，孩子们喜欢的美食是什么呢？

小马老师的专栏

石头饼

不知从何时，小区门口，大桥头，出现了一个卖石头饼的小伙子。

他的摊位是三轮车改装的，雨天一把黄色大伞，他的高大身影便隐匿在一片黄色光晕中；晴天你可以清楚地看到他黝黑的面庞和繁忙的双手。他那看似普通的推车其实被他改装得机关重重，上面有铁板煎锅，肚子里还有几个深深的抽屉，里面有烤得香喷喷的石头饼，有脆生生的生菜，有一根根剥好的香肠火腿，还有圆溜溜的鸡蛋……

为什么叫石头饼呢？他说，因为饼都是在石头里烤熟的，所以才脆而不焦！我好奇他的车肚子里有没有大石头，但一直也没机会一探究竟。早晨来不及，时常会去买个石头饼，他总是微笑着从抽屉里取出一个圆滚滚的鸡蛋，迅速敲向车沿，"咔嚓——"蛋清蛋白一溜儿跌到了煎锅上，"滋滋滋滋"，迅速摆开金黄的裙摆，尤其是蛋黄上还有薄薄的一层图腾，顿时食欲大增。他在蛋成熟的间隙，飞快地拉开另一个抽屉，取出刚烤好的白饼，迅速一刀，将饼的肚子从中剖开一半，拿起沾满花生酱的刷子在饼内壁来回刷几下。随后将饼置于一旁，拉开另一个抽屉，取出三片鲜嫩的生菜在铁板上翻炒数下，撒下调料，将恰到火候的蛋铲至白饼肚内，再将生菜尽数铺于蛋上，装入特制纸袋之

198

中……一气呵成,这一系列的动作竟不过两分钟,且一切都恰到好处!他的每一个动作都那么开心,那么热情洋溢!

还记得第一次吃他的石头饼,我笑说他的饼不正宗,正宗的石头饼我好几年前在山西平遥吃过,薄薄的、脆脆的,表面坑坑洼洼。他依旧微笑:"这是我们磁县的做法,你吃吃看!"一咬下去,外面酥脆里面绵软,淡淡的甜,淡淡的咸,淡淡的香……唇齿留香!第二次再买,聊起小说来,小哥依旧微笑:"我喜欢读点历史作品,夜晚回去就看书歇着!"我们说起了南派三叔,我鼓励他写写故事,不想他竟给我偷偷加了两个蛋……这位乐呵呵的石头饼小哥,竟也成了我在这陌生小区的朋友,尽管每次都是匆匆点头微笑,但那石头饼的香却已长留心中。

🍃 微点评

小马老师,看完你描写的制作石头饼的场景,我也好想吃啊!

石头饼真是色香味俱全的美食啊!

对小马老师来说,石头饼有不一般的意义,所以才会成为小马老师心中的美食吧!我心目中的美食是妈妈做的马卡龙,好看又好吃!

🍃 学生习作

孩子们,你喜欢的美食是什么?长什么样?有什么形状和味道?最重要的是,它和你之间有什么不同寻常的故事,才会在你的美食排行榜中排名第一呢?

牛肉洋葱胡萝卜蘑菇芝士比萨

我最爱的美食是"妈妈牌"牛肉洋葱胡萝卜蘑菇芝士比萨。

每年我过生日,妈妈都会给我买全了所有的做比萨的材料:牛肉、芝士、洋葱、胡萝卜、蘑菇……

然后,妈妈就开始一丝不苟地做了。她先做烤饼:在比萨面饼上均匀地撒上芝士,紧接着铺上一层胡萝卜和香菇,再在胡萝卜和香菇上撒上一层芝士,然后把我最爱吃的"大牛"和洋葱铺在芝士上，再放进烤箱里烤。我站在边上，把两只手握成筒状，当成望远镜观察烤箱里的比萨。只见比萨饼慢慢鼓起来了，蔬菜也渐渐变熟了，芝士慢慢地融化了，渗透到牛肉和蔬菜的缝隙里去了。

"叮咚"一声，我的口水就流了出来。

妈妈刚把烤箱的门打开，一阵浓浓的奶酪香就扑鼻而来，哇，我的鼻子都长了！妈妈用滚刀切开了比萨，滚刀滚过的那一刻，比萨的丝被切断了，但是我用叉子叉起一块比萨的时候，却还能拉出又细又长的丝来，太诱人了！我大口大口地吃起了比萨，那美味，什么词都无法描述！谢谢妈妈！

——杭州市天长小学三年级　陈沈旸

手工食品

"美食妈妈"进校园时，我们学习了做木糠杯，要说手工食品，我对它印象很深。

木糠杯的做法是先在杯子底下放一点饼干屑，放完后压平，然后在饼干屑上挤上一点奶油，分散开涂均匀。放好后，在奶油上面放饼干屑，压平再放奶油……一直放到杯子满了，然后盖上盖子就完成了！如果想要再好吃点，就把木糠杯放进冰箱，冰一个晚上后，第二天拿出来解冻，经过这样一个过程，拿出来的木糠杯可就是手工食品里的美味极品了。

自己会做的美食，才是真正的美食！

——杭州市天长小学三年级　陈　曦

汉　堡

我每次肚子饿的时候，都会想念汉堡。汉堡是我们小朋友最爱吃的一种早餐。我还做过汉堡，做汉堡其实也不难，我们先把面团和好，然后轻轻地揉一个一个小面团，然后把自己做的拳头一样的面团放进烤箱里，只要等烤箱发出胜利的信号，我们的汉堡就做好一半了。

你喜欢吃什么样的汉堡？是双层的还是三层的？还是巨无霸？你喜欢夹香肠、夹牛肉还是夹鸡肉？我喜欢吃夹鸡肉的。

——杭州市天长小学三年级　吴政翰

长头发不见了

小马老师

头发是人身体的一部分。头发除了可以增加美感之外,主要作用就是保护头部了,夏天可防烈日,冬天可御寒冷。但是,昨天,没有一丝犹豫,我把长发剪了!头发一丝一缕从眼前掉落,这些长发都去哪里了呢?

小马老师的专栏

长头发不见了

处理完"哼唧"的音乐课事件,在凛冽的寒风中回到小区,已逾七点。头发稀稀拉拉,被雨雾打湿,黏在额头,取门禁卡时一拉,"哎哟——"头皮发麻,几根调皮的发丝溜进包里偷食,被拉进包链卡住了,动弹不得。

新仇加旧恨,我顿时怒发冲冠,冲进理发店——"剪掉!帮我把长发剪掉!"

"真要剪?"相熟的理发师举着金光闪闪的剪刀再次向我确认。

"剪!"哪来的这斩钉截铁的勇气!

这精心呵护了四年的长发,就在手起刀落间一点一点变成地上蚂蚁的晾衣绳,蜗牛的跑步线……

"剪短发之前,有没有想过到底想要什么样的短发?"

"短了就行,遮住耳朵好了,冬天冻耳朵!"但是,到底剪个具有年代感的Bobo头,还是带点微卷的齐耳短发,还是……毫无想法,保不准发型师给剪成什么样子,随它吧!

就这样睁着眼睛,看挥动的梳子和咔嚓咔嚓的剪刀完美协调地配合,看长短不一的头发渐渐错落有致,那一抬手一低眉间的一个个轻轻拂动发丝的动作,真是精细之极!我的日常工作烦琐、忙碌、紧凑,但缺少这样慢条斯理的精细！理发师不紧不慢地剪着，尽管旁边等着三位熟客，只见他先梳理一小缕头发，再用左手食指与中指顺着梳子夹住发丝到需剪的位置，右手似听到了左手的召唤，在同一时间张开剪子，"咔嚓——"一缕发丝应声坠落！这缕头发和其他剪过的头发再混杂在一起，斜着梳理，比照，再将不合群者剪平，一次又一次……对于一个理发师来说，理发的确是慢的艺术。

"这中短发，剪了更要打理！""嗯，那就打理！"我一边应和，心里升腾起一丝凉意：俗语说"手闲务指甲，心闲务头发"，一个人要是心宽，没什么烦恼，她就会有时间和精力去呵护和打理她的头发，那她的发质绝不会差到哪儿去。发随心动，心怡发轻，主要是心情好、心闲啊！

看着自己的长发一撮撮地掉在地上时，竟没有一丝的留恋，很平静，难得的平静……头发从上到下都那么清爽！

✒ 微点评

小马老师，我可最爱摸你的披肩长发了！你的头发都去哪了？

倒霉熊，短发的小马老师也很可爱！原来发型师是这么剪头发的呀，真细致！

我觉得小马老师的长头发可能会被做成明星头上的假发！

✒ 学生习作

早上，脖子凉飕飕的；进教室，孩子们眼神怪怪的；课堂上，我的头发成了观察对象：头发怎么不见了？长头发去哪里了？快看看孩子们的童真观察吧！

长头发不见了

早上，小马老师一走进教师就吓了我一跳：天啊，长头发不见了！

昨天天气很冷，小马老师肯定把长头发一圈一圈缠在了树上，帮助小树过冬呢！

昨天下雨了,今天出太阳,小蚂蚁肯定把小马老师的长头发拿去当晾衣绳了。

一想到这里,我的心里就暖暖的了!

——杭州市天长小学二年级　祝玮卿

长头发不见了

小马老师的长头发原本是长长的,走起路来,头发就像柳枝一样轻盈。

小蚂蚁家里的条件并不好。大冬天的,他没有新衣服穿。他看到小马老师的长头发,乐坏了:"你能给我几根长头发吗?我想织件衣服。""可以啊!"于是,小蚂蚁剪去一小撮头发。

小猫咪的毛线团丢失了,一直在那哭个不停。"没关系,我的长头发也能做成头发团来玩!"小马老师让理发师剪去了所有的头发,做成了一个大大的头发团,小猫咪玩着玩着,睡着了。

大家都惊讶地看着小马老师:"呀,你的长头发不见了!"

小马老师说:"是啊,但我不后悔!"

——杭州市天长小学二年级　段妍洁

动物朋友们

小马老师

动物是人类的好朋友,动物更是文学作品的宠儿。当我们真正爱上动物,观察动物,了解动物时,我们就能创作出美妙的动物童话故事,这些动物童话充满了真善美的人性光辉。

小马老师的专栏

鹅

每日一故事,今天讲《鹅的生日》,和孩子们聊起鹅的形象。

曾在孤山与西溪湿地见到天鹅,天鹅、鸭子及其他众多水鸟在一起嬉戏,其乐融融。由于天鹅总是只游不飞,我常常分不清鸭子和天鹅。但天鹅有那白瓷一般光滑的羽毛,没有一丝杂质,一团浓墨泼上去,也会一颗一颗滚落下来,沾不上一星半点,所以还是很有辨识度的。它们用粉红色的脚掌划着湖水向前游,湖面上荡起一圈圈粼粼的波纹,远远望去好像天上朵朵白云漂浮在水面上,悠闲自得,令人艳羡。

古代的天鹅不叫"鹅",名称众多,有鹄、鸿、鹤、鸿鹄、白鸿鹤、黄鹄、黄鹤等,难怪中国民间传说故事《天鹅仙女》《天鹅宝蛋》《王羲之与天鹅饺子》中有鹅的形象。西方童话则不同,鹅的形象处处可见,其优雅气质与玲珑身姿让它具有一种贵族气质,往往代表善良仁爱。安徒生独爱天鹅,写了众多以天鹅为主角的童话,如《天鹅的窠》《丑小鸭》《野天鹅》等。

家喻户晓的《丑小鸭》最后是这样描述天鹅的:"快看这只新来的天鹅,她看上去多么美啊,她看上去是那么年轻,那么好看!""她感到非常难为情,把头藏到翅膀里面去,不知道怎么办才好。她感到太幸福了,但她一点也不骄傲,因为一颗好的心是永远不会骄傲的。"可见在童话世界中天鹅的高贵。安徒生童话还写了《野天鹅》。格林童话中有《牧鹅姑娘》和《六只天鹅》,《六只天鹅》的故事令我印象很深:公主是个柔弱的女子,但她却用水马齿草不眠不休地缝了6件小衬衫,救出了被王后的魔法变成天鹅的6位哥哥。

天鹅之美,不仅在外表,还有它们对爱情的忠贞,天鹅是"一夫一妻制",彼此相伴终生。浪漫迷人的《天鹅湖》中至死不渝的爱情足以摄人心魄。当年在温州看的一场舞台剧《黑天鹅》还一直徘徊心间,齐格弗里德遇上被施咒的公主奥杰塔,英雄美人,羡煞旁人!《四小天鹅舞》也是该舞台剧中最受人们欢迎的舞曲之一,音乐轻松活泼,节奏干净利落,描绘出了小天鹅在湖畔嬉游的情景,质朴动人而又富有田园般的诗意。

当然,文学作品中对天鹅也不全是赞歌,伊索寓言中的《天鹅与主人》写出了鹅的傲慢,说它好歌不唱,晚年唱挽歌被主人杀害,真是讽刺。林清玄曾写过《心中的天鹅》,说欧洲中世纪的贵族喜爱天鹅,像宠物一样圈养,水域小而天鹅不得飞,久而久之,天鹅就失去飞翔的能力,甚至忘记自己也会飞翔了,那些能飞越大山大海的天鹅就成为贵族的宠物了。林清玄由此感慨:"我一直深信人的心里也有一只天鹅,可以任思想和创造力无边地飞翔,许多人受到欲望的捆绑,或在生活中被剪去飞行的壮志,或由于起飞的湖泊太小,久而久之,失去思想和创造的能力,也就失去自由和天空的心了。"

愿我们不忘初心,不似西湖中的天鹅,只走,不飞,忘却了天空。

🍃 微点评

我还真是分不清天鹅和鸭子。

我们每种动物都有自己的特点,写童话要是能抓住我们的特点写,一定会很棒!

小马老师看的书可真多,所以对动物也有了研究。

🍃 学生习作

你了解动物吗?利用动物的特点,写真善美的童话故事吧!

小猫学游泳

一只小猫想学游泳,因为她从来没有到水里游过。更何况,水里有很多鱼,学会了游泳,就可以随时随地抓鱼吃了!

小猫想:请谁来教我游泳会更好呢?

"小青蛙吧!"小猫说,"小青蛙游起来比别人快!"

小青蛙来教小猫,可小猫不敢下水。小青蛙灵机一动,在河对面放了一条鱼,小猫一见,马上跳下水去,游过去把小鱼吃了下去。

小猫游泳是学会了,可它却变成了一只胖胖的大肥猫,原来瘦瘦的肚子已经变成了大皮球!

——杭州市天长小学二年级　何雨琦

小鱼收脚印

小鱼想要鸭子一样的脚印,因为鸭子游得很快。

最优秀的潜水运动员就有鸭子的脚印,我一定要有!

小鱼偷偷地游到岸边,看见一串串鸭子的脚印。

就在他游到岸边时,一阵大雨把脚印冲走了。

小鱼急得哇哇大哭,眼泪像断了线的珠子。

鸭子们听见了哭声,游过来说:"小鱼,你怎么了?"

"我收不到你们的脚印!"小鱼说。

鸭子说:"只要努力,你的鱼鳍也能游得很快!"

"真的? 我从此以后不用收脚印了?"

"是的,不信我们来次比赛?"

结果小鱼胜了。

"从此以后,我不收脚印了!"小鱼想,"自己的,才是最好的!"

——杭州市天长小学二年级　吴俊岙

松鼠的新家

松鼠的新房子造好了,既漂亮又牢固。

　　狗大哥说:"嗯,房子造得真不错,但如果在墙上再开个窗就更好了。"

　　小松鼠听了很不高兴,没有理狗大哥。

　　夏天到了,小松鼠的房子既闷又热,热得晚上都睡不着觉,小松鼠这才想起狗大哥的建议。小松鼠很后悔当初没有听狗大哥的,它跑去感谢了狗大哥,然后又在墙上开了窗户。从此,小松鼠的房子到了夏天就很凉快,冬天太阳从窗户里照进来又很温暖!

——杭州市天长小学二年级　陈佳琪

重　阳　节

小马老师

在很多人的童年记忆中，或许都有这样一位老人——他用一切来爱着你，从来不怕宠坏了你；辛辛苦苦准备的吃食，看着你吃得满头大汗，他们爬满皱纹的脸就会荡起一层层的微笑；送你到学校门口，还忍不住目送你越走越远，直至你爬上教学楼台阶的最后一级……在这个传统的日子，孩子们品着《先左脚 再右脚》，听着《当你老了》，会怎样回忆这些生命中熟悉的老人？孩子们了解这些爱自己的人吗？她喜欢的颜色，他爱看的杂志，她喜欢做的美食，他爱种的花草……

小马老师的专栏

我的"臭老九"外公

重阳节，我想念外公了。

读书的时候最期待的事情，就是回家探望外公，和外公聊聊近况。

或许是因为，在亲朋好友里，外公是最脱俗的人，最尊重知识的人。

外公是个教师，是小镇里几乎所有人的老师。但外公常戏称自己只是个"臭老九"。七八岁的时候从城里坐公交回镇上探望外公，我从不害怕，因为开车的叔叔老远就会喊："彭老师家的外甥女，看外公去呢？"

或许正是因为如此，我才选择报考北京师范大学，最终也如愿以偿，当了老师。

外公身体很不好，但他总是手不离书。他有一个神奇的大樟木箱子，里面装的都是泛黄的书。外公也很爱写文章，镇里老一辈的人遇到了问题，要写"状纸"，要写书信，甚至要写保证书，都是请外公代笔。

每年大年初二，我们晚辈们都会在外公家聚餐。爸爸妈妈们在做饭、聊天时，外公总会把我们这些孩子们召集在一起，一人发一张泛黄的格子纸，让我们安静地写一写"新年新目标"。我是很喜欢的,因为外公说,他希望我们能过有计划、有理想的生活。写完后,他还会大声地念我们写的目标,并当众发给我们红包。

他捧着格子纸,读我们文字的时候,眼睛里总是泛着光。我知道,他这是为我们自豪呢!

现在每每回想起外公,我就更有了坚持理想的动力。

微点评

小马老师,我真为你有这么好的外公自豪!

外公给了小马老师追寻梦想的力量!

小马老师的外公爱看书,爱写文章,真令人佩服!

学生习作

以血脉亲情为纽带,祖孙之间总能产生温馨的交流,留下很多意味深长的故事。孩子们的回忆,有的温馨,有的浪漫,有的耐人寻味……

我的奶奶

我的奶奶虽然很老很老了,但是她很善解人意。

有一次,我写着作业,想吃葡萄,奶奶就立即出门买来葡萄,还一颗一颗洗干净了。可惜,由于她洗得太仔细了,时间太长,我睡着了。

我奶奶特别会烧菜,我最喜欢奶奶做的蛋炒饭。奶奶做的蛋炒饭特别香,而且一粒一粒金黄灿烂,真是一绝!

我也很喜欢奶奶炒青菜给我吃!家有一老,如有一宝!奶奶常常提醒我:多吃青菜,轻松便便。哈哈哈哈!她知道,我最怕便秘了!

——杭州市天长小学二年级 徐昊田

梅兰竹菊"四君子"

小马老师

梅兰竹菊"四君子",千百年来以其清雅淡泊的品质,一直为世人所钟爱,成为一种人格品性的文化象征,这与历代文人墨客、隐逸君子的赏识与推崇不无关系。这个春节,让我们开启寻找"四君子"之旅吧!

小马老师的专栏

灵峰探梅

超山的梅花以"古、广、奇"三绝而名扬天下。花开时节,景区内外 5 万余株梅树争相绽放,凌寒留香。超山有唐梅和宋梅两大古梅,独有六瓣梅花,傲然于天下五瓣梅。

一月的超山上,人流如织。蜡梅依旧开得最多,大大方方地绽放笑脸,那舒心的香味一时间弥漫山间。其次是白梅,点点白苞若有若无地舒展开来,阳光盛处,已开了不少,伶俐得很。红梅基本上吝啬地开着,不做那争夺。唯有唐梅和宋梅,依旧不动声色。

"我们都是五瓣,什么时候能看到她们六瓣的身姿呢?"蜡梅们叽叽喳喳讨论着。

"六瓣有什么了不起?每年都最晚露脸,我们都睡了,哪里看得到?"白梅不屑地说。

"看,那边出现了一点点黄色,是谁?"红梅眺望着揽月楼。

"欢迎你!宋梅!"

"谢谢你们等我!我们都是一家人!"宋梅舒展着笑容。

蜡梅、白梅不好意思地笑了。

微点评

小马老师,我也去灵峰探梅了,可惜没看到宋梅!

嘻嘻,五瓣梅花和六瓣梅花也会有故事!

利用梅花的不同品种来创编故事,我也要学习这种方法!

学生习作

"四君子"的身上有那么一股子劲,用来创编故事,再好不过啦!

竹子和狐狸

狐狸先生养了一大片毛竹,狐狸先生在每一根竹子前说了一句话。他说:"亲爱的毛竹,求求你快点长大吧!"

狐狸先生每天都要去竹林里面看竹子。4年过去了,狐狸先生给每一根毛竹都量了量高度,每个竹子都只有30厘米。狐狸先生说:"这应该是矮子竹吧。"第5年的一天晚上,狐狸先生出来准备砍竹子。狐狸先生一看,竹子一下子长高了30厘米,狐狸先生就种了很多竹子,请大家参观,给大家带来快乐。

——杭州市天长小学二年级 沈佳玮

兰花童话

兰花家族开会啦!

建兰说:"十月开,十月开!"

惠兰说:"不行,不行,四月开!"

春兰说:"不行,不行,一月开!"

惠兰说:"我极香,就该听我的!"

"你会把自己的香气用光的。"春兰说。

建兰说:"就是嘛! 别以为你是我们中最香的就该听你的。"

最后兰花们就各在各的时间开。

——杭州市天长小学二年级　涂新颖

坚持的梅花

冬天,各种花纷纷议论:冬天,百花园谁去给人们看美丽的自己?

百合花说:"不行,不行,我怕雪,一碰雪,就直打哆嗦!"

菊花说:"我也不行,雪压在我身上,非常痛!"

"一群胆小鬼!"梅花叫道:"咬一下牙,忍一下痛,不就行了吗!"说完,梅花就立刻跑出去在冬天开放。

——杭州市天长小学二年级　管子正

梅花的朋友

大家都知道,梅花在寒冷的冬天开放。但是你们不知道,梅花还有着许许多多的朋友呢!

在秋天快要结束的时候,梅花在家里收到了好多信。枫叶阿姨的信写在一片枫叶上:"梅花姑娘,你在冬天可不要着凉了哦!"松树爷爷的信写在一把小扇子上:"梅花姑娘,你在冬天里千万别觉得孤单呀!我会让露珠小姐陪伴你的。"

就这样,梅花带着大家的祝福,开放在寒冷的冬天。可她一点也不觉得寒冷,她心里暖暖的。

——杭州市天长小学二年级　叶恬恬

菊花烫发

从前,菊花的花瓣是直的,所有的菊花很想要烫发,可是,怎么烫发好呢?这个问题难倒了菊花们。于是,她们去问百花女王,看看她有没有办法。百花女王说:"我有个办法,可是要独角仙子把这瓶魔药变成淡绿色才行,然后把它给喝下去,就有烫发机给你们烫发了。"可是独角仙子在很远的地方,菊花们一下子去不了这么远的地方,所以菊花们好失望。正巧,有一朵野花小姐开了烫发店,菊花一个接一个去店里烫发了,它们有了卷发,觉得自己好漂亮,真高兴啊!

——杭州市天长小学二年级　张乐涵

保护环境　我有"神器"

你肯定知道,因为人类不合理地开发、利用自然资源和无序地兴建工程项目,地球环境不断恶化。人类环境面临三大危机:资源短缺、环境污染、生态破坏。

孩子们,改善环境,从我做起!

小马老师的专栏

宝葫芦

我是一条清澈见底的小河,河底有许多五彩的鹅卵石,美丽极了,河中那些可爱的小鱼小虾更把我衬托得生机勃勃。河上,很多雪白的水鸟在我的上空自由飞翔。夏天到了,活泼的孩子们都来我这里游泳,打水仗、打水漂,捉小虾……

但是,不知道为什么,我的身体里被打了一个又一个洞,接了一根又一根大管子。紧接着,一股又一股工业废水,黑黑的,臭臭的,油油的……纷纷涌进我的身体里。

天哪,我的身体变得脏兮兮的,小鱼小虾们纷纷得了病,再也快活不起来了。孩子们慢慢地也不来玩了,还捏着鼻子走得远远的。我变得越来越寂寞!

天天陪伴着我的水鸟们,看到我病成这样,决定飞到葫芦山,从葫芦娃手里借出宝葫芦为我疗伤。他们飞过群山、大河、丛林……不眠不休地飞了七七四十九天。终于,他们借来了宝葫芦。

宝葫芦一见到我,立即变大,再变大,紧接着,我的身体里流出的污浊血液全部被它的大嘴吸进了葫芦肚子里。突然,我的身体轻盈了很多很多。紧接着,宝葫芦在我的头顶上转了几圈,"哗啦啦",一股清泉注入了我的身体。哈哈,我重新焕发了生机!

快来我的身边吧!小鱼小虾们比以前还多啦!

🍃 微点评

小马老师,你的故事可真神奇!

宝葫芦真神奇!宝葫芦能变得那么大!还能净化污水!

小马老师又用了对比手法,把小河脏脏的和美美的状态都写得很棒!

🍃 学生习作

你最期待改变世界上的哪种环境污染?你又会使用什么神器来帮助人类呢?你能写清楚环境变化前后的不同状态吗?

污水不见啦

我有一个神奇的注射器,它帮助了许多人。

我来到一条大河边——这条大河脏得发臭,水面上漂浮着上百条死鱼……我把杯子放入水中,然后拿上来,里面全是黄沙,全是死鱼,全是污染物!我把注射器放进水里,一抽,污水不见啦!河水清澈见底,小鱼在水里尽情地游动……

我来到洛河边——这条河被称为"魔鬼毒河",已经害死了许多人,我不得不戴上口罩,把杯子放入水中,装水后再拿上来——全是黑色的河水,好似一杯墨水!我把注射器放进水里,一吸,污水不见啦!小鱼在河面上跳舞,小虾在水里游动……

我用我的注射器,吸走了许多污染物——污水不见啦!

——杭州市天长小学三年级 谢仲阳

污水不见了

一条小溪边有一个墨水厂,墨水厂的员工一个个都黑黑的,我问他们:"溪水为什么那么脏?""是因为墨水厂里的墨水全流到小溪里了。"

我一看,小溪里的水又黑又臭,一条鱼、一只虾也没有,连水草都没有一株。我连忙拿出我的宝葫芦说:"吸吸吸!"宝葫芦晃了晃身子,挺了挺肚子,就把墨水全部吸光了。

小溪又变得清澈见底,小鱼小虾也游了出来,渐渐地,荷花也开了。一年又一年,小溪还是那么的干净,也那么的清澈见底。工人们走了,钓鱼的人出来钓鱼了,小溪又可以当天鹅的镜子了,大家都欢呼起来。小鱼变成了大鱼,小虾变成了龙虾,家家户户都可以喝干净的水了。最后小溪在人们的欢呼中笑了笑,好像在说:"谢谢你,宝葫芦!"

——杭州市天长小学三年级　张天瑜

垃圾不见了

一个春光明媚的早晨,我在公园散步。

公园的树木一片连一片,放眼望去,就像绿色的海洋,鸟儿在枝头歌唱,桃花欣然怒放,河水清澈见底,天空湛蓝深远……一切都如仙境!

可,好景不长。几个路人坐在长椅上,一边吃苹果,还一边把几个纸团丢在地上;河边的三四栋房子里的妇女把青菜叶扔进河中……

我拿下头上的黑发夹,它飞了出去,把臭臭的纸团扔进垃圾桶,把菜叶和易拉罐扔到"环保地球我家园"活动区。工作人员为我换了一个漂亮的紫色发夹。又来了十个妇女,正要把垃圾往河里抛时,紫发夹飞了过去,发出像恶魔般的吓唬声,"嗷呜!",妇女们吓了一跳,赶忙将垃圾丢到环保活动区。

就这样,刚出现的垃圾就不见了,公园又恢复到了从前。

小鱼们在水中活蹦乱跳,开心极了,小鸟们又开始歌唱,蝴蝶们又开始采蜜……

瞧! 动一动手,一切就会变得这么美好!

——杭州市天长小学三年级　陈　郁

垃圾不见啦

我有一个绿带(跆拳道的),它防水,还拥有一个超强的法力:收放自如,特别实用。

我把它用来捡垃圾。

站在湖边,我把它变长,再把它变大,一把就能抓住一大堆一大堆的垃圾;站在高楼大厦上,我随便把它放长和放大,道路上一下子干干净净,没有一点小杂物,连灰尘都不见了;站在家里,把它随便放大一点也可以把房间整理得一干二净;在朋友家,把它甩一甩就把朋友家变得好似新买的房子一样;在工厂,把它甩一甩也能把废物和垃圾都卷走。垃圾不见了!到处干净整洁,小商店里干干净净,购买者们开开心心地走进小商店,满载而归地走出小商店。工厂里一干二净,工人们走进工厂工作,下班时他们边走边数着因为打扫而得来的奖励。

如果每人都有一个我这样的带子,地球就会处处干净整洁。

——杭州市天长小学三年级　管子正

雾霾不见了

杭州的雾霾笼罩着整个城市。我走出教室,看见了满天的雾霾,到处灰蒙蒙的,天阴沉沉的,什么都看不见。

我赶紧把这件事告诉了我的小喷壶,小喷壶轻轻地说:"这次只好再来一遍了,一定把雾霾彻底消灭掉,不然会造成更加严重的灾难!"我听了以后认真地点点头,帮助小喷壶做好了准备工作。小喷壶喝了一天的水,肚子鼓鼓的。

"你确定你能用你的魔力呼唤出太阳?"我担心地问道。小喷壶说:"我肯定,我能行的!"于是,我将它抛向天空,他不停地张大嘴巴,喷出一道道彩虹。雾霾渐渐地被彩虹赶走了。太阳终于挂上了天空。

雾霾不见啦!天空湛蓝,太阳在天空中微笑。这多亏了小喷壶。而小喷壶却消失了,你们知道为什么吗?

——杭州市天长小学三年级　叶恬恬

沙漠神偷

我有一个宝葫芦,它能吸走任何东西。

有一天,我来到北京,我惊呆了——天空灰蒙蒙的。所以,我让宝葫芦把雾霾给吞进肚子里了。然后，我又去了撒哈拉沙漠，我的宝葫芦把沙漠也吸走了，因为"消化不良"，它吐出了一片清澈的河水……

然后，我去了闹洪水的地方，让宝葫芦把水弄到了闹火灾的地方……

——杭州市天长小学三年级　沈家瑞

石油污水不见了

浩瀚的大海里有许多宝藏，鱼儿、虾儿都守护着它们。一些坏人听说大海里到处都是石油，就乱开采。黑黑的石油在湛蓝的大海里画上一条条痕迹，许多大海里的生物都被毒死了。

我真想有一个大袋子，可以一分钟就把石油污水全部吸掉。

我来到东海，看见一艘大油轮正在非法开采。油轮漏油了，海面上黑乎乎的一片，就连金色的沙子也变黑了。鱼儿和虾儿死的死，伤的伤，哀声一片，好像在说："救救我们！"

我赶紧把大袋子打开，往天空一抛，袋子张开了大嘴巴，把石油污水全部吸到了肚子里面。大海立刻变得一尘不染，海水清澈得像一面镜子。鱼儿一边游一边回头，仿佛在向我致谢。我又立了一块牌子，上面写着"禁止乱开采"。

石油污水没有了，鱼儿们又可以在清澈见底的大海里生活和欢快玩耍了。

——杭州市天长小学三年级　吴俊岙

分　享

小马老师的开场白

分享无处不在,有时是私密分享,有时是集体分享。小马老师经常和孩子们分享成长中的点滴,今天,我们又分享了"最喜爱的书中人物",拓宽了阅读视野。

小马老师的专栏

分　享

早上晨会,正听着国旗下的讲话,一个身影从队伍最后像跳跳球一般蹦来,不由分说地凑到我面前,咧着嘴,口水汇成河流,几乎要溢出来;拼命睁大眼睛,眼睛里有一丝不确定;胖乎乎的小手举到头顶,手指端几乎填满了我的眼眸。"马老师,我掉牙了!"含含糊糊几个字蹦出来,我接住了。"掉牙了,哪里的牙?"我压低嗓子问。"上面,就是这!"声音突然降了八度,另一只小手直接掰开了上唇,果然,上齿中有颗磨牙掉了。"是自然而然掉的吗?"我再问。"是的,刚刚莫名其妙就掉了,在这!"我看分明了那一开始凑到我眼皮底下的手指中的牙齿。"真是长大了,春天是生长的季节,该长新牙了!快把牙收好了,回家放在盒子里,然后塞床底下!"他点点头,小心翼翼地找到上衣口袋,放下那颗"星星",又拉好口袋拉链,屁颠屁颠跑回队伍去了。

这种分享,是私密分享。这是近来第四个与我分享掉牙的家伙。孩子们成长的这些小事,多么难能可贵!喜欢这份分享,终究,被信任的感觉是很好的。

四月"好书推荐":一个月中,你看了什么书?最爱哪本?为什么?要用什么方式推荐?孩子们最期待这"淘书"的过程。大家眉飞色舞地分享着,不仅试着要劝诱他人阅读,还想一个一个极实际地帮他人解决阅读过程中可能遭遇的常见难题。这种分享,是集体分享。从他的阅读史里发掘他的思维模式和行为范式,从她的阅读倾向中了解她的思维深度与广度……这种分享,轻松愉快而富有感染力。那抄着书名的笔最知道,主人又想买几本好书了。

微点评

小马老师,我经常和你分享小事情呢!

我最近看了一本书,很想分享给大家! 按照"书名—人物—特点—事件—生活启发"的方法,我也会分享啦!

小马老师,我们一起来分享最喜欢的书中人物吧!

学生习作

小分享? 大分享? 分享就是学习的过程,还能交到朋友呢!

《决战泥潭怪》中的鳄大帅

我最喜欢的书中人物是《决战泥潭怪》中的鳄大帅。

故事从公元 2608 年开始,地球进入原世纪,正面临着一场巨大的生存危机。来自宇宙深处的沃尔夫星球的怪兽军团,在自己的暗黑星球无法生存之后,派出怪兽分队入侵地球,试图取代这里的各种动物。飞鹰怪兽和泥巴怪兽带领的怪兽军团威胁着物产富饶的沼泽地。鳄大帅那么大方,在食物比较紧缺的时候,它分给大家东西吃,被渔网网住时,它弄断渔网,结果把一颗牙齿弄没了。就这样,沼泽地上原本一盘散沙的动物们在鳄大帅的号召下终于团结一心,利用各自的优势与怪兽军团展开了大大小小的各种斗争,终于成功击退了怪兽军团的进攻。

听完我的分享,你也一定很喜欢鳄大帅了吧!

——杭州市天长小学三年级 陈文昊

马小跳

　　我家有许多我喜欢的书:《我的儿子皮卡》《章鱼国小时代》《草房子》……但是,最令我痴迷的是《淘气包马小跳》,更令我痴迷的是《淘气包马小跳》中的主人——马小跳。

　　虽然被老师认为"坏孩子",但马小跳身上的善良、热情、真诚、勇敢每次都让人感动,而他的想象力、创造力和与生俱来的幽默感又每每让人惊叹。如果世界上有关于玩的比赛,马小跳不拿冠军至少也能拿个亚军。马小跳不仅爱玩,而且会玩,能玩得花样百出,能玩出聪明与机智。

　　马小跳是一个直率、诚实的小男子汉,每次做错事,他都不会隐瞒、撒谎。是一个堂堂正正的小男子汉。我想到自己上次考试考砸了,偷偷把试卷藏起来,还撒谎说老师没发试卷,真是不应该。遇到问题只有积极面对,才能解决问题。

　　马小跳还是一个民主的"智多星",曾在"市长"竞选中,打败了丁文涛、林子聪等众多"高才生",还有一个阵容超大的"跳跳糖"。"跳跳糖"的队长居然是学校的高等舞蹈学生夏林果。马小跳在竞选中,曾到民间做过多次"民意调查",可谓是全心全意为人民服务的"超级市长"啊!

　　我很佩服马小跳的勇敢,在去奶奶家过暑假时,敢和诛杀黑熊、活埋果子狸、活捉娃娃鱼的坏人们做斗争,不顾生命危险。

　　今后,我一定要好好学习,取马小跳的"长",补我自己的"短"。

——杭州市天长小学三年级　李孺蕃

鲁滨孙

　　从小到大,我看过许许多多的故事书,里边有各种类型的主人公。在他们里边,有调皮的马小跳,有美丽的灰姑娘,还有神奇的哈利·波特。而我,最喜欢的就是《鲁滨孙漂流记》中的主人公——机智、勇敢的鲁滨孙。

　　鲁滨孙从小就有一个伟大的梦想——做一名航海家,开着船到世界各地旅行。有一次,他终于获得了机会和朋友一起开船旅行。在旅行中,他遇到了风暴,船被掀翻的那一刻,鲁滨孙逃到了一个荒无人烟的小岛上。这个小岛上没有食物，没有衣物，没有同类……他没有气馁，尝试着打猎，种谷子，驯养山羊，晒野葡萄干……他用自己的双手造了两座房子，又造了许多家具。最后，鲁滨孙和船长一起带着"星期五"回到了久别 28 年的故乡——英国。

鲁滨孙自信、自立，他永不满足，不甘平庸，勇于创新与开拓进取，这让我十分感动。在荒岛之上，他没有丧失生存下去的勇气，反而一点一点训练自己的生存能力，把自己变得更勇敢、更坚强，真不容易！鲁滨孙还有一颗金子般的心，尤其是鲁滨孙发现对面的野人岛有把俘虏抓来这座岛上吃的习惯，便千方百计地救出一名野人俘虏"星期五"，这种正义凛然、关爱他人的精神太值得我们学习了！

我以前依赖性很强，遇到什么事，都不主动去思考解决的办法，都是靠父母一步步引导着去做的。认识了书中的鲁滨孙后，我才明白，只有自己动脑筋去解决事情，才是真正的成长。在逆境中求生存，在顺境中多积累，我要像鲁滨孙一样做一个机智、勇敢、敢于挑战与创新的人。

——杭州市天长小学三年级　陈以诺

父母的爱

"父母的爱"这个命题在孩子们的习作练习中已经多次涉及。父母的爱到底是什么？是高山？是海洋？是快乐还是伤感？随着年龄的增长，孩子们应该又有了新的感悟吧！

小马老师的专栏

母爱的表达

母亲节，早早地想着，却迟迟不知如何行动。只是简单地打了个电话，矜持着说出想了很久却一直未说的话。老妈乐得笑出声来，一个劲地说"谢谢"。我俩都是害羞之人。

与老妈相距千里，身在远方，心也不知该如何靠近。

去年体检查出状况不是很好，老妈时常嘱咐我多吃野生香菇，过年时甚至带来一大堆，吃到今天，总算吃完。前段时间因为年度体检的事情，老妈隔三岔五监督关怀，直到我将体检报告拍照发去，她才放下心来，同时还有一连串嘱托。说来，作为女儿，我的时间和精力真是极少花在老妈身上，五一邀她去重庆旅游，她怕旅途劳顿而不愿同行，只嘱咐我注意安全、玩得尽兴。她是极度晕车之人，尽管我磨破嘴皮跟她强调"高铁＋地铁"的重庆游是多么简易，她依然主意不改。想想，我也完全可以放弃旅游回家陪陪她，但，来日方长的念头和骨子里奔腾的游走细胞不容年轻幼稚的我迟疑。

深沉的东西总让人避之不及，但又割舍不掉。能举重若轻，是极难之事。所以，古往今来，文学巨匠们好写爱情，少写亲情。终究，亲情是蚌壳里的珍珠，总是珍贵而带着伤痛的。爱是维系人与人之间关系的最坚韧的纽带，而在人类的各种类型的爱中，最深沉、最恒久、最难以撼动的爱，莫过于母爱了。

2015 年,由冯立三、梁晓声主编的《我们伟大的母亲》一书,收录了季羡林、王蒙、莫言等 137 位海内外华人作家回忆母亲的散文,收录的大多是"30 后""40 后""50 后"三个时代的中国作家对母亲及其所处时代的认识。那些具有历史沧桑感的母亲形象,无论是朱德的《回忆我的母亲》、史铁生的《秋天的回忆》,还是胡适的《我的母亲》、刘庆邦的《勤劳的母亲》,皆是从受苦、耐劳到坚毅、"热衷于教育",母亲的形象单一又丰满,不如国外小说中那般"个性分明、洒脱不羁"。为什么写母亲的作家很少有女性? 或许,"诗经"里早就铺垫了基调,让女人不愿回看女人,让女人不愿唏嘘女人,让女人拥抱母亲的伤痛的同时忘却自己的伤痛。《诗经·邶风·凯风》:

> 凯风自南,吹彼棘心。
> 棘心夭夭,母氏劬劳。
> 凯风自南,吹彼棘薪。
> 母氏圣善,我无令人。
> 爰有寒泉? 在浚之下。
> 有子七人,母氏劳苦。
> 睍睆黄鸟,载好其音。
> 有子七人,莫慰母心。

女性写母亲,难免带着女性视角,总带着人生的艰辛和忧伤,牵连着自身以及社会对"男女有别"的伤春悲秋、患得患失。冰心曾写小诗《母亲》:

> 母亲呵!
> 天上的风雨来了,
> 鸟儿躲到它的巢里;
> 心中的风雨来了,
> 我只躲到你的怀里。

也只能用可爱的诗来讴歌母爱,不愿牵连自身。

作家老舍说:"人,即使活到八九十岁,有母亲便可以多少还有点孩子气。失了慈母便像花插在瓶子里,虽然还有色有香,却失去了根。有母亲的人,心里是安定的。"

和老妈通完电话,心安定,便话不多说,唯愿她健康、幸福、快乐。

🍃 微点评

小马老师,读了你的文章,我好感动!

小马老师,要多打电话回家哦。我也要每天回家给妈妈按摩!

妈妈都是有点啰唆的,但是她们的嘱咐又很有效!

🍃 学生习作

我们爱爸爸妈妈,我们的爸爸妈妈都是独一无二的,那么特别,那么温暖!

我的爸爸是超人

我的爸爸是超人,他有着三头六臂。在办公室里,爸爸边打电话,边监督我学习,边用电脑,边喝咖啡,边检查作业。

有一次,我在铺着鹅卵石的小公园里跑步,摔了一跤,额头被磕破了。奶奶把我送到了妈妈办公室。妈妈看到我就马上打电话给爸爸,爸爸急忙赶来,二话不说背起我就往儿保医院跑,路上不停地问我还疼不疼……到了儿保医院,那一天人特别多,很多人看到了我,都默默地让出道路。我的爸爸非常着急,边付钱边安慰我,还边跟妈妈和奶奶讲话。到了缝针室,医生给我打了麻醉药,爸爸扶着我,认认真真地看着。缝好了针,我跟着妈妈、奶奶一起回家休息,而爸爸又要回到办公室去忙了。

——杭州市天长小学三年级　徐昊田

我的爸爸是蝙蝠侠

我的爸爸是蝙蝠侠,为什么呢?

有一天晚上,我得了重感冒,爸爸及时把我送到了医院,那开车的速度和蝙蝠战车一样快。

到了医院,我爸爸用超人的一般力气把我抱到医生那里。医生看后说:"要住院。"我爸爸就把我飞快地抱下楼。

第一天,老爸来,给我一个苹果。

第二天.老爸给我一根香蕉。

第三天,老爸给我一盘水果。虽然水果切得七歪八扭,但是五彩缤纷、形状各异,有小爱心,有小星星,还有大豆瓣,各种各样,我喜欢极了。

第四天,他给我送来美味的晚餐。

……

第十天,老爸把我接回家。我在他床上留了一张纸条:老爸,我爱你。

——杭州市天长小学三年级　张峻熙

我的爸爸是英雄

在我五岁的那一年,我在西湖边拍微电影,突然我一不小心掉到西湖里了。爸爸不会游泳,急得直冒汗,大声叫我的名字,一把抓过游泳圈套在身上,顾不得脱衣服,就跳入冰冷的湖水中……

后来爸爸发烧了,我也感冒了。

爸爸发烧好了以后,他开始教我游泳,我怎么也学不会。但是爸爸因为那天在水里待了太长时间,而又感冒了!

——杭州市天长小学三年级　沈家瑞

我的美食妈妈

每天,我的妈妈都起得很早,因为要给我做早饭。等我一睁开眼,我就闻到一股饭香。有时候,我并没有睡醒,但是一走到食物边上,马上就打起精神来了。妈妈给我准备的食物很可口,有水果拼盘、黄油煎蛋,还有每天变化着的各种主食。每次我都会把食物吃完,然后我去上学,妈妈去上班。

下午放学时,我一进家门,妈妈已经为我准备了炖汤,肚子饿的我每次都会美美地把汤水喝完。可是很多时候,我会发现妈妈眼睛边的黑眼圈和眼睛里的血丝。其实妈妈的工作也很忙碌,可是不管多忙,妈妈都会赶回家为我做饭。有时候做完饭,妈妈还会回单位继续加班。

看见妈妈那么辛苦,我暗暗地决定:我也要为妈妈做一顿早餐。

——杭州市天长小学三年级　叶陈达

我的爸爸是超人

我的爸爸好高好高,伸手就能碰到天花板,我觉得他就是我心目中的姚明。我的爸爸还是一个魔术师,会给我变出美味的蛋黄鸡翅。看!这次他给我变出了麻辣鸡翅,不一会儿又变出了鸡排。我的爸爸还很聪明,他总是能在我解不出数学题时耐心地讲解给我听。

其实,我爸爸最厉害的是踢足球。一天,他带我去足球场踢足球,我嚷嚷着要爸爸展示他高超的足球技术,爸爸马上来了个远射,把球踢进了球门!我惊呆了,我的爸爸真是一个超人。我很想学踢足球,爸爸一口答应了我,就这样,爸爸守住球门让我踢球,我反反复复地踢。但在我踢的同时,我爸爸的脸被我踢得鼻青脸肿,但爸爸仍然说:"没关系,继续踢!"这时候我觉得爸爸真伟大,我暗暗地对自己说:我一定要学会踢足球。

我的爸爸真是个好爸爸,无论多辛苦,自己有多痛,都会陪着我。我爱我的爸爸。

——杭州市天长小学三年级　吴俊峇

我的爸爸是"百变人"

我的爸爸是"百变人"。

我爸爸有时变成马,早中晚饭谁吃的都没他吃的多。我爸爸有时又变成一只猫头鹰,谁的数学都没他好。我爸爸是个爱跑步的人,我比不过他。我爸爸的个子比大房子还要高,他一跳就比月亮高。我很爱我的爸爸,我爸爸经常陪我做一些有趣的事情,比如一起爬山,一起游泳,一起比赛吃面。一大碗面我吃不完,剩下的一点爸爸一口就吃完了,他说不能浪费、浪费可耻,所以我在学校里都把午餐吃得干干净净。

我爱我的"百变人"爸爸。

——杭州市天长小学三年级　吴政翰

爸　爸

爸爸工作很忙，经常见不到他。我有时觉得他不关心我。

一次，我和爸爸妈妈一起去山上拜佛。到了山上，我就赶紧去找美食饭店。吃完后，我兴高采烈地带着我的轮滑去玩。玩着玩着，就到了下坡，一不小心我就从上面飞快地滑了下去，我控制不住我的速度，幸好爸爸及时拦住了我。但是我们都摔倒了，爸爸还受了伤，手上流着血，他擦了擦手上的血，急切地问我："你有没有摔到哪里？痛不痛？"看着爸爸担心我受伤的样子，我内疚地说："我没事，下次我不在斜坡上玩轮滑了！"

我明白了，父母之爱可抵御灾难，我有个爱我的好爸爸。

——杭州市天长小学三年级　祝玮卿

写给十岁

小马老师

随着时间的流逝，我们很快就要成为四年级的学生了。这个"六一"，我们一起度过了十岁的生日。我们怀念一年级到三年级那美好的时光，那属于小屁孩儿们的自由时光！

在三年级的学习中，我们学到了朋友之间的患难见真情；我学到了什么叫团结，什么叫帮助，什么叫关爱，什么叫努力，什么叫认真的态度，什么叫感恩；学到了打开格局，开眼看世界，尊重你我他……

小马老师的专栏

写给十岁的自己

十岁那年的"六一"，我在国旗下讲话，旁边站着校长。那时候的我，手写的稿子忘在家中，只能硬着头皮看着乌泱泱的人群凭着些许记忆"胡诌"，手心里满是汗，握着话筒的手像着了火，通红通红……我得到了"脱稿演讲"的表扬，并且在"夹弹珠""套圈"活动中闯关成功，获得了两块橡皮！这是我记忆里唯一有印象的"六一"。

今年"六一"，孩子们过十岁集体生日，为了这场特殊意义的聚会，爸爸妈妈们"翻箱倒柜"淘记忆，满心满意皆是话语，写起寄语来更是情深意切……今日集体分享，孩子们看着看着忍俊不禁：小时候我们长这样啊！听着听着纷纷落泪：在父母心中，我们就是独一无二的天使！

在他们澄澈的眼睛里，在他们扑通扑通跳的小心脏里，一定也正在经历着难以言说的成长历程吧！

昨夜以小诗寄语，今日在烛光里许愿，愿情谊天长地久，愿真爱弥漫二班，愿日常的一切都浸润在温暖里……

走了那么远

我们在茫茫人海中相遇

听你们肉嘟嘟的小嘴　牙牙学语

看你们胖乎乎的小手　写写画画

时而顽皮　鸡飞狗跳

时而懂事　安静乖巧

十岁的你们

二十几岁的我

在同一时空中交会

碰撞出绚烂的火花

时而甜甜蜜蜜

时而唠唠叨叨

一起落泪一起欢笑

六月的天空下

小王子寻找到了朋友

我相信

在你们十岁的笑颜里

饱含着真善的浪花

我相信

在你们自由的灵魂里

散发着珍爱的幽香

我相信

在你们稚嫩的双手里

流淌着勤劳的汗水

我相信

在你们清澈的双眸里

闪耀着智慧的火花

是的

不远的将来

你们一定是长大的卓越者

因为

每一朵花

都曾是生命

向着一颗小小的种子

许下一个郑重的诺言

每一位长大了的卓越者

都是父母、老师向着

一个小小的孩子

许下的一个庄重诺言

和他们共同穿越藩篱

靠近一个伟大梦想

微点评

小马老师,我们一晃就长大了,长大的感觉真好!

谢谢小马老师,陪伴我们慢慢长大!

嘻嘻,在不长不短的十岁时光里,我们都学会了很多! 最重要的是,

学会了珍惜!

学生习作

十岁,你想写给自己一点什么?

十岁,你想写给未来一点什么?

写给十岁的自己

期末了,感觉自己还没有长大,上了"战场"还不知道好好"临阵磨枪"。

十岁,是人生中最重要的阶段,想把成绩提高上去,又像还没爬到山顶的人,一不留神就摔了下来。

十岁了,但我觉得自己才一年级,不懂得如何去关爱他人,也常常会说错话,做错事。我还经常看电视,玩手机,不知道要好好保护眼睛,挨爸妈的数落。

十岁了,虽然有很多不如意,但我终究还是长大了一些,会懂得爸爸妈妈的辛苦,会乐于助人、帮助伙伴,还会做家务事了,不再像以前那样稚拙了!

十岁的我,终究还是长大了。

——杭州市天长小学三年级 段妍洁

十岁的自己

十岁,是我们长大的标记。

十岁,是我们第一个十岁。

十岁,也是我们最后一个十岁。

虽然人生有好几个十年,

但是永远再不会有十岁的感觉,

人生,只有一个十岁。

——杭州市天长小学三年级 陈沈旸

写给十岁的自己

十岁了,你长大了吗? 是长成了一个成熟的女孩,还是依然没有长大,仍是一个黄毛丫头?

不管怎样,人总会长大的,要去面对自己的薄弱之处。我长大了,改掉了以前懒惰的坏毛病,但是直到现在也还没改掉粗心大意的毛病。

十岁了,我经常自言自语,有时在反思自己,有时在嫉妒别人,有时还责怪自己。十岁的我想快点长大,可时间总不放过我。

十岁了,我想长大！变成大人,走进社会,做自己想做的事情。

十岁了,我又不想长大,还是想抱着童年快乐玩耍！

十岁了,我好纠结。

——杭州市天长小学三年级　陈　郁

写给十岁的自己

十岁,我想问问自己:"我真的长大了吗?"

十岁,我想教诲自己:"以后不能在考试时看课外书……"

十岁,我想高兴地对自己说:"嘿,不错哦,又帮助了一个人,又节省了一笔钱……"

十岁,我要批评一下自己:"哎,今天又做错了一件事情……"

十岁,我想做着鬼脸问自己:"这样子,一定很吓人吧?"

十岁,我想微笑地对自己说:"望望天空,才知道天空有多大。"

十岁,好多事情……

——杭州市天长小学三年级　方怡笑

写给十岁的自己

十岁,我长高了,体重也增加了。但是,我不太听话了,爸爸的话不听,妈妈的话不听,老师的话不听。每个人都对我唉声叹气。

十岁,我变粗心了。但是我因此交了很多朋友,因为我不再小心翼翼了。每天,都有我的笑声。每天,都有我在操场上的身影。每个人都在和我微笑。

我并不知道自己有两面:有时给世界带来快乐,有时却给世界带来忧伤。

十岁的我,有时是一位十八岁的大姐姐,服务大家。十岁的我,有时却成为三岁的小宝宝,给大家带来苦恼。

十岁的我每次在生日上都许愿考 100 分,但最后却都只考了 90 分。

十岁的我总是和爸爸保证不再粗心,但最后却都漏题了……

十岁的我,说也说不清……

——杭州市天长小学三年级　张乐涵

范例篇

"观察文学"富有特色的八堂课

一 桃子怎么吃？

小马老师的话

回想本周两节课——"未来狂想曲"和"桃子怎么吃"，孩子们都脑洞大开，玩得不亦乐乎！

最近水果管理员反映不少孩子不愿领水果吃，且浪费严重，怎么办呢？绘本故事教育？表扬吃得最干净的孩子？果农们辛劳事迹的循循善诱？或许，孩子们需要的是"吃法"指导呢？

桃子是夏季的水果，鲜甜脆口，很多人喜爱它。周五学校食堂给孩子们准备的课间水果就是桃子。孩子们依次从水果管理员手中接过桃子，不少孩子乐滋滋地啃着。但是，孩子们都爱吃桃子吗？在垃圾桶里，躺着若干个桃子，有的像乔布斯的"苹果"一样，只咬了一小口；另外一些桃子也鲜有吃到露出桃核的。孩子们都反映这样吃桃"很可惜"！怎么样有趣地将这一生活现象转变为课程资源？一推出"桃子怎么吃"这一课题，孩子们马上先入为主：要洗了吃！用"first-next-last"英语写作法试试看？怎么吃出新意？"想别人没想到的！"孩子们立即回过神来！

"first 首先"我们要思考什么？主体：谁吃？用途：解渴？解饿？治病？可爱零食？爱心甜点？独吃？分享？……孩子们越想，思路越开阔了！目标：一个桃子拼盘？一块桃子布丁？一罐桃子罐头？一幅"桃皮画"？……

"next 接着"要做什么思考？准备工作：洗？切？……制作流程：煮？蒸？烘烤？爆炒？……

"last 最后"吃当然是重点啦！成品展示：吃的状态？吃的心情？吃的体会？……

那么桃子怎么吃呢？从一个模糊的想法到细化的步骤再到加入细节的描述，故事一篇一篇从孩子笔下冒出来！思维从大到小的步步转变与反馈让孩子们的难处与阻碍一览无余，你发现了吗？看看孩子们的脑洞大开吧！桃子芝士三明治、桃子羹、桃子迷宫、桃房子、桃子沙拉、桃蜜……感觉这个暑假有目标了：出一本桃子食谱怎么样？

教学设计

（一）教学目标

第一，通过观察桃子，设计桃子的不同吃法。

第二，通过"首先""接着""最后"的不同环节引导儿童将观察细化。

第三，写成一篇童话故事。

（二）教学步骤

1. 你吃过什么样的桃子？

（1）啃过毛桃

（2）喝过桃汁

（3）吃过桃子布丁

2. 脑洞大开

（1）Who——谁会吃桃子？

猴子　乌龟　蚂蚁　蜜蜂　大象　小朋友……

（2）What——吃什么样的桃子美食？

桃子蛋糕　桃子罐头　桃子蜜汁　桃核肉羹……

3. 按照时间节点分解：用什么方式制作这个桃子美食？

（1）首先——动作　细节拓展

（2）接着——动作　细节拓展

（3）最后——动作　细节拓展

4. 同桌交流，填写学习单

5. 学生分享,共同评价

（1）观察☆☆☆☆☆

颜色（　　　） 气味（　　　） 形状（　　　） 触摸感（　　　） 滋味 （　　　）

（2）创意☆☆☆☆☆

顺序（　　　） 动作（　　　） 联想（　　　） 目标（　　　） 心情 （　　　）

6. 学生写观察文学作品

✿ **学习单**

桃子怎么吃？

——观察文学　三(2)班　姓名_____

时间节点	方式	细节	绘本展示
首先	＿＿＿＿＿＿＿＿ ＿＿＿＿＿＿＿＿	＿＿＿＿＿＿＿＿ ＿＿＿＿＿＿＿＿	
接着(然后)	＿＿＿＿＿＿＿＿ ＿＿＿＿＿＿＿＿	＿＿＿＿＿＿＿＿ ＿＿＿＿＿＿＿＿	
最后	＿＿＿＿＿＿＿＿ ＿＿＿＿＿＿＿＿	＿＿＿＿＿＿＿＿ ＿＿＿＿＿＿＿＿	

评价

a. 观察☆☆☆☆☆

颜色(　　) 气味(　　) 形状(　　) 触摸感(　　) 滋味(　　)

b. 创意☆☆☆☆☆

顺序(　　) 动作(　　) 联想(　　) 目标(　　) 心情(　　)

✿ **学生作品**

叶氏桃汁

文/叶陈达

首先,洗切榨。方式为用清水洗干净,用刀切片,去核之后放入榨汁机里榨成桃汁。细节是洗的时候注意一定要清洗干净,切的时候要去核。放入榨汁的时候,要注意一片片小心放入,静静等着。小猴子可在跳呢!

接着,将桃汁放入冰箱。方式为将榨好的桃汁装入瓶子,放入冰箱。细节是小猴马虎,忘记盖瓶盖了。小猴打开巨大的冰箱,桃汁太香了,它差点直接喝了。

最后,叶式桃汁"出炉"。方式为大概1小时后从冰箱冷冻室取出瓶子。细节是:啊!桃水太美味了,好好品尝!

桃子怎么吃?

文/徐茜雅

我先把桃子放进清水里洗净,然后开始啃,左边几下、右边几下,三四口就把桃子啃成了月牙形。

然后,我来到厨房拿汤勺,一点一点地挖,不像蜗牛那么慢,不像火车那么快,可以说是像自行车的速度般前行,一分钟、两分钟……我挖出了一个完美的弧形。

紧接着,我把葡萄挂上挂钩,把葡萄插进桃子里,然后开始啃,如果太用力,葡萄就会掉进嘴里。

桃子怎么吃?

文/谢仲阳

先把桃子洗干净.再把桃子放进微波炉,时间越长越好。我真想把桃子酱放进嘴里,在舌头上堆座小山。

此刻的心情好紧张!桃子有可能仍是硬的!太好了!桃子变软了!我小心地剥着皮,千万不能剥到肉呀!我又开始紧张起来!

最后把桃肉放进碗里,挤成酱,接着开始堆小山了!可是这总归是液体呀,失败了!我好失望!不过这果酱是红色的,很香,不成形状!黏黏的,又酸又甜,还是不错的!

徐氏桃子片

文/徐昊田

桃子的气味有点清香,马上就要做干桃片了,蜗小牛高兴得不得了!他拿起迷你水果刀把桃子一片一片、认认真真地切成桃片,不过他好害怕切到手指。切完以后,他把桃子片拿到阳台上去晒。

过了几天,蜗小牛跑到阳台上一看,桃子片儿都焦掉了。他心里痒痒的,忍不住想要吃,但他在心里说:不能吃,不能吃。蜗小牛把晒好的桃子片放到大罐子里腌渍了好几个月。

几个月过去了,蜗小牛把腌渍好的桃子片拿出来,晒了几个小时,就可以吃了!

桃子怎么吃?

文/胡鸣洋

首先我想把桃子切成条形做成桃子条。我把桃子皮削得干干净净,生怕影响味道,并且洗得一尘不染。我又把桃子切成一条一条的,不粗不细,一根根桃子条被我裹上了"糖衣",水灵灵、粉嫩嫩的。

接着放入冰箱冰冻。我把一根根桃子条当作一根根木头,一根根地搭起一座小房子。它将会是桃子世界最棒、最有创意的房子。我把这座小房子放入冰冻室冰冻。

最后品尝桃子条。我把桃房子从冰箱里拿出。我轻轻地碰了一下,凉凉的,有弹性,我轻轻地咬了一口,清凉、甘甜。

桃子小人儿和它的家

文/段妍洁

首先,把桃子洗干净,洗的时候注意不要匆匆忙忙,要把桃子洗得非常非常干净才行。再用自己的嘴巴把它啃成一个"桃子小人儿"。啃桃子小人儿也是一门艺术,不要把小人儿啃成了"怪物",至少让自己认出来这是个小人儿!

再把一个桃子切成两半,把核小心翼翼地拿掉,拿核的时候小心别把果肉碰破了。如果把果肉碰破了,房子就不那么美观、精致了。把其中的一半切成三角形,然后把另一半切成一个大大的正方形,再把三角形和正方形拼成桃子小人儿的家。房子可以用各种各样的方法来拼接哦!

最后,把桃子小人儿放在它的家旁边,大功告成啦!(放东西要轻拿轻放,小心别弄破了哦!)

桃子怎么吃？

文/卢斯梵

我拿起了一个大大的、绿中透粉的桃子，慢慢地吃了起来。

我首先从桃子的两侧开始啃，注意不能啃得坑坑洼洼或啃掉太多的桃肉，花了些功夫，我把桃子的上半段吃成了由大到小的尖尖状，下半段仍留着圆乎乎的桃子肉，它看起来有点像剑了。现在，我把它放入冰箱的冷冻室。一天后我把它从冰箱取出时，一把带着寒意和清甜果味的"桃冰剑"就铸成了。这把剑锋利无比，无坚不摧。在我心中，它就是一把绝世神剑。听说愚公移山很辛苦，我想我可以带着我的剑去帮忙，一剑下去，两座山马上就会被砍碎。于是，我找到愚公说明来意，请他让开后，我狠狠地一剑劈了下去，山却纹丝不动，而我的桃冰剑却化成了粉末，消失在空气中。我火得不行，可怜我都还没把它当棒冰吃过，它居然就没了。我顿时恼怒地大吼一声，两座山竟轰然倒塌。我迷茫了！

桃子怎么吃？

文/严梓赵

我从盒子里拿出牙签，放到桌子上，把洗干净的桃子和牙签放在一起，我看着它们两个"小士兵"，心想：你们一定要努力向前"冲"哟！

我拿起牙签，在桃子上画了一条弧线，让它环游地球。我把牙签刺进那柔软的桃皮时，一股诱人的香味就飘进了我的鼻子，我的口水一滴一滴地向下流，真想尝一尝啊！

我被那气味馋得不行了，"画"好了，就吃吧！我先用舌头"走"了一圈"世界"。"世界"环游完了，我就迫不及待地想去探索地心的奥秘！我拿起"小铲子"向地球中心挖去——哎呀！见底了，看来这个"地球"已经被我吃完啦！

桃子怎么吃？

文/方怡笑

小兔子在果园里摘了一个桃子，这个桃子圆圆的、红红的，闻起来香香的。看了都要让人流口水了。

小兔子拿起菜刀,把桃子切成好几瓣,这时一股浓浓的香味飘进了人们的鼻子里,让人们流起了口水。

小兔子又把切好的桃子放到榨汁机里,"滋滋"几声巨响后,桃子汁榨好了。

桃子汁红红的,闻起来香香的,喝起来甜甜的,大家赞叹不已,说:"真是美味的桃子汁!"

桃子怎么吃?

文/陈 郁

"桃子蛋糕"是专给蜜蜂吃的,因为中间既有汁多肉嫩的新鲜桃肉,还有甜丝丝的花蜜,蜜蜂准爱吃。发明这"桃子蛋糕"的是我们的主人公爱斯。

爱斯将针插入蛋糕中,小心地尝了一小口,她认为太好吃了,于是做了起来,你读读小诗就知道了!"面粉花蜜一起来,放入烤箱烤烤味,放入桃肉便会味道美,再加奶油和桃肉,你看美不美?"意思是:"面粉花蜜一起烤,差不多时,放入桃肉,味道鲜美,最后加奶油和桃肉,问你好吃不好吃!"

烤好的蛋糕又松又软,气味很香,是个星形。爱斯将针插入蛋糕中,请上朋友们。爱斯把蛋糕分成十一个同样大小的三角形,上面都有奶油、蜂蜜和桃肉。他们细致品尝,他们吃东西的时候都要将自己的针插入食物里。

这就是桃子蛋糕。

桃子怎么吃?

文/任俊璐

小鸡拿到了两个又红又圆的桃子,它兴奋地跑回家不停地叫:"吃,吃……"鸡妈妈先洗好桃子,紧接着把一个桃子切开,小鸡不停地流口水,一想到那美味的食物,就大口流口水。

鸡妈妈把切好的桃子放进榨汁机。鸡爸爸拿起另一个,开始洗,再切成块,最后放进罐子里。小鸡问:"这是干什么?"

小鸡一家蘸一下汁,吃一口,大家齐声说:"好吃!"

二　时间魔法师

小马老师的话

用"课文阅读—写童话—联系生活—口语交际—作文"这样的模式教作文,孩子们会怎样呢?

教作文,教材怎么用?童话只是作文的一种体裁吗?课文,不再只有一种读法!童话,不再只是一个体裁!用童话教作文,以童话为支点撬动爱写作的"最强大脑",让儿童在最喜欢的童话里形成写作思维,并将其迁移运用至实际生活,这样写出来的文章会更有生命力。

作文教学更应体现差异。每个孩子的生命体验都不同,如何挖掘他们每个人的内在积累?分层的有差异的学习就在此体现:相同的学习支架,帮助每个儿童建立不同的学习体验,呈现丰富的学习成果,这是本课设计的又一基础。

成长是在时间里感悟和生成的。三年级的孩子又会怎样感悟"成长时间"?孩子有没有关注到自己的成长?儿童写成长作文的最大的难点是"过程意识",如何让他们建立过程意识?时间既高深莫测又平易近人,让儿童从观察周边万事万物出发,发挥想象力,创编时间童话,用童话的方式讲成长变化、成长过程。这样,写作文也变得好玩啦!

✎ **教学设计**

（一）教学目标

第一，通过"时间沙漏"活动发现事物成长变化，通过阅读童话故事理解变化过程，积累写作素材。

第二，积累时间节点，发挥想象，抓住时间变化写出成长感悟过程。

第三，本节课为单元习作思维训练课，为单元习作"我学会了_____"打下写作思维基础。

（二）教学步骤

1. 揭题

（1）回顾本单元课文，初识时间魔法师：《和时间赛跑》《检阅》《争吵》《绝招》。

（2）说一说：你从哪里看出时间是魔法师？

《和时间赛跑》中林清玄从外祖母去世中感受到"所有时间里的事物都永远不会回来了"，体会到"假若你一直和时间赛跑，你就可以成功"。

《检阅》中波兰儿童队员们在时间中感受团结、包容的成长感动。

《争吵》中亚米契斯在时间里学会包容。

《绝招》中小柱子在时间里暗暗练成了绝招，逐渐成长。

（3）总结：时间真是位魔法无边的魔术师！那让它也变成我们今天上课的口号，当需要停下来时，我说"时间"，你们回应"魔术师"。

时间魔法师有一件神器——时间沙漏。

瞧，又小又丑的蛋，通过时间沙漏，变成了美丽的天鹅。

2. 时间沙漏

（1）时间连连看。

a. 观察时间沙漏的两端，体会事物前后的鲜明对比。

b. 连连看：_____变成了_____？

寻找暗藏的玄机：时钟——花钟　蝌蚪——青蛙　大树——书　……

c. 说一说：又小又丑的蛋通过时间沙漏变成了美丽的天鹅。

（2）创造"时间沙漏"。

师：拿起你的时间沙漏，从植物到动物到人，世间万物都在时间沙漏里变化着。看看你能通过时间沙漏，把＿＿＿＿变成＿＿＿＿？

学生在作文纸上填画沙漏两端。

全班交流：＿＿＿＿通过时间沙漏变成了＿＿＿＿。

师：见证奇迹的时刻到了，你成魔法师了吗？

3. 时间隧道

（1）阅读童话，发现有趣的变化过程。

师：让我们一起走进时间隧道，看看这些事物是怎样变化的？

师生共读两篇童话故事《时间的花园》［选自《作文好好玩（三年级 B）》第 48—49 页］、《小柱子练绝招》［选自《作文好好玩（三年级 B）》第 50—51 页］。

师：你看，这一周一周的点滴变化就是时钟变成花钟的具体过程啊！

总结：你看，大树爷爷通过夏、秋、冬三个季节的所见所闻，叙述了小柱子练绝招的具体过程。

（2）积累时间节点。

早上　天蒙蒙亮

第一天　一天过去了

一天天　一天又一天

一周后　又过了七天

冬天到了　雪花飘落时

又一年春天　柳枝再次发芽

总结：时间节点不止一种表达，可以丰富多样。

聊一聊：你会运用时间节点说清你的时间沙漏的变化过程吗？（至少说两个）

4. 运用时间变化写出成长过程

（1）运用时间节点写童话。

师：时间沙漏不仅在改变事物，也在改变着我们。

学生（快速推进）：我会……我会……我会……

师：大家可以运用时间节点把刚刚创作的神奇变化过程写清楚，也可以写写"我学会……",写出自己的成长过程。

（2）小组评议。

前后鲜明对比（　　　）

具体变化过程（　　　）

魔法指数：☆☆☆☆☆

5. 全班交流

6. 结题

课程最后，马老师想送给大家几句话：

我亲爱的孩子，

时间是一种神奇的变化，

是一种情感历练的成长，

是一种生命丰盈的具体过程，

愿我们珍惜时间，珍爱彼此。

✎ 学习单

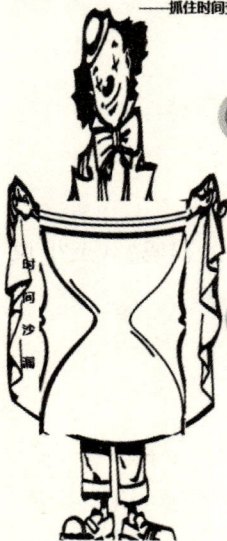

鸡蛋成了热气球

文/李孺蕃

一只母鸡下了一个蛋。

那天天公不作美,发起了山洪,蛋被洪水冲进了汽车排气孔。

蛋天天被废气熏着,难受极了!它闷得快要爆炸了。就这样一直到了夏天,鸡蛋变成了一个小热气球。小热气球飞到了热带雨林上空。

六十年后,那个热气球变成了一个大热气球。

它想起了自己的爸爸妈妈和哥哥、姐姐、妹妹,于是,返回了自己的家,接全家人去环球旅行。

又一年,他们回到了家里,它又变成了小鸡。

被施了魔法的水

文/谢仲阳

早上,从房子上掉下来了一瓶营养液,洒在一杯水中。

当菊花再次盛开时,一阵大风把这杯水吹倒了,这杯有营养的水被浇在了土中。

当兰花在春天开放时,被水浇过的土地上冒出了绿色的小苗。

一年后,小苗变成了一株小树,谁会想到这是一杯水的功劳呢?

那杯水感到很自豪……

飞船树叶

文/陈以诺

在一个秋天的早上,一片小小的树叶飘落下来。

第一天,下了一场大雨,小小的树叶飘落在地上,被埋到了土里。

一眨眼,几年过去了。小小的树叶身子外面包了一层厚厚的土,又裸露在地面上,这时,它已经有一个教室这么大了。

又过了一年，秋天又到了，金黄的树叶又开始飘落。它们把这个土堆包了起来。

又过了几年，里面的土没了，变成了发动机和成千上万只蚂蚁，它们开动了飞船，往外太空飞走了。

蚂蚁也能环游世界啦！

小水滴
文/叶恬恬

小水滴一直想干一件大事，不过它得先找几位朋友。

一天，下了一场大雨，小水滴找到了很多和它一样的小水滴，它们抱在一起，变成了一个小池塘。

又过了二十年，小池塘渐渐变大，里面的水滴也渐渐变多，变成了一条大江。

一年又一年，随着时间的流动，小水滴们变成了无边无际的大海。

一个朝代后，小水滴们一起努力，变成了一个巨大的水星球。

从此以后，水星球上有越来越多的生物居住，变成了一个快乐的星球。

星星和萤火虫
文/涂新颖

很久很久以前，星星变成了萤火虫，萤火虫也变成了星星。

第一年春天的夜晚，一颗小星星睡得太熟，一不小心落在了地上。"哎哟——"她跳了起来，变成了一只萤火虫。飞到东，飞到西……世界太好玩啦！它对着天空叫道："快下来玩儿呀！"她这么一叫，伙伴们就都下来了。

又过了一周，天上突然没有星星了，星星们都变成了萤火虫，飞来飞去捉迷藏呢！

月亮叫道："孩子们，都上来吧！我一个人太孤单了！"

有些星星上去了；有些没有上去，继续当萤火虫。

大地上现在有萤火虫，天上也有星星。他们互相眨着眼，交换着秘密。

小星星

文/张乐涵

小星星想要变成人类生活的一部分——像西湖一样,成为一个景点怎么样?但其他星星们却不赞同。

第一天,小星星从天空中找来一些像石头一样硬的云朵,把自己的一角撒到里面,云朵立即散发亮晶晶的光芒。

第二天,其他一些星星都被这颗小星星感染了,也加入了它的队伍,慢慢地,矮矮的小山丘堆完了。

后来,所有的小星星都加入了行列。

最后,星山诞生了,云朵打开了一个洞,星山落下去,成了人类的著名景点。

世界之钟——太阳

文/徐昊田

一只闹钟想变成世界之钟。

第一天,它对魔法师说:"我想变成太阳,照亮大地,叫醒人类!"魔法师说:"你去收集阳光吧!"

第二天,闹钟收集了很多阳光,浑身热乎乎的。魔法师说:"再多一点,行吗?"

又过了一周,闹钟又对魔法师说:"看看收集的够不够?"

"很好!已经够了!"魔法师说。于是一道光闪过,闹钟变成了明亮的太阳。

一只普通的闹钟变成了太阳。闹钟望着那弯弯的小路,开心地笑了。

油菜花

文/徐昊田

早上,天刚刚亮,一只母鸡在下蛋。

过了几分钟,母鸡又下了一个蛋。

过了一天，主人来收鸡蛋，他要把鸡蛋做成鸡蛋汤。"叭嗒——"一不小心，小老鼠把鸡蛋碰落在地上。

一周、两周、三周……好几周过去了，一株株小苗慢慢地、慢慢地长了出来。

一年、两年、三年……好几年过去了，一株株小苗变成了一大片一大片油菜花。

从此，这里不再是农场，而成了花园。

书本环游地球

文/王语帆

有一本书，它很想环游地球。

第一天，这本书到了瑞士，见到了许多伙伴。

又过了几天，这本书到了美国，看到自由女神雕像时，它已经很疲惫了。

又一年，这本书到了英国，看见了野外生存者——贝尔·格里尔斯。

又一年春天，这本书终于回到了自己的家乡。

这时它已经很疲倦很疲倦。它完成了自己的梦想，倒了下去，变成了一棵树。

方糖的梦想

文/陈　郁

一块小方糖在主人煮咖啡时掉了出来。

早晨，大雪刚刚停，主人正在悠闲地吃着食物，小方糖自己在院子里玩。他很想知道世界是怎么样的，尤其是主人看过的海。

过了一个星期，粗心的主人掉了好几块方糖。小方糖和他们成了好朋友，结伴一起去看海。

又过了5个月，他们跟着主人的鞋底在黄金海岸玩，方糖们在太阳光下不断分解成小颗粒。

又过了一个星期，他们成了一座"沙子高山"，就在海中央，成了一座荒岛。小方糖他终于知道了，海中央除了海水，还是海水。

女孩学跳舞

文/徐茜雅

三岁,小女孩在小床上跳舞,被子成了她的跳舞毯。她非常喜欢跳舞,她用自己身上的每一个部分编成了一支舞。

一天天过去了,她没有放弃,而是坚持下去。她发现她爱上了穿舞蹈服的自己。

八岁,她一听到音乐就会情不自禁地跳起舞来。妈妈终于发现了她的爱好,送她去学习舞蹈。她更努力地舞蹈,利用周围的一切跳舞:一棵树,一把椅子,一瓶水……

九岁,她学会了很多舞蹈,比如拉丁舞、民族舞……她很开心。

这时,她对着镜子跳了一支舞,笑了。

沙子星球

文/张峻熙

在地上,有一颗孤零零的沙子睡在黑暗里。

天蒙蒙亮,沙子睁开了睡眼:"哇,这么多伙伴!"小沙子赶紧抱住伙伴们,他们抱成了一团。

"有朋友的感觉真好!"小沙子想着,也这样做着。一年后,小沙子成了一座小山。

又过了一百年,沙山和几万亿个小伙伴拥抱在了一起,变成了半个星球,他们商量着脱离地球。

最后,他们变成了一个沙子星球,成了太阳系的第九大行星。

三 未来狂想曲

小马老师的话

对于儿童,未来是遥远的时空,是与当下世界截然不同的生活,那里会有什么?像"科幻大片里的东西都会有吗?"这样的问题他们绝对不会问,未来,无所不能!椅子可以漂移,桌子可以数字记录,灯泡可以灭火防蚊⋯⋯这些都一定会实现,根本就入不了儿童"未来化"的眼睛。未来,是一个充满幻想的世界。不仅一切人类文明会有空前的发展,连动植物也在发生着难以想象的变化,这是未来主体的变化。孩子们成了未来设计师,让"旧物新用",譬如水下开起了餐厅,鱼钩和鱼饵都成了美妙的乐器、食物⋯⋯让"一物多用"。譬如窗帘既可以伸缩自如,还能根据光照调节温度;譬如私人飞机都是定制服务,各种机器人为你提供所有服务;譬如鱼缸能知晓鱼的心情,自动喂食、洗澡、唱歌⋯⋯未来,在脑洞大开的畅想中,没有做不到,只有想不到!

教学设计

(一)教学目标

第一,基于差异,引导儿童从自身语言偏好出发,写说明文或记叙文。

第二,从"一物多用"和"旧物新用"方法中充分发掘未来物品的神奇功能,并能在童话叙述中运用举例子的方式巧妙说明未来物品的功能。

第三,培养儿童创作中的主体意识。一花一草、动物人类皆可成为"未来物品"的使用者,富有童趣、童心。

第四,充分利用学习单进行建构。用学习单,建立思维路径和写作框架,淡化说明文色彩,放飞想象,指向未来。

(二)教学步骤

1. 思维启发

本单元我们学了四篇课文,了解了太阳、月球、网络和果园机器人。它们能怎么用呢? 举例说说看!

师:太阳还能怎么用呢? 马上进入幻想。

2. 出示思维导图

(1)一样物品有多种用途,这就是——"一物多用"。

梳理《我家跨上了信息高速路》《果园机器人》。

(2)怎样介绍事物的这么多用途呢? 你们刚刚就用到了本单元学到的一种常用的说明方法——举例子。举例子能展现未来物品功能的多样性,你们瞧,"球床"来了。

文中,你们发现哪里用到举例子的方法了吗?

3. 学习举例子在故事中的运用

(1)共读《球床》,品味举例子的妙用。

(2)举例子不仅可以用在"一物多用"上,还可以有其他妙用。请看微童话——《水底餐厅》。

师:哪里用上了举例子?

师:钓竿、钓饵、小铁锤……未来水底餐厅里都是旧物,却有不一样的用途,真是太有特色了!

师:像这样,一些物件尽管现在已经有了固定的用处,却可以有奇妙的新用法,这样的方法,我们给它起个名字,叫——"旧物新用"!

4. 从发现问题开始,到问题解决——现在麻烦,未来不麻烦

(1)发现问题:日常生活中,哪些事物曾给你带来麻烦?

(2)解决问题:创造未来物品,解决麻烦。

(3)设计图纸:你可以选择"一物多用",也可以选择"旧物新用"来设计你的未来物品,并举出两个事例来说说你的未来物品的功能。

（4）交流未来物品。

5. 学习拟人化

（1）说故事也有技巧：拟人化。

（2）在创作中可加入人的行为、人的情感。

6. 写作文

你可以用童话来写未来物品，也可以用拟人化手法来介绍未来物品，别忘了把你举的事例写有趣哦！

7. 评"未来物品"

（1）同桌互评。

（2）全班交流：你们来说说看，欣赏他的哪些方面？

✎ 学习单

未来狂想曲

——抓住物品的特点设计未来物品　　姓名：_____

活动一：　未来物品_____　　　　题目：　　　_____

神奇的事：_____
　　　　　_____　→　功能

未来物品形象

举例

神奇的事：_____　→　功能

听完点评，我想修改、补充：_____

评价人：　一物多用（　　）　旧物新用（　　）

未来指数☆☆☆☆☆　举例子（　　）　拟人化（　　）

🍃 学生作品

未来笔

文/何雨琦

你知道吗？有一本书写得很好，人们把它的作者请来，问他几年写成的，作者却说："三天！"大家都纷纷摇头："怎么可能?""我无意中捡到一支神笔。那支笔被我拿回去后，我就拿它来写字，不料，它不用我动，自己就动起来了。我的脑海里想什么，它就写什么。写了一个又一个字，这些字连起来成了句子，又写了一句又一句，这些话连起来成了段落，又写了一段又一段短文，这些短文连起来成了一篇文章！"大家都被作家的话惊呆了，半天才回过神来："啊? 真有这事?""没错，我还要回家用神笔写另一篇文章呢！"他说完，匆匆地走了。所有人都跟在他后面。

一只小兔子听了，说："妈妈，这笔要能来我们家就好了！"

"别想了，不会的！"小兔子的妈妈不相信小兔子。

"会！""不会！""会！""不会！"⋯⋯刚说完，一支怪怪的笔飞来了。小兔子把手掌张开，它飞到了小兔子的手掌上。小兔子把它藏了起来，瞒着妈妈跑回房间写文章去了⋯⋯写到一半，小兔子忽然听到一个声音："想让这个世界有更多的小神笔吗?""想！"小兔子一听明白了。那个声音又说："那就要用善良、坚持来换取神笔！"那粗粗的声音停了一会儿接着说："你刚刚坚持与你妈妈争，我就来到了你身边！""哦? 我懂了！"小兔子说。这两人的谈话被小兔子的妈妈听到了，就动员所有人要坚持、善良！

从此，我们这个美丽可爱的世界又多了很多很多的"小神笔"。他们善良，他们坚持！ 而小兔子和她的妈妈出了大名呢！

未来水龙头

文/徐茜雅

　　天上的老鹰飞累了，口渴难忍，这让它快要晕过去了。这时，水龙头急忙蹿出来，喷了几口饮用水为老鹰解渴。等老鹰喝够了就回到老鹰的包里去了，老鹰继续飞，飞呀，飞呀，不知不觉中飞了好几公里。它终于停下来了，包中的水龙头就急忙跑出来为老鹰解渴。

　　帮完老鹰后，水龙头又去了一个小姑娘的家。他们一家正准备去旅行，在去的路上小姑娘想吃一个苹果，结果一不小心调皮的小苹果掉在车上弄脏了，水龙头立马跳出来放出干净的水，苹果一下子就干净了许多，小姑娘咬了一口苹果，开心地笑了。

　　就这样水龙头在各个地方观察和帮助缺水的人。

　　这就是未来水龙头，一个乐于助人的水龙头。

消防灯泡

文/谢仲阳

小泡包家很穷,老是着火!于是政府送给泡包一个会饿倒、罢工的消防灯泡。

泡包又欠电费了!泡包在漆黑的晚上非常害怕……消防灯泡收集了无数的太阳能,亮起来了!泡包终于有心思写作业了!现在消防灯泡倒饿了……

"嘀嘟——嘀嘟——"泡包家着火了!十辆消防车围在泡包家旁……泡包可急坏了!这火这么大,怎么办?……消防灯泡已经十分钟没呼吸了!消防灯泡把冷气一放——火灭了!

消防灯泡吃得多,做的事也多,怪不得体型一直保持不胖不瘦!

未来书本

文/陈以诺

未来,人们造出了一种很特别的书,不像现在的书这样:只是光光的一本,上面只有图片、字和拼音,也不能自己动。

未来书本长得很可爱,她们长得和人类一样,不过都是女生。她们有眼睛、眉毛、鼻子、嘴、手和脚。唯一的缺点是她们每个星期就得换一次电池,要不然她们会生病的。

这个未来的书本不需要用书包背,可以自己跟着走。在家里,人们不想自己拿东西时,书就会知道,会以最快的速度把东西拿到主人身边,是一个聪明的机器人。

未来书本还可以变大变小,能够飞。变小后可以再变个样子,比如变成玩具,让人类玩;变成工具,让人类使用。变大则可以变成飞机,使人类出行更方便;还可以变成电器,用电池供电;她再变得大一些,就成了家。

未来的书本真有用啊!

飞天鞋真厉害

文/张天瑜

一天，小明去旅行，他带着飞天鞋上了天空，蓝天、白云都看着他们，小鸟看见了惊呆了，说："啊！你们怎么飞到天上来了啊？"小明说："我们用飞天鞋飞上来的。"说完就赶去目的地了。

到了目的地，小明说："鞋子没有电了。"没有人回应他，他打着鞋子上的SOS信号呼叫，有人看到了就飞了过来。到了有人的地方，小明就说："你们能送我回家吗？"那位叔叔说："我可以送你回家。"说完就上路了，路上碰到了小怪物，小明用炮弹打了怪物。突然，有个人打了两枪子弹到鞋子上，鞋子防住了子弹，他们快快乐乐地走回了家。到了家里，爸爸妈妈说："飞天鞋真好啊！我下回也要买一双这样的鞋。"

未来多功能衣服

文/胡鸣洋

我有一件非常神奇的衣服,因为春、夏、秋、冬都可以穿!

春天来了,我要把冬天的衣服压缩成春天的衣服。怎么压缩呢?多功能衣服上有四个小图片代表春夏秋冬:春是小树苗,夏是炎热的太阳,秋是丰收的果实,冬是鹅毛大雪。只要按那个季节的图片,衣服就能自动压缩。哇,压缩得好快啊!厚厚的羽绒服不见了,成了薄薄的棉布,冬天的衣服成了春天的衣服。

夏天来了,我按了夏天的图片,春天的长裤和 T 恤不见了,变成了一条长长的裙子。虽然已经变成了夏天的衣服,但在炎热的午后不免还是觉得热。怎么办呢?我展开双臂学着做小鸟飞翔的动作,霎时间,我感受到了夏天晚上天空凉爽的风。

秋天来了,秋高气爽,穿春天的衣服、秋天的衣服都挺合适,只要按对应图片就可以了。

冬天来了,这次得变出冬天的衣服。虽然冬天的衣服没有一般的羽绒服厚,但比一般的羽绒服暖和。

多功能衣服的功能非常多,非常实用。

未来地球仪

文/王翊泽

未来有一个水晶地球仪。

一个人在草地上摔了一跤,把一个小小的水晶地球仪留在了草地上。

小花小草看见了,感觉神奇极了,一个个都兴奋地像赶集似的聚拢过来,都去摆动这个神奇的地球仪。

这个地球仪上面有一个神奇的按钮,可以查看每个地方的风景名胜,只要你点到你想了解的城市,就会出现那个城市最为著名的风景图片。

有一棵小草,它的名字叫可可,它很不爱旅行,所以他就一个人在远处静静地待着,一动不动地发着呆。

别的小草都跟着地球仪一起去旅行了，突然，旅行途中的小花小草迎来了一阵猛烈的沙尘暴，好多小花小草都被沙尘暴给掩埋了，慢慢地都死去了。原来地球仪在地上时间待长了，就积满了灰尘。

这时可可正好去玩那个地球仪，在地球仪的另一端，他发现了地球仪还有一个清洁按钮，看着这么多小伙伴都死了，可可去了那个城市。

那个城市可脏了，难闻的空气里弥漫着臭臭的味道，可可仔仔细细地把地球仪上这个城市擦了个干净，不一会，这个城市就被打扫得一干二净了。第二年的春天，这个城市的角角落落都开满了美丽的鲜花。

可可真是聪明，他既游览了美丽的城市，又帮忙清洁了城市，让大家都能生活在一个没有雾霾、不需要戴口罩的城市。

书本老师

文/陈　郁

书本老师很厉害，它可以给大家讲课，还有记录、放松等许多功能。它对成绩差的学生可有用了！它的能力甚至比老师还强呢！

这是一个男孩，他正生气地做着计算题，书本老师出现了！书本老师教他背诵九九乘法表。如果这个孩子读错了，书本老师会耐心又温柔地复读，直到他读对。这时，它的整个封面就会变成这门学科。如果他能流利、不错地背完，书本老师会奖他一件小礼品，比如5元人民币啦，糖果啦，有时还会奖他一个梦寐以求的小玩具。

有一次，快考试了，男孩并不抓紧复习，因为他不知道他不会什么。书本老师说："第29页第6题和第12题……"书本老师手中拿着笔和纸，当男孩出错时，它就记录下来。这天男孩复习得很顺利。第二天，男孩考了100分。从此，男孩成了优等生。

这就是书本老师，希望以后能大量生产，可以帮助更多孩子！

四　保护环境　我有"神器"

![小马老师头像] **小马老师的话**

　　三年级下学期二单元的单元主题是环保。环保不是开空头支票,而应是身体力行的根植于我们头脑中的意识。对于儿童,环保这件事情太大,久而久之,就流于口号。让儿童把自己想象成大自然的一员,写一则能用神器改变环境的想象童话,是此次课程设计的初衷。

　　语文是教语用的学科,单元作文中建议学生写一写这方面的内容,很多学生一写便写成了倡议文,而未能真切表达自己的环保想法。那是因为,环境污染对很多孩子来说,还没有真切体悟,如果借助一些带有故事性的图片,让儿童有了代入感,能够化身为饱受环境污染之害的小鸟、小鱼、蝴蝶等,儿童的善良天性便会被激发,再辅以"神器"的概念,会令童话的环境写作不再停留在控诉环境污染阶段,而再进一步延伸至解决问题、展望未来阶段。让儿童永远相信:通过努力,明天一定会更好。

　　支架式学习方法很适合运用在写作刚刚起步的三年级。本次课程利用两篇单元课文《燕子专列》和《一个小村庄的故事》教学,《燕子专列》是用倒叙的方式叙事,《一个小村庄的故事》是按事情发展的顺序叙事。抓住《燕子专列》和《一个小村庄的故事》的故事构造,利用比尔斯路标式阅读法,建立路标式写作路径,开设顺叙、倒叙两个支架让儿童自主选择,更能丰富其写作常识。在写作中,让儿童选择喜欢的片段先写、多写,更能够发挥其主观能动性,提高其写作自我效能感。

　　在"神器"改变环境的过程中究竟发生了什么?利用"渐变"与"突变",让儿童在"一而再,再而三"的"渐变"中感受"神器"的魅力,更能凸显童话"真善美"的本质:努力,让未来更美好!

🍃 教学设计

(一)教学目标

第一,初步了解记叙的两种方式:顺叙、倒叙。

第二,观察大自然,从共情中体会环境变化对动植物身心的影响,化身为动植物,创作环保童话。

第三,掌握"一而再,再而三"的写法,自主选择顺叙、倒叙路标式写作路径创作环保童话。

(二)教学步骤

1. 聊一聊,谈一谈

(1)出示"单元导语"与"园地习作"要求。

(2)聊一聊:我的环保主张。

2. 共读,共情

(1)共读《善待》。

(2)共情:体会环境变化对动植物身心的影响,化身为动植物,创作环保童话。

3. 我有"神器"

(1)共读教师作品《宝葫芦》。

(2)思维导图:你是谁？你想解决什么环境问题？你想用什么"神器"解决这个环境问题？

(3)构思"环保神器"名片。

"神器"画像	"神器"功能

（4）说一说,你的"神器"有什么神奇功效?

4. 顺叙与倒叙

（1）再读《宝葫芦》《魔法口袋》,体会顺叙、倒叙的不同魅力。

（2）聚焦变化过程:一而再,再而三放大写法,表现"神器"有诀窍。

（3）梳理路标式写作路径。

5. 路标式写作

（1）思维梳理:利用"路标式写作路径"写童话。

顺叙:目击者　环境问题　"神器"出场　变化过程　美丽星球

倒叙:目击者　美丽星球　环境问题　"神器"出场　变化过程

（2）自主选择顺叙或倒叙方法写环保童话,可挑选喜欢的片段先写,详略得当。

6. 同伴交流,合作修改

点评人:_____ ⎰路标指数:☆☆☆☆☆
　　　　　　　　⎱神奇指数:☆☆☆☆☆

7. 教师寄语

孩子:

当很多人在抱怨环境的恶劣、逃离糟糕的环境时,

愿我们还有面对的勇气,

并从身边点滴做起,

放下抱怨,去践行我们的环保主张。

愿你始终有寻梦的力量,

相信,未来会更好!

🍃 **学习单**

1. "顺叙"

保护环境 我有神器

作者：_____

"环保神器"名片：

"神器"画像	"神器"功能

< "顺叙" 写作路标 >

标题：_____

目击者：____ ➤ 环境问题 ➤ "神器"出场 ➤ 变化过程

美丽星球 ➤

点评人：_____ { 路标指数：⭐⭐⭐⭐⭐
神奇指数：⭐⭐⭐⭐⭐

听完点评，我还想写_____

2. "倒叙"

保护环境 我有神器

作者：_____

"环保神器"名片：

"神器"画像	"神器"功能

< "倒叙" 写作路标 >

标题：_____

目击者：____ ➤ 美丽星球 ➤ 环境问题 ➤ "神器"出场

变化过程 ➤

点评人：_____ { 路标指数：☆☆☆☆☆
神奇指数：☆☆☆☆☆

听完点评,我还想写_____

🍃 学生作品

魔法口袋

文/徐茜雅

我是一只环游世界的松鼠。但现在,我住在杭州! 这里水波荡漾,风景优美,干净整洁,是我理想中的乐园。

三天前,这里可完全不是这样的。三天前,我接到杭州一公园松鼠家族的邀请,兴致勃勃地坐着老鹰飞机来到了杭州。

天哪,一公园又脏又乱,完全不是"人间天堂"! 我的朋友都搬家了! 地上满是垃圾:可乐瓶、纸巾、一次性筷子、棒棒糖的棒子……西湖里的水面上漂浮着各种垃圾,真是看不下去了!

我从耳朵里掏出魔法口袋,拼命往里面吹气,袋子就不断变大、变大,直至像大象那么大。魔法口袋东跑跑,地上的果皮都进了袋子;魔法口袋西跑跑,包装袋都进了袋子……魔法口袋所到之处,垃圾全被一扫而空。我又使劲晃了晃袋子,垃圾全都分解了,我把它们都倒进火山了。

这下子一公园就更美了,西湖里波光粼粼,花坛里花儿、草儿生机盎然,树木挺起腰杆,柳树在招手致谢……我这才决定住下不走了!

魔法长笛

文/李念谣

我是一只活泼的萤火虫,每天自由自在地生活在美丽的家园。可是,这段时间我的家园变得脏脏的、雾蒙蒙的,我都分不出白天和黑夜了。连我的邻居、朋友们都飞走了,所以我十分孤独。

我实在受不了了,我只好去问年龄最大的冬青树爷爷。

我向树爷爷说了我的情况后,树爷爷说:"你听好了。"我马上飞过去听,生怕听漏了一个字。"从旁边折一根长长的藤蔓,编成长笛,再在长笛里面放上花瓣,就可以用它来保护家园了。"

"谢谢您。"我说。不一会儿,我编好了一支漂亮的长笛,碧绿碧绿的,还散发着一股花香呢!

我拿着长笛一吸,雾霾没了;我又一吸,垃圾也没了;我重重一吹,一股清香的空气扑面而来。

美丽的家园回来了,同伴们飞回来了,我又可以自由自在地生活了!

五　秋天的图画

小马老师的话

秋天就是秋天,别样的季节。望着秋天的天,宽阔舒畅。满是自然,满是美丽。

秋天的天,广阔的胸怀,让人暂时忘记平日的忙碌,忘记日常的琐事。透过铺满阳光的树叶,眼前满满流淌着大自然的清新自然。秋天是红色的,秋天是黄色的,秋天是深绿色的……秋阳来了。

秋阳,照耀着那片竹林,抚慰着笋芽儿的心。秋天的午间,在秋阳的关照下,那么舒服、暖暖的,轻盈的,风儿很凉爽,扑面吹过,是故乡的味道。树上的叶子随着秋风片片飘落,飘到了这里,落在了那里。

踩着鹅卵石踱步,拾起一片秋叶,写着冬春夏秋,轮回的美丽。一阵风儿吹过,一片落叶飘下,落在了摊开的掌心。仔细端详,树叶的经脉很清晰,经过了春天和夏天,一片树叶就是时间和大自然,一片、两片、三片……

倾听远方,秋风吹着身后的黄叶,秋风吹着飘满落叶的树林。秋来啦! 孩子们,你们眼里的秋呢?

教学设计

(一)教学目的

第一,利用孩子们周末寻秋的活动图片搭建材料支架,在"观察文学圈"交流中建立对"画"的观察视角。

第二,学会欣赏画作的基本要点——构图、笔触、色彩,掌握描写画面的基本要点——顺序、焦点、颜色,在"观察文学圈"中学习欣赏,在欣赏中爱上观察、记录与分享。

(二)教学步骤

1. 通过古诗,构建画面

古诗:《画》《绝句》《山行》。

(1)由画及诗,感受画面构图。

(2)朗诵诗歌,感受画面色彩。

(3)比较诗歌,感受画面笔触,寻找画面焦点。

2. 构建观察文学圈

(1)教师展示自己在生活中拍的寻秋照片,并配乐朗诵自己的微信文章,展示微信中读友的互动点评。

评析:顺序、焦点、颜色。

(2)设计焦点观察圈活动。

活动一:观察圈交流。

仔细观察教师展示的图片,就观察到的图片焦点写一句评论。

小组内交流与班级交流;班级交流时挑选两组汇报人进行汇报。

活动二:文学圈交流。

学生以"秋天的图画"为主题进行8分钟的微文写作。

8分钟后,无论是否写完整,都停下笔,小组文学圈内阅读文章并做简要评论。(每位组员用各自的颜色笔进行评点)

小组长组织组内交流。

活动三:观察文学圈交流。

各人拿回自己的活动单,再次进行图文对照,思考互动点评的内容。

(3)班级观察文学交流。

各小组上讲台向全班展示最佳观察文学作品。

教师总结:观察事物与观察文本组合出现,依照顺序,选择一个焦点进行描述,突出颜色,不仅画面感更强,还能引发读者的兴趣,使读者有身临其境之感。

📎 **学习单**

观察文学圈

—— 秋天的图画 ┊ 姓名：_____

┊ 我的观察文学：

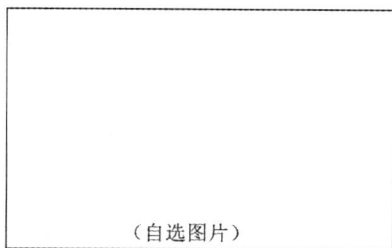

（自选图片）

从图中，我观察的焦点是：

顺序（ ）颜色（ ）焦点（ ）
整体☆☆☆☆☆

顺序（ ）颜色（ ）焦点（ ）
整体☆☆☆☆☆

顺序（ ）颜色（ ）焦点（ ）
整体☆☆☆☆☆

我想再写写

📎 **学生作品**

秋天的图画

文/王语帆

桂花树亭亭玉立在我家门口。它枝繁叶茂，像一把撑开的绿色大伞。咦？伞上什么时候出现了闪闪的小星星？

走进一看，在那青绿色的叶片中间，一朵朵可爱的小桂花好似害羞的小姑娘，在茂盛的枝叶中若隐若现，有时躲起来，有时露出半个脸，好像在与我们捉迷藏呢！虽然它是那么小，那么不起眼，可是它那浓浓的香味能让整个小区变得香味浓浓。那香味很香很香，香中还有一丝丝的清凉味，我们都很喜欢。

清风吹来，桂花好像在用香味告诉我们：秋天到，秋天到！

秋天的图画

文/谢仲阳

　　秋天是特别的季节,有一盒五彩缤纷的颜料。秋天把黄色给了桂花、银杏叶,黄澄澄一片,像摇曳的金帽子;她把红色给了你挤我碰的果实,让它们像一盏盏灯笼高挂。

　　秋天的太阳金灿灿的,暖洋洋的,照在身上好像感觉到了秋的气息。枯叶堆积如山,秋真的来了。树叶春多秋少,都成了大树伟大的肥料! 蝴蝶在火红火红的太阳下跳舞,停靠在枯叶上,欢庆秋天已经来到。"白云蜗牛"在尽情地吃盖在枯叶下的菜叶,想:秋天来了,再不吃,菜叶就要被人们拿走了!

桂　花

文/徐茜雅

桂花落在树根上,非常吸引人。

一阵风吹来,这桂花好像结了伴似的落下来。一些桂花跳着舞飘落,一些桂花却舍不得,还留在了枝头。

　　桂花黄黄的,像小米粒一般,还散发出香甜的味道。有些颜色金黄的桂花散发出的香味会浓一些;有些淡黄色的桂花散发出的香味很淡很淡,快要闻不到了。

　　看到这一幕,我都走不动路了。

六 成双成对 写温暖童话

小马老师的话

冬天是冰冷的季节，越是外部环境的冰冷，越需要内心的温暖，于是，在我创作了"手套"观察文学之后，孩子们兴起，创作了有关冬天的温暖故事，譬如帽子、围巾、耳套、手套等物件的温暖童话故事。而在小组合作中，总有那么一些盲点，需要不断地引诱、促成。合作是让不同的个体思维一次次重逢。于是，我想到了推进课：成双成对写温暖童话。

在中国传统文化里，"成双成对"时常可见，尤其是在祝福语言、喜庆节日之中。祝贺新人，总是送成双成对的贺礼，筷子、杯子、枕头等，无不成双成对。还记得小时候过年去拜年，妈妈总是筹划着，所带的礼物一定不能是单数，酒带给外公一定是双瓶的，枣是带给大姨的，一定要两包……多么有趣，多么神奇！它们成双成对地存在着，一模一样，缺一不可。它们走进童话世界，必然发生温情的故事，谱写童年最动人的歌。

曾给孩子们读故事，读到了《踢踏踢踏小红鞋》：两只传统的小红鞋因为彼此的寻找，而吸引了一大批爱心之士，角色一个接一个出现，串成了一条重逢的路。在正能量的传递下，他们在街角不期而遇，这种美妙的场面不禁使人想起王菲唱的那首《传奇》："只因为在人群中多看了你一眼/再也没能忘掉你的容颜/梦想着偶然能有一天再相见/从此我开始孤单思念。"

这次找来适合持续默读、篇幅较长的《红鞋子》，这么长的文章，孩子们在阅读中很容易迷失、混乱。在反复阅读汤素兰的文本时，孩子们除了被红鞋子的执着所感动，被小老鼠的成长所启发，更被红鞋子遇到另一只红鞋子的曲折有趣又温情的特殊经历所吸引。这两只红鞋子是怎样重逢的？是一个个人物推动的，是一个个可爱、鲜活、必不可少的故事角色编织串联的。恰如《踢踏踢踏小红鞋》中，红鞋子在小老鼠、大黑猫、小女孩、女孩妈妈等人物的依次出场后回到了另一只小红鞋的身边，而小老鼠尽管躲在垃圾堆后默默看着红鞋子的重逢，心中亦在期待另一只小老鼠的出场，这是一个影子角色的伏笔，也是小老鼠从无忧无虑到有点孤独的心灵成长印记。

于是，我们讨论"成双成对"，我们脑洞大开，汇总所有在生活中接触到的"成双成对"的事物，玩一场"重逢"的游戏：我把一双一双鞋子、一对一对袜子都拆分开来，放在口袋里，让孩子们上讲台摸，不能用嘴说"自己的外形、用途"，要用动作来阐释，孩子们一个个兴趣盎然、手脚并用，台下的孩子仔细地看着，努力地猜着，发现和自己的纸条上的信息相同，立即前来"相逢"，拥抱、握手……温暖极了！乐完后，我们发现，原来每一对能"成双成对"的物件，都有其共性：外形特征一般一模一样，有辨识度；合作才能发挥各自的价值。再默读《红鞋子》，孩子们不禁嘻嘻："成双成对"的红鞋子真执着，这重逢真来之不易却充满奇趣！那么，再推进，让孩子们圈出故事里的人物，孩子们马上发现，看似单线发展的红鞋子寻找另一只红鞋子的故事其实藏着双线，小老鼠也参与其中，从不会交友到学会交往，从天真到开始孤独：这就是成长！人物的推进不仅让红鞋子们重逢，也让小老鼠成长了。再来分析角色出场的顺序，红鞋子——小老鼠——大黑猫——小女孩——女孩妈妈——另一只红鞋子，这顺序太有意思啦！小老鼠是动物界里的"孤独者"和"弱势群体"，总被嫌弃，只能捡饼干充饥，才认识了红鞋子。大黑猫是小老鼠的天敌，却上演了"红鞋子误打误撞救小老鼠"的闹剧；小女孩是大黑猫的主人，闻声赶来，发现了自己丢失的小红鞋，妈妈提醒鞋子要放在一起，成双成对……原来，每个人物都是不可或缺的，都有力地推动了故事情节的发展！

后来，孩子们自己写自己的"成双成对"故事，我发现他们的故事里，也不再是一个主角的独舞，而出现了好几个人物，在推动着每对失散的伙伴重逢！

📎 **教学设计**

（一）植根生活，头脑风暴

生活中有哪些"成双成对"的物件？

游戏：寻找"我的另一半"。

总结："成双成对"的物件中，都藏着共性，如外形一样，有辨识度；合作才能发挥各自的价值。

（二）共读绘本故事《踢踏踢踏小红鞋》，体会"重逢"的故事情节

丢失过程 ——→ 寻找过程 ——→ 重逢瞬间

（三）自读童话故事《小红鞋》，体会"重逢"的人物推进

人物出场推动故事情节的发展。

第一步：圈人物。

第二步：串联人物说故事大意。

（四）创编"成双成对"童话

第一步：选择出场人物。

第二步：创编故事。

（五）交流"成双成对"温暖童话

📎 **学习单**

青蛙形状的耳环　　　　　　　　　　　　　青蛙形状的耳环

大拇指上是老鹰的手套

大拇指上是老鹰的手套

小脚趾上破了洞的熊猫袜子

小脚趾上破了洞的熊猫袜子

香蕉形状的耳环

香蕉形状的耳环

绣着蒲公英的布鞋

绣着蒲公英的布鞋

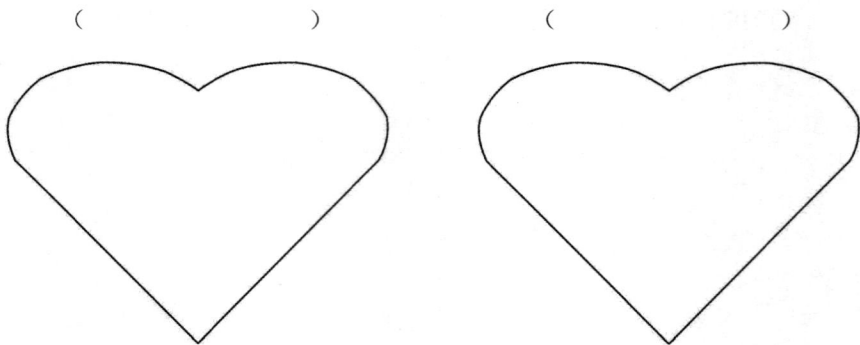

( )　　　　　　( )

学生作品

丢失的耳环

文/段妍洁

耳环发起愁来,总是一动不动的,看上去有点傻头傻脑,跟草地上的花朵、小草没什么两样。

耳环是成双成对的,一只耳环又有什么用呢? 尽管它的颜色还是那么鲜艳,即便耳环上还刻了一颗钻石,也没人要了。

一只蝴蝶最先发现了这只耳环。

蝴蝶说:"多么漂亮的耳环!"

耳环说:"谢谢你的夸赞,不过,我很孤独。"

蝴蝶问:"孤独是什么?"

耳环回答:"孤独就是心里空空的。"

蝴蝶说:"不是心里空空的吧! 应该是肚子空空的吧! 那不叫孤独,应该叫饿。"

耳环说:"我不知道饿是什么东西。"

"那你不吃花蜜吧?"蝴蝶问。

耳环说:"我当然不吃花蜜,我可以去你家住一晚吗?"

蝴蝶爽快地答应了。

第二天,耳环请求蝴蝶陪它去找另一只耳环。

它们往城里走,到了一个房子旁,蝴蝶看见了好朋友蜜蜂,开始说笑起来,惊动了小女孩。小女孩跑出来,发现了妈妈丢失的耳环,她跑到妈妈面前说:"我找到了!"小女孩把耳环放回那个盒子里。

两只耳环重逢了。

七　硬币的故事

小马老师的话

硬币怎么玩？

斗硬币,你能让硬币久转不倒吗？

画硬币,硬币也能拓印!

观察硬币外形,体会硬币内涵,说硬币的故事……

我有一个粉色的锡盒,里面全是硬币,这盒沉甸甸的硬币是我的旅游记忆。

"一个 ,两个 ,三个……"我百无聊赖地数着,这些硬币都有一个有关行走的故事。这些硬币中,有枚两元的港币。你想听听它的故事吗？

　　我是一枚价值两元的港币。自从 1990 年我被铸造出来后 ,就开始在形形色色的港人手中游走。我的身体上有紫荆花与英女王图案,凹凸有致;金黄闪闪的面庞硬朗帅气,神采奕奕。我在便利店、茶餐厅、公交车里待的时间最长,当然,我喜欢看我的主人们用我满足各种需求时露出的满意笑容,虽然,我只不过是一只价值两港币的可怜虫,只能买一根棒棒糖。我永远都进不了钱夹子,那是百元大钞的专属区。但是,如果耐心等待,我们硬币也会有很多奇遇,瞧,这回我被茶餐厅收银员找零给了一个富翁,一个家喻户晓的富翁!

　　我幸福地待在主人的裤兜里。一次在取汽车钥匙时,主人不慎丢落了我。我失去重心,重重地跌落在硬邦邦的水泥地上,弹起来,又一连打了好几个滚,一直滚到车底。我浑身沾满了灰尘,"哎哟哎哟"叫苦不迭,孤零零地躺在黑暗之中。借着微弱的光线,我发现两边都是坑渠,只要有震动,我一定会跌落深渊,难见天日了! 我的心提到了嗓子眼:主人那么有钱,我这次一定凶多吉少了! 咦,我看到了主人的皮鞋,不,还有他的膝盖:莫非,他要亲自来寻我? 怎么可能?"Sir,有什么需要帮助吗?""我的一枚硬币滚落在车底了,我正准备把它拣出来。""我来吧!"只见一张黑脸探向车底,黑亮的眼睛看着我,伸长了手臂拼命来够我,一次又一次,终于,我冰凉的身体碰到一根温暖的手指,紧接着,我的身子被手指带着走了两步,哈哈,我重见天日了! 这位印度籍保安人员把我捧在手心吹了吹,我的身体又光亮起来。

"您的硬币,请收好!"

"谢谢!"我的主人收回该硬币后,竟给他 100 元酬谢。

哇! 我有如此大的价值? 我简直惊呆了!

"Sir,这是举手之劳,您一百块换两元,还不如不捡这硬币呢!"

"若我不拾该硬币,让它滚到坑渠,这两元硬币便会在世界上消失。而一百元给了保安,保安便可将之用去。我觉得钱可以用但不可以浪费。"

我听懂了! 你呢?

🍃 教学设计

苏霍姆林斯基曾说,小学作文以观察作文为主要训练形式。美国教育家杜威曾说,儿童应为教学的中心,教师要尊重并发挥其个性,让他成为课堂的主人。鲁迅先生曾提出,游戏是儿童的天性。游戏对于儿童以及面向儿童的习作教学有重要意义,教师应努力营造适合儿童的课堂教学氛围,蹲下身子,尽可能地和孩子一起玩乐,一起记录,一起观察,一起思考。作文课堂上,孩子的思想、身体、笔头都应该充分活动起来。写出的文章应该符合他的天性并且和他对生活的理解合拍。硬币是孩子们日常生活中较为常见的物件之一,它可以作为教学资源。

(一)教学目标

第一,引导学生观察硬币,并根据硬币提供的线索构思故事图谱。

第二,引导学生展开联想创编故事。

（二）教学步骤

1. 听声音,猜一猜

师:老师拿一个盒子,盒子里装着硬币,让学生听声音,猜一猜盒子里装的是什么。

2. 指导学生观察硬币

（1）认真观察硬币

师:同学们,硬币是我们比较熟悉的物品,我们经常和它打交道。但是你留心观察过它们吗? 它们是用什么制成的? 它们的身上有什么样的图案? 每种面额的硬币有什么区别? 请同学们拿出手中的硬币,认真看一看,摸一摸,也可以互相说一说你看到的硬币的样子。

（2）听声音,说一说

师:同学们,你们聆听过硬币落地时发出的声音吗? 你们猜想一下,不同面额的硬币落地时发出的声音是相同还是不同呢? 下面就让我们一起听一听不同面额的硬币落地时发出的声音吧。

师:请同学们集中注意力,认真听——

现在老师抛出的是面额为 1 元的硬币,你听到了怎样的声音? 你觉得这种声音像什么声音? 你由此想到了什么?

现在老师抛出的是面额为 5 角的硬币,你听到了怎样的声音? 你觉得这种声音像什么声音? 你由此想到了什么?

不同面额的硬币落地时发出的声音是不同的,把你听到的声音和由此产生的联想跟你的同桌交流交流吧!

3. 想一想,填一填

（1）人物推进故事情节

每个硬币的身体里,都有一段有趣的往事! 你能想象一下,硬币从出生到与你相遇之前会遇到哪些人呢?

（2）填写人物思维导图

这块硬币与这个人物会发生些什么有趣的事情呢? 这些事情会和硬币的

什么用处有关？与它的形状有关？还是与它的价值有关？

4. 静下心来把思维导图变成美妙的故事

5. 读一读,改一改

写完了？把你的作品拿起来,放声、动情地朗读一下吧,就像给你最亲密的朋友讲述你的一段美好往事。读到哪里感觉不顺了,就停下想想,改改,然后继续读下去。

自己读完了,再读给你的同桌听听,诚恳听取别人的意见,再次动手改改。

🍃 **学习单**

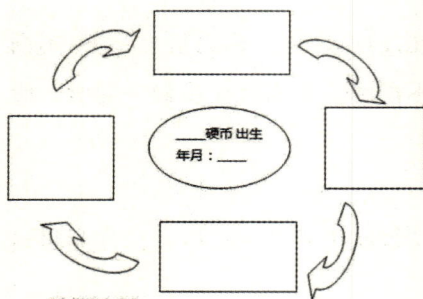

硬币自画像:

_____硬币出生
年月:_____

【文学圈点评】

硬币的故事
——观察文学圈   姓名:_____
我的观察文学:_____

真实指数☆☆☆☆☆
人物魅力☆☆☆☆☆
幸福指数☆☆☆☆☆
镜头感☆☆☆☆☆
幸福指数☆☆☆☆☆
镜头感 ☆☆☆☆☆

听完同伴点评
我想再写写

🍃 **学生作品**

伏克里阿奇

文/何雨琦

有一枚硬币,名叫伏克里阿奇,他出生不久。他很好奇,因为好奇,所以想去看世界。

第一站:动物园。伏克里阿奇一蹦一跳地来到了动物园。可是,他被动物园的警察发现了。警察赶紧把他捡了起来。一路奔跑着去水果店里买了一个苹果。

伏克里阿奇就这样到了第二站:水果店。老板发现硬币早就脏了,就叫他的朋友——工厂里的工作人员来把伏克里阿奇变成铁,做成新的硬币,再来还给他。

工厂里的工作人员——阿伏克就把伏克里阿奇带走了。伏克里阿奇还会回到这个世界上吗?还会遇到警察、水果店老板吗?

忽然,伏克里阿奇觉得一阵头昏,他变成了五块钱的硬币了!真是上帝不打开前通道,打开后通道呀!一元硬币伏克里阿奇带着微笑被化掉了,他感到很幸福!

斗币大赛

文/杜启赫

今天,我们开始了斗币大赛,我从来没有斗过硬币,好兴奋哦!我的硬币是 2016 年出生的一元硬币,可就是因为它太年轻,不太有经验,所以导致了后面一连串的悲惨遭遇。

马老师说先自己实验。我把硬币转起来,"啊!"还没等到我拿出一支铅笔,我的硬币就已经"壮烈牺牲"了。还是"落下悬崖",真是太悲壮了。

终于到了同桌比赛的时间,我把硬币拾起来,拍了拍灰,把它放到桌子上。"啪!""太好了!"我听到一连串的响声,原来是我的硬币的惨叫声和同桌沈家瑞的欢呼声,我又输了。

我要和陈佳琪比赛了，但一声"咚！"和一声"太好了！"又把我的梦给弄破了，唉！我再一次输了。

最后，我们组的管子坐收渔翁之利，成功地脱颖而出了。

珍贵的 5 卢比

文/王翊泽

我家有一枚斯里兰卡的 5 元的硬币，它的年龄比我的年龄还大，已经 11 岁了，但它却能让我想起我去斯里兰卡旅行时的美好时光

我在 2015 年得到了它，那时它还是金光闪闪的，由于时间的流逝，现在它看起来也没有那么漂亮了，有的地方黑乎乎的，有点脏脏的。可是我仍然觉得它是无比的珍贵，美丽极了。

有点遗憾的是，它参加斗币比赛真的不行，怎么也没法和别人斗，转了 5 秒就停下，但是这并不影响它原本的功能。钱主要还是拿来使用的吧……

在斯里兰卡，吃一顿饭得要 5000 卢比，买一支冰激凌也要 40 卢比，这 5 卢比大概只能买一片创可贴，现在在国内这个 5 卢比是没有什么用处的，但是这对于我来说，却是满满的回忆。

这就是我珍贵的 5 卢比。

小硬币

文/陈沈旸

2015 年的秋天，在上海钱币厂里，我，1 枚小小的 1 元硬币在生产工艺线上，受尽折磨，历经风雨，被千挑万选，最终艰难地活了下来。

一天，我的主人拿我去买菜，我在口袋里玩，不小心掉出来了，正好被爷爷捡到了，爷爷又把我送给了新的小主人——旸旸。

一天，旸旸带着我去和小朋友玩"斗币"的游戏，我想：这是我给小主人争光的机会，我一定要赢！再一看和我决斗的，哈哈，原来是一个 5 角的硬币，那取胜还不是小菜一碟！"斗币"开始了，旸旸用左手的大拇指和食指夹住我的身体，使我尽量保持立正的姿势，右手的食指用力一拨，我开始 360 度旋转跳舞了。"我要跳得时间久一点，才能让我的主人赢呀。不过，对付这个 5 角的

小硬币,我随便转几下就能赢了。"心里这样想着,我转呀转呀,"哎哟!"一个不注意,我被一块橡皮绊倒了,这才没转几圈呢。轮到5角硬币转了,只见他和小主人配合默契又小心翼翼地转啊转啊,足足转了一分钟才停下来。我的心里很惭愧,如果我当时不骄傲、不掉以轻心的话,应该能赢的。这时,旸旸来安慰我:"没事,一次的失败不代表永远的失败,下次再努力就行了!"谢谢我的小主人,我以后一定要改掉骄傲自满的毛病!

"2015"找朋友

文/张乐涵

在一座雄伟的大工厂里,工人们一会儿忙上忙下,一会儿又轻轻松松,经过一番忙碌之后,"2015"出生了,它是一枚崭新又漂亮的硬币。

"2015"想找一个能与他一起玩的朋友,于是他跑出大工厂,去广阔的世界寻找朋友。

"2015"走啊走、走啊走。一只老鼠看见了,走上前来,"吱吱吱"地问:"你是谁? 为什么在我的小屋前?""2015"说:"我想找一个朋友,你能做我的朋友吗?"老鼠答应了,"2015"就与老鼠进了屋。可没过几天,"2015"就受不了了,因为老鼠每天晚上都会带他去偷食物,"2015"可是一枚诚实的硬币,他不想当小偷。

"2015"离开老鼠之后,又遇见了一个叫来克的男孩。来克对"2015"很友好,"2015"差点就以为来克就是他一直在寻找的朋友了呢! 可是没过多久,来克的爸妈发现"2015"的出现对来克的学习有不好的影响,就把"2015"赶出了来克家。

"2015"继续流浪。一天,它突然撞到了一个东西,抬头一看,原来是一个名叫"2016"的硬币。"你能做我的朋友吗?""2016"听到就笑了,他告诉"2015"自己也在流浪,于是他们成了好朋友,他们一起玩、一起吃、一起喝,不再分开。就算遇到困难,他们也一起解决。

一枚小硬币

文/张汝成

从前,有一堆铁矿,它们开心地生活在一个大大的地洞里。

突然有一天,山洞被炸出了一个大洞,铁矿们被运到了火车上。火车开呀开,在一间机房里停住了,那些工人把采到的铁矿倒进装铁矿的大箱子里。在那里,有我们的主人公——麦克。麦克在大箱子里结识了好多朋友,例如约翰、莉莉、派克……他们在大箱子里读书、写字、学习、睡觉……

就这样,一眨眼一年过去了,其中一个工人提议:"要不把这堆铁矿做成硬币吧?"大家一致同意,于是他们把铁矿倒进车床里加热,再放进模子里,然后冷冻,硬币就做好了。

之后,这枚硬币就到了陈佳琪家里,她的爸妈又把硬币给了她,之后她又把硬币给了我。

开始硬币大赛了,我跟全班比,因为没转好,结果输了;我又跟同桌比,同桌根本不会转,我就赢了;我跟小组比,没想到我的硬币"跳崖"了,我又输了;最后跟方怡笑比,她没转好,我又赢了。

硬币的旅行

文/叶陈达

哈哈!我吃饺子的时候吃到了硬币。于是,我假装自己没有吃到。我看到爸爸在狼吞虎咽,估计他特别想吃到硬币。我偷偷地把硬币从嘴里取出,悄悄地扔了出去。

硬币落到了熊家,来到了幼熊面前,幼熊以为是食物,很高兴地吞了下去。我眼巴巴地看着硬币被吃掉了,心里特别后悔,希望幼熊不要生病。

不想,那一幕让老鼠看见了,它拍拍熊的后背,硬币"咕"地一下出来了。聪明的老鼠拿着硬币到老牛那里买鱼。呀!本来鱼是猫的,结果被老鼠拿走了。牛老板高兴地看着,而我惊呆了。

硬币最后还是落到了老牛手中,老牛开始包饺子……

奇特的硬币

文/涂新颖

在一个硬币生产厂里,一大堆机器人在那儿做硬币!有一枚 2008 年的硬币跳了出来,那时这枚硬币还金光闪闪,它被送给了一位银行的员工。

它便在银行过起了幸福的生活,时而和其他硬币玩玩游戏……

直到有一天,它被取走了,被一只小猫取走了,但小猫粗心得不得了,把它放在了一个地方,找不到了。后来,我找到了它!

它遇到了我,和我玩得很开心!我睡觉时它就在我的床头讲故事!谁让我睡不着呢!讲着讲着我就进入了甜美的梦乡。

斗硬币

文/胡鸣洋

我的硬币的出生年是 1997 年,它的年龄有些大,经历了许多风雨,希望在"斗硬币"时,它给我带来好运。一开始,我不转硬币,怕把好运用光了。

我的硬币的第一位对手是我同桌的硬币。"三、二、一,开始!"我大喊道。我和同桌在这一刻把硬币转了起来。一开始我俩不相上下,过了一会儿,同桌的硬币往桌子凹槽转。"扑通!"同桌的硬币掉进凹槽里,像一个没电的机器人,再也转不起来了。这个时候,我的硬币还在缓慢地转动着。我感觉幸福来得太突然,一时没反应过来我赢了。同桌挺不服气,一直在唠叨:"这是硬币自己掉进去的……"

我和第二位对手"斗硬币",第一局我们平局,同时开转,同时不转。第二局,我的硬币不幸没转好,转到桌子的边缘,"跳悬崖"了,我输了。哎,我的硬币的好运气都用光了!

八 斗 蛋

小马老师的话

立夏，孩子们高高兴兴地带着蛋早早地来到教室，小手忍不住摩挲着，跃跃欲试：准备参加妙趣横生的"斗蛋"比赛。

瞧，蛋娃娃们从不同容器里被掏出来：塞满纸巾的纸杯里，挂在脖子上的荷包里，挂在书包边的塑料袋里，塞得紧紧的伞袋子里……真是各出奇招！蛋蛋们大小不一，颜色各异，有黄的、白的、褐的，甚至还有全黑色的，名曰"黑马"。孩子们叽叽喳喳，说着选蛋、煮蛋、护蛋的趣事。突然，"叭嗒……"笑容僵在了眉飞色舞者的脸上：乐极生悲，蛋蛋跑出手掌，碎了！孩子们给蛋蛋起了威武的名字，比如叫"猎豹""蛋仙子""大力士""牛魔王"……真是五花八门，千奇百怪。

"斗蛋"的规则是这样的：先小组内斗，同桌之间决出赢家后再和四人小组比，赢者进入半决赛，最后进入决赛。

比赛开始了，孩子们小心翼翼地拿出自己的"掌上明珠"，加油声、唏嘘声此起彼伏，握、捏、碰、躲、撞……一颗颗蛋欢乐地碰撞在一起，只听"咔嚓""叭嗒"一声声清脆的响声，一只只小手擎着蛋勇士站了起来，"十强"诞生！那些垂头丧气者，抚摸着伤痕累累的蛋，正盘算着什么时候偷偷吃掉呢！

接下来众路高手一比高下了。下面啦啦队一片欢呼，选手们更是胸有成竹，信心满满。最终"斗蛋大王"在瑜与凡之间角逐，众人一阵欢呼加油后屏住呼吸，趁凡吓得闭上眼睛不敢直视时，瑜选择迎头痛击，"叭嗒！"一声脆响，男生沉浸在胜利的喜悦之中时,"呀! 我的蛋完好无损!"凡失声尖叫! 瑜的蛋上顿时布满了"蜘蛛网"! 凡兴奋地高举着自己的蛋,大家都投去了羡慕的目光,赶紧围着取经:原来要用虎口包住蛋头!

教室里早已飘着浓郁的蛋香味儿! 吃起来!"叭嗒叭嗒",谁吃得这么香? 原来,立夏不落雨,年无好收成,天空下起喜雨啦!

🖋 教学设计

新课程标准指出要让学生"养成留心观察周围事物的习惯,有意识地丰富自己的见闻,珍视个人的独特感受,积累习作素材"。因此,习作指导要引导学生关注生活,热爱生活,有意识地培养学生的观察能力,表达真情实感。时值立夏,一场别开生面的"斗蛋"比赛让孩子们在欢乐、轻松的气氛中,全身心地投入,调动多种感官,多角度去感受、去体验,学会用点面结合、详略得当的方法把看到的场景写具体,有层次、有重点、有顺序地进行写作,并能抓住人物的动作、神态、语言、心理活动进行描写,从而让学生学会如何描写场面。

(一)教学目标

第一,通过"斗蛋"活动,激发学生的写作兴趣和写作热情。

第二,培养学生的观察能力,使学生学会捕捉精彩镜头,运用点面结合的写作方法,抓住人物的动作、语言、神态等进行描写。

第三,学生能按一定的顺序详略得当地叙述比赛的过程。

(二)教学重点

第一,调动眼睛、耳朵等感官进行细致观察,用心捕捉。

第二,指导学生用文字准确形象地表达自己的所见、所闻、所感。

(三)教学难点

点面结合及详略得当写法的渗透。

(四)教学准备

每人准备一只煮熟的鸡蛋,不能碰破,可以画上生动形象的图案,也可以给鸡蛋取个名字。

（五）教学步骤

1. 激发兴趣，进入游戏

（1）同学们，你们知道立夏有什么习俗吗？

（2）介绍"斗蛋"游戏。

（3）同学们介绍自己的鸡蛋以及蛋名的寓意。

（4）宣布游戏规则。

游戏规则：每人拿一个鸡蛋，先在小组内两两相碰（要求蛋头对蛋头，蛋尾对蛋尾），蛋破者被淘汰，赢者继续分组拼杀，直至产生班级斗蛋"王中王"！

每个小组安排一位观察员进行拍照。

2. 组织游戏，适时练说

（1）组内"蛋王"争霸赛。

第一轮比赛结束后，采访观察员：你们观察到了什么？（引导学生描述参赛者的神态）

采访"失败者"：此时此刻你的心情怎样？（引导学生描述自己的心理）

（2）"8进4"比赛。

比赛结束后，采访"观察团"成员，采访啦啦队员，问他们分别听到了什么、看到了什么。（引导学生描述比赛场面以及小组"蛋王"的动作）

（3）"斗蛋王"争霸赛。

比赛开始前，采访班级斗蛋"王中王"：此时此刻，你的心情怎样？你想对对手说什么？采访其他同学：你猜猜谁会赢？你支持谁？比赛结束后，再次采访在座的同学：你看到了什么？听到了什么？（引导学生从语言、动作、神态等方面具体地描述自己看到了什么、听到了什么）

3. 再现画面，练说片段

（1）出示观察员拍摄的图片。

（2）将动作、神态以及推想到的心理活动等结合起来，组成一个精彩的片段。

4. 尝试写作，还原画面

学生在作业纸上有步骤地写作，教师巡视指导。

学习单

斗 蛋

——我的观察文学   姓名：_____

备蛋：	护蛋：

斗蛋：	画蛋：

动作指数   ☆☆☆☆☆   心情指数☆☆☆☆☆☆

学生作品

斗 蛋

文/陈佳琪

今天，我期盼已久的"斗蛋"大赛终于到来了。我暗暗地祈祷：一定要赢啊！我和同桌的比赛开始了，只听到"啪"的一声，管子正的鸡蛋碎了，我这才发现原来不用自己去碰，只要别人来碰自己就好了。我用这个方法赢了杜启赫和沈佳瑞。终于，我可以上场了，可我还要和同桌进行双人比赛。我万万没想到我激动过头了，我忘记了自己的秘诀。

所以，我碰了张雅淇，最后，我"下台"了。我真想哭，白白到手的猎物却逃走了啊！

我真的不应该过早激动，希望下次吸取教训。

斗　蛋

文/仲雨欣

盼望已久的"斗蛋"来了,"斗蛋"是什么样的? 会是把鸡蛋当陀螺转吗? 会是用鸡蛋互相碰撞吗?

开始斗蛋了,规则很简单:(1) 只能用鸡蛋碰鸡蛋,不能用手接触对方的鸡蛋;(2) 不能放弃比赛。"啪!"一个鸡蛋破碎的声音传来,是祝玮卿的鸡蛋碎了,比赛仍然在激烈进行中。"啪啪啪"的声音传出,又是谁的鸡蛋破裂了呢? 原来是我和徐昊田的鸡蛋碎了,因为徐昊田的鸡蛋裂得比我少,所以他进入了中赛,可是第一回合就死掉了。所以,我们都没能进入决赛!

虽然我们没进决赛,但我们还是很开心。"啪!"冠军出来了,是李雨凡! 她的蛋真的是铁蛋啊!

斗　蛋

文/吴政翰

今天,老师早上和我们说下午我们班级要做一个很神奇的游戏,我们很好奇地问老师:"什么游戏啊?"老师说下午就知道了。我们大家就在讨论着,不一会儿,一个同学不知道从哪听来的,说是发鸡蛋,我们很好奇:怎么会发鸡蛋呢?

下午到了,老师来了,老师说:"你们想不想知道一会儿咱们做什么游戏呢?"我们大家异口同声地说:"想知道!"老师说:"好的,那我们就开始准备做游戏的东西。"老师叫了几个同学,到了她的办公室,我们看到了一些鸡蛋,问老师这是做什么的,老师说这就是今天游戏的项目。我们把鸡蛋拿到了班级,同学们都很惊讶地说:"这就是今天的游戏呀!"老师说:"对呀!"老师一个一个地把鸡蛋发到同学的手中了,说:"先不要碰碎了啊!"

我们的游戏开始了,就是鸡蛋撞鸡蛋,看谁的鸡蛋最后没碎,谁就赢了。刚刚到比赛场地,我的鸡蛋就让我不小心弄掉了,我很不开心,问老师:"我没有鸡蛋了,给我一个呗!"老师说好的,我很高兴又拿到了一个,于是就开始和同桌撞了起来。同桌一撞,我的鸡蛋就碎了,我想这回肯定是得不了第一啦! 之后,我就垂头丧气地走了。

今天的游戏就这样结束了,游戏很好玩,很有新鲜感。

后　记

语文可以好好玩！

真正爱上阅读,是从阅读分享开始的。我把绘本引入小学语文课堂,借助故事对孩子们的巨大影响力,为孩子们的语文学习增添趣味,让孩子们在展示性学习中学会表达与思考,从而形成家校共读氛围,进而在周边营造阅读环境,这是我从北师大毕业后就一直坚持在做的事情。

真正爱上写作,是从拥有自由表达的欲望开始的。我希望给儿童搭建一个充满安全感的表达平台,让儿童敢想敢说敢写,有触摸生活的敏感与好奇。但是,纯粹的程序式指导总是提不起学生的兴趣,重复的、工具性的作文训练也会让学生产生厌烦。因此,我尝试着建立一个观察文学圈,引导孩子们关注世界、关爱生命,和孩子们一起看,一起感受,一起写,一起品,一起评改,彼此触动,互相提点,共生共长。

儿童的眼睛里,世界是什么样子的?

家长的眼睛里,孩子是什么样子的?

老师的眼睛里,教育是什么样子的?

在成人世界与儿童世界之间,立体阅读与观察文学是两座桥梁。对话和互动有助于达成共识,实现视界融合,让对话双方逐渐接纳彼此。在这本书中,你不难看到,到处都是对话、互动、互文。儿童是天生的老师,我和家长们也在这些互动中成长。

"语文好好玩——立体阅读与观察文学"的实验,贯穿了我八年的一线教学工作。这个尝试,从最开始的模模糊糊,到后面的清晰明朗,离不开一直我亲爱的孩子们。虽然他们的名字在书中都陆续出现过,但我还是想在这里罗列出来,不仅仅因为他们也是小作者,更因为他们一直在帮助我成长,是我生命中的贵人! 他们是:

温州市实验小学 2009 级 2 班

郑嘉来、朱品轩、汤大德、周祺家、姚健、叶宸炜、陈之臻、张铭骈、郑烁、邹豪爵、陈诗扬、周昭汝、朱小丫、谢析芮、翁子诺、蔡方悦、诸葛琪瑶、王紫陌、李卓霖、冯楚婷、李姿瑶、周玟希、洪一冰、吴祉功、黄乐阳、李婧尔、陈心玥、余硕、余锦睿、李儒昊、徐博远、孙锦杰、项宇宁、龚政豪、李嘉逸、姜东吴、陈力恺、周哲涵、林逸扬、林旭、余果、林舒淇

杭州市天长小学 2013 级 2 班

徐昊田、沈家瑞、张峻熙、赵奕程、卢斯梵、管子正、吴政翰、沈佳玮、叶陈达、王语帆、杜启赫、祝玮卿、张汝成、曹众、谢仲阳、陈沈旸、王翊泽、吴俊呑、陈文昊、张天瑜、李孺蓄、陈曦、章佳人、陈沐赟、胡鸣洋、仲雨欣、李雨凡、张雅淇、任俊璐、徐茜雅、张乐涵、严梓赵、涂新颖、叶恬恬、何雨琦、陈以诺、张佳铭、段妍洁、陈郁、陈佳琪、方怡笑

杭州市天长小学 2016 级 1 班

陈育祺、戴腱青、管颢元、胡轩诣、张昱源、黄孙仁、解威廉、蓝天阳、楼楠世家、罗浩诚、骆懿齐、吴逸辰、任煜航、谢黄光远、徐靖琪、许振翰、赵子峻、朱元灏、高一诺、李映萱、潘佳祺、田熠欣、童韵晗、王睿、吴相彤、叶欣瑜、张沅熙、朱欣妤、王辰毓、朱艺涵、李若溪、罗雨荨、王梓、钱子瑞

特别感谢杭州市天长小学黄圣悦同学的友情赞助,才让书本里有那么可爱的卡通形象。

前生五百次的回眸,才换来今生的一次相遇,我陪着孩子们长大,孩子们陪着我慢慢成熟。想起夜读孩子们写的文字,他们的童言童语那么温暖,如同明亮的星光,照亮我前行的方向。同时,每一个给人温暖的孩子都有一个温暖的家庭,我更感谢一直包容我的家长朋友们,是你们的信任、理解与支持,才让我有勇气在这里阐述我的一点点的教育实践。

　　感谢陪我一起走过，支持我稚嫩的教育实践的温州市实验小学和杭州市天长小学，"做最好的自己"和"差异教育"的理念一直支撑着我的教育实践。感谢一路鼓励、支持、指导我的白莉莉校长、楼朝辉校长。尤其是楼朝辉校长，他的信任教会我一个简单但弥足珍贵的道理：无所谓前面有什么在等待，朝前走就是。所以我从没有在选择前犹豫，也没有在挫折前退缩，只是听凭自己的心，实践，书写，反思，总结，再实践……因为我也更喜欢实践、书写的过程而不是结果。但凡事总有终结，就像我们屡屡试图挽留花开全盛之姿却从来只能遗憾一样，历时长达两年的校对修改，书中还是有很多遗憾，我深知我的理论基础还十分薄弱，实践还十分粗浅，而能力与时间有限，只能了了，算是赴了青春这场盛宴，激励我在跌跌撞撞与磕磕绊绊中不断前行。

　　感谢催生这本书的，一而再、再而三督促我积累与总结的我的师父——施民贵特级教师，他的勤勉与思辨让我深深佩服。感谢我的良师益友们，庞科军校长、蒋军晶老师、周小平老师、翟俊卿博士、高淮薇博士，以及我身边的所有同人们，在不断地学习、借鉴他们优秀经验的基础上，我才有了自己的一些思考，做出了一些实践。

　　感谢我的妈妈、妹妹和老公，一直以来他们都默默支持我，是我的忠实读者和坚强后盾。

　　我一直记着柏瑞尔·马卡姆在《夜航西飞》里写的："过去的岁月看来安全无害，被轻易跨越，而未来藏在迷雾之中，隔着距离，叫人看来胆怯。但当你踏足其中，就会云开雾散。"对文字的敬畏让我在出版此书时常常彷徨与踌躇，但踏足其中，不断前行，终会云开雾散。加油吧！小马老师！

马迎春

2017 年 8 月 25 日